ROBERT UND JAMES ADAM

Joseph und Anne Rykwert

ROBERT UND JAMES ADAM

Die Künstler und der Stil

DEUTSCHE VERLAGS-ANSTALT
STUTTGART

Aus dem Englischen übertragen von
Ulrike Stopfel

CIP-Kurztitelaufnahme der Deutschen Bibliothek

Rykwert, Joseph:
Robert und James Adam: d. Künstler u. d. Stil /
Joseph u. Anne Rykwert.
[Aus d. Engl. übertr. von Ulrike Stopfel]. –
Stuttgart: Dt. Verl.-Anst., 1987.
Einheitssacht.: Adam ‹dt.›
ISBN 3-421-02892-3

NE: Rykwert, Anne:; Adam, Robert [Ill.]

Originalausgabe: Adam

Umschlagentwurf: Hans Peter Willberg, Eppstein
Lektorat: Nora von Mühlendahl
Satz: Dörlemann-Satz, Lemförde
Druck: Fantonigrafica, Venedig
Printed in Italy

John und Elizabeth Summerson
in Freundschaft zugeeignet

Einführung

Den Namen eines Architekten als Stilbezeichnung heranzuziehen, ist das größte Kompliment, das man ihm machen kann, und kommt so selten vor, daß diesem Umstand als einem historischen Phänomen nachgegangen werden sollte. Robert Adam wurde dieses Kompliment beinahe noch zu Lebzeiten zuteil; weniger als fünfzig Jahre nach seinem Tod prägte sein berühmtester Schüler, John Soane, den Ausdruck »Adamitic«,[1] und ein halbes Jahrhundert später kamen bereits kommerzielle Nachbildungen dieses Stils auf den Markt.[2]

Robert und sein Bruder James – sein engster Mitarbeiter – waren sich der Neuheit und Individualität ihres Schaffens sehr wohl bewußt. Im Vorwort zu ihren »Works in Architecture« bezeichnen die Brüder die Elemente ihrer Tätigkeit als »eine Vielzahl verschiedener Dekken, Friese und dekorierter Pilaster«, denen sie nach ihren eigenen Worten »Anmut und Schönheit« verleihen »durch die Verbindung von Groteske, Stuck, gemaltem Ornament und dem herabhängenden *rainceau* [Adams Schreibweise für »rinceau« = Laubwerk] mit seiner verspielten Gestalt und dem Gerank seiner Blätter«.[3]

Das Werk war reicher, als die nüchterne Aufzählung vermuten läßt. Die Brüder Adam wußten, daß sie »eine Art Revolution im gesamten System dieser nützlichen und eleganten Kunst [der Architektur]«[4] bewirkt hatten. Eine »Revolution« muß mehr gewesen sein als nur eben die wohlüberlegte Zusammenfügung neuer ornamentaler Details. Und doch sind es diese Details, die sie im Vorwort zu ihrem Buch aufzählen, die ihre Handschrift tragen und die sich die meisten Menschen heute ins Gedächtnis rufen, wenn sie vom »Adam-Stil« sprechen.

Dieser Stil wird häufig allen drei Brüdern Adam – John, Robert und James – zugeschrieben. In Wahrheit wurde er allerdings von Robert geschaffen, dem kraftvollsten und begabtesten der Brüder. Das ist eindeutig, denn als Robert im Jahre 1754 Schottland verließ, um seine *Grand Tour* anzutreten, war noch kein Anzeichen davon zu spüren. Er kehrte 1758 zurück, und bereits 1760 war sein Stil voll entwickelt, wenn nicht gar ausgereift. Er muß ihn also irgendwo im Verlauf seiner Studien ausgebildet haben. Roberts als Architekt höchst rühriger Bruder James begann seine *Grand Tour* im Jahre 1760 und kam 1763 wieder nach Hause. Zu diesem Zeitpunkt hatten das umgestaltete Admiralitätsgebäude in Whitehall, das Haus des Admirals Boscawen in Hatchlands/Surrey und der Landsitz Shardeloes in Buckinghamshire die Entfaltung des Adam-Stils bereits vorgezeichnet.

Da hier nicht nur die Geschichte des architektonischen und zeichnerischen Werks der Brüder Adam, sondern auch dieser schwer zu fassende und zu beschreibende Stil und seine Folgen behandelt werden sollen, ist die ungeklärte Frage seiner Entstehung naturgemäß von großem Interesse. Wir werden uns deshalb zunächst mit der Architektur von William Adam, dem Vater von Robert und James, von Roberts frühem Hineinwachsen in dessen Bautätigkeit und auch mit dem Verlauf der *Grands Tours* und ihren Auswirkungen auf die Adamsche Praxis befassen.

Inhalt

Dank

Das Werk der Familie Adam ist kein unbetretenes Terrain. Schon die Brüder selbst waren höchst geschickte und eifrige Publizisten.

Die historische Auseinandersetzung mit den Adams begann allerdings erst mit John Swarbricks Monographie *Robert Adam and his Brothers,* die 1915 erschien. Ihr folgte im Jahre 1922 Arthur T. Boltons zweibändiger Werkkatalog.

James Lees-Milne faßte 1947 das bis dahin bekannte Material in seinem Buch *The Age of Adam* zusammen. Seither ist eine Reihe weiterer Untersuchungen veröffentlicht worden. Die bedeutendste und aufschlußreichste unter diesen Arbeiten stammt von John Fleming: Sein Werk *Robert Adam and his Circle in Edinburgh and Rome* (1962) befaßt sich in Art einer Chronik mit der Frühzeit und den so überaus bedeutsamen *Grand Tours* der Brüder. Damie Stillmans Studien über die Dekorationskunst der Adams (1966, 1973) und Clifford Musgraves Buch über ihren Möbelstil (1965) haben sich gleichermaßen als unschätzbare Informationsquellen erwiesen. Alistair Rowans zahlreiche Beiträge über die spätere Periode ergänzen John Flemings Betrachtung des Frühwerks. Beiden sind wir weit mehr zu Dank verpflichtet, als es die nüchterne bibliographische Erwähnung anzudeuten vermag.

Alistair Rowan gewährte uns in sehr großzügiger Weise Einblick in die noch nicht veröffentlichten Ergebnisse seiner Forschungen über das Skizzenbuch der Schlösser und Landsitze, das die Brüder gegen Ende ihres Lebens herauszugeben planten.

John Fleming, Robin Middleton und Damie Stillman lasen unser Manuskript und äußerten eine Reihe von Vorschlägen. Paul Breman gewährte uns ein weiteres Mal Zutritt zu seiner privaten Bibliothek. Die *Trustees* des *Sir John Soane's Museum* gestatteten uns den ungehinderten Zugang zu dem umfangreichen Bestand an Adam-Zeichnungen. Unter den Besitzern und Verwaltern von Häusern der Brüder Adam gebührt Mr. E. H. Payne, Kurator von Kedleston Hall, für seine große Hilfsbereitschaft besonderer Dank. Über das Maß hinaus, in dem jeder, der sich mit englischer Architektur beschäftigt, ihm Dank schuldet, stehen wir in der Schuld von Mr. Howard Colvin für die Erlaubnis, das Werkverzeichnis der Brüder Adam zu reproduzieren, an das wir uns hier gehalten haben. Die gelungene Zusammenstellung der Illustrationen besorgte James Cumming.

Soweit nicht anders angegeben, stammen alle dargestellten Werke von Robert und James Adam.

1 *Syon House, Details des Vorraums.*
Aus The Works, Vol. II, pt. iv, T. 5;
gestochen von Giovanni Battista Piranesi

1

Die Familie Adam

Den Briefen, die Robert Adam von seiner *Grand Tour* nach Hause schrieb, läßt sich kaum entnehmen, daß die Reise zeitlich mit den ersten vier Jahren des Siebenjährigen Krieges in Europa zusammenfiel, während in weiter Ferne, in Indien und Amerika, der französisch-britische Konflikt ausgetragen wurde. Von Interesse ist dies hier nur in bezug auf die Auswirkungen, die es auf seinen Werdegang hätte haben können.[5] Das einzige Mal, da Robert sich tatsächlich in der Nähe des Schlachtfelds (in Frankfurt – mehr als hundert Meilen und eine Woche davon entfernt) befand, traf er auf einige französische Offiziere, die nach der Niederlage von Roßbach desertiert waren. Sie hatten zu einer Gesellschaft geladen, der Adam jedoch fernblieb. Statt dessen machte er sich in einem Brief nach Hause Gedanken über den Vorrang der Disziplin vor der zahlenmäßigen Übermacht und die folgerichtige Überlegenheit Friedrichs von Preußen.[6]

Dennoch war Adams Laufbahn auch ständig mit politischen Ereignissen verwoben und läßt sich ohne eine Auseinandersetzung mit diesem komplexen Umfeld gar nicht verstehen. Die Familie Adam gehörte dem schottischen Landadel der Lowlands an. Highlands und Lowlands, durch eine etwa zwischen Perth und Stirling verlaufende Linie voneinander geschieden, zeichnen sich durch völlig unterschiedliche kulturelle und landschaftliche Verhältnisse aus. Die Highlanders hielten von jeher mit größerer Zähigkeit an ihren überkommenen Gewohnheiten fest als die Lowlanders, und das Hochland bewahrte bis weit ins 18. Jahrhundert alle Merkmale dessen, was wir heute als ein unterentwickeltes Land bezeichnen würden.

Highlanders und Lowlanders hatten zumindest eines gemeinsam: den Argwohn gegenüber den Engländern und allem, was englisch war. Wenn Schottland Handel trieb, dann mit den Niederlanden und mit Frankreich, nicht aber mit England. Als James II., der letzte Stuart-König, abgesetzt wurde und ins Exil ging, war die Unterstützung seiner Interessen und derjenigen seiner direkten Nachfolger in der schottischen Öffentlichkeit sehr viel anhaltender und energischer als in England. Im Gegensatz zu den Engländern pflegten die Schotten auch bewußter die Beziehungen zum Kontinent. Die schottischen Kollegs in Paris, Padua und Rom hatten erheblich mehr Studenten pro Kopf der Bevölkerung als die englischen. Das römische Recht und die calvinistische Theologie entsprachen der in Schottland geübten Rechtspraxis und Glaubensverkündigung weit eher als der Art, in der diese Dinge in England gehandhabt wurden. James II. als erster, dann sein Sohn (der sich James III. nannte, aber auch als Chevalier de St. Georges oder als »The Old Pretender« bekannt war) und später Charles Edward (der »Bonnie Prince Charlie« oder »The Young Pretender« genannt wurde) zogen durch Europa und verbrachten den größten Teil ihres Lebens in Rom. Sie wechselten ihren Wohnsitz aber immer dann, wenn es der englischen Regierung – zunächst unter James' II. Schwester Mary und seinem Schwager William III., später unter seiner anderen Schwester Anne und schließlich unter seinen Vettern George I. und II. aus dem Haus Hannover – wieder einmal gelungen war, sie als *personae non gratae* ausweisen zu lassen. Selbst als Titel und Anspruch des kinderlos gebliebenen »Young Pretender« nach seinem Tod 1788 auf den bekanntermaßen keuschen Kardinal-Herzog von York übergingen (der sich bezeichnenderweise Henry IX. nannte), verstummten die Hoffnungen der Schotten noch nicht völlig.

Die Anwesenheit der Kollegs und der Exil-Hofhaltungen sorgte für lebhafte Beziehungen zwischen Schottland und verschiedenen europäischen Zentren. Verstärkt wurde dieses Netz noch durch den erschreckenden Zustand des höheren Bildungswesens in Schottland. In den Städten und den Lowlands unterhielten die Kirchen – die Episkopalkirche sowie die presbyterianische Kirche – ein System von Pfarrschulen (die allem überlegen waren, was es in England gab), an denen die Anfangsgründe der klassischen Literatur und etwas Mathematik gelehrt wurden. Die Universitäten jedoch lagen darnieder. Paradoxerweise gab es in dem winzigen, unterbevölkerten und unterentwickelten Schottland vier Universitäten, während England nur zwei besaß. Aber mit der Einrichtung der Episkopalkirche als Staatskirche im Jahre 1662 wurde die Hälfte der Lehrstühle vakant. Und nach der Wiedereinführung des presbyterianischen Systems unter William und Mary in den Jahren 1689 bis 1690, als ohne den Loyalitätseid gegenüber den neuen Monarchen kein öffentliches oder kirchliches Amt zu erhalten war, wurde wiederum die Hälfte der recht unzulänglichen Universitätslehrer entlassen. Viele von ihnen, insbesondere die Geistlichen, weigerten sich, den Eid abzulegen. Sie wurden als »non-jurors« bezeichnet und hatten aller möglichen Formen der Verfolgung gewärtig zu sein. So kam es zu der absurden Situation, daß die durch Gesetz in England eingeführte Episkopalkirche bis zum *Toleration Act* von 1712 in Schottland eine verfolgte Minderheit darstellte, deren Geistliche ihre Riten im geheimen abhielten und einem römisch-katholischen Souverän Loyalität bezeugten, der in Rom residierte.

Wer es in Schottland in seinem Fach zu etwas bringen wollte, wer die Ordination anstrebte oder gar gewillt war, sich auf intellektuellem Gebiet hervorzutun, der mußte ins Ausland reisen – und sei es auch nur nach England. Insoweit war Robert Adams *Grand Tour* nur eine späte Befolgung dessen, was man als Angehöriger seiner Schicht und seiner Nation in aller Regel tat. Allerdings verhielten die Adams sich noch in einer anderen wichtigen Hinsicht unenglisch und typisch schottisch: in ihrer bedingungslosen Loyalität gegenüber ihren nächsten Familienangehörigen.

William, der Stammvater, war der einzige Sohn von John Adam aus Kirkcaldy in der Grafschaft Fife, der das durchgebrachte Familienvermögen durch seine erfolgreiche Tätigkeit als Baumeister und Bauunternehmer wie-

2 William Aikman, *Portrait William Adam*, um 1727 (Sammlung Keith Adam of Blairadam)
3 George Willison, *Portrait Robert Adam*, um 1773 (London, National Portrait Gallery)

der zusammengebracht hatte. Die Familie stammte aus Fano im benachbarten Angus, wo sie einstmals Land besessen und sich seit dem 14. Jahrhundert in kriegerischen Auseinandersetzungen hervorgetan hatte.[7] Ihr Anspruch auf Zugehörigkeit zum niederen Adelsstand war daher durchaus gerechtfertigt, welchem Gewerbe auch immer sie nachgingen. Dazu kam, daß die Brüder schon die dritte Generation von Adams vertraten, die im Bauwesen arbeitete. Diese Art der dynastischen Gewerbetreue war damals durchaus üblich. Die Mylnes und die Smiths waren schottische Familien mit ähnlich kontinuierlichem Verhalten; allerdings waren sie Maurer-Architekten, während die Adams eher Unternehmer-Architekten waren – Nuancen des professionellen Status spielten damals eine große Rolle. Möglicherweise legte William darauf sogar besonderen Wert; auf jeden Fall bezeichnete er sich immer als »architect«. Unter den Subskribenten von James Gibbs' »Book of Architecture« werden im Jahr 1728 nur William Adam und Alexander McGill mit dieser Bezeichnung geführt, obwohl die Liste auch die Namen von Thomas Archer, Henry Flitcroft, Nicholas Hawksmoor, William Kent und Roger Morris enthält.

William hatte vier Söhne und sechs Töchter. John, der Älteste, genoß als Architekt einen gewissen Ruf. Da er aber mit dem Besitz des Vaters auch dessen Firma erbte, blieb er in Schottland und machte dort gute Geschäfte, bis Roberts Londoner Fehlkalkulation auch ihn in finanzielle Schwierigkeiten brachte. Der vierte Sohn, William, ließ sich ebenfalls in London nieder und war mit wechselndem Erfolg in der City tätig. Von den Schwestern leiteten Janet (Jenny) und Elizabeth (Betty) die Londoner Niederlassung der Brüder und wurden von diesen als Erben eingesetzt. Helen und Margaret (Peggy, die einen großen Bewunderer in dem Maler Paul Sandby hatte) blieben in Edinburgh. Mary heiratete John Drysdale, der Pfarrer der Tron Kirk und eine Zeitlang Kirchenpräsident war, heute allerdings vor allem aufgrund seiner Freundschaft mit dem Wirtschaftstheoretiker Adam Smith noch in Erinnerung geblieben ist. Susannah wurde die Frau von John Clerk aus Eldin, dem Sproß einer Familie, die in der weiteren Geschichte der Adams eine große Rolle spielen sollte. Sir John Clerk aus Penicuik, Susannah Adams Schwiegervater, schrieb 1728 über William, er könne dessen »unternehmerischen Sinn nicht genug bewundern . . ., der damals die Aufsicht über fast zwanzig umfassende Projekte hatte – Gerstemühlen, Kohlebergwerke, Salzsiedeanlagen, Marmorbrüche, Straßen, Landgüter, Häuser, die er selbst errichtet hatte, und nicht wenige, die anderen gehörten . . .«[8] William heiratete die Tochter eines seiner Partner bei einem frühen Unternehmen, Mary Robertson, als sie 17 und er 27 Jahre alt waren. Ihr Neffe, der ebenfalls William hieß, wuchs im Adamschen Haushalt auf und wurde von Mary Adam wie ihr eigenes Kind in die Familie aufgenommen. Er wurde ein berühmter Historiker und Rektor der Universität Edinburgh – eine Position, die sich für die Brüder als folgenreich erwies.

Es war also eine Familie, deren Mitglieder aneinander hingen und einander sehr zugetan waren, ganz im Stil des Landadels der Lowlands, zugleich aber auch eine wohletablierte Familie, die sich einflußreicher Beziehungen erfreute. Zu Beginn des Jahrhunderts hatte diese Gesellschaftsschicht, obwohl durch religiöse und politische Loyalitäten entzweit, sich für die Union mit England stark gemacht, die dann nach langen Verhandlungen mit dem *Act of Union* im Jahre 1707 zustande kam. Dieser *Act* bewirkte die Fusion des englischen mit dem schottischen Parlament in Westminster und enthielt weitergehende Regelungen für die Zusammenlegung der Finanzen und der Administration beider Länder. Damit bot sich den Schotten die Möglichkeit des Handelsverkehrs mit britischen Besitzungen. Eine andere unmittelbare Folge des *Act of Union* bestand dagegen in der Erhöhung der Steuerlasten, ohne daß damit zwangsläufig ein Anreiz für

2

3

4 James Tassie, *posthumes Stuckmedaillon mit dem Bildnis Robert Adams,* um 1792 (Edinburgh, Scottish National Portrait Gallery)

4

verstärkte Investitionen von Süden her gegeben war. Die Hochseefischerei und die Salzgewinnung wurden übermäßig besteuert, und der Handel mit Frankreich und den Niederlanden geriet in eine schwere Krise.

Die Vorteile der neuen Regelung machten sich erst rund zwanzig Jahre später mit dem Erstarken der schottischen Industrie bemerkbar. Inzwischen sorgte die allmähliche Aufgabe der lokalen Gepflogenheiten – die in der Abschaffung jener »Privatjustiz« gipfelte, die jahrhundertelang von den Oberhäuptern der Clans geübt worden war – für neuerliche Mißstimmung. Die Bereitwilligkeit, mit der viele Schotten sich den beiden Erhebungen der Jakobiten 1715 und 1745 anschlossen, spricht zum einen dafür, daß sie sich von der Regierung in London vernachlässigt fühlten, und bezeugt zum anderen ihre Loyalität gegenüber den Stuarts. Insofern richteten sich beide Rebellionen auch gegen den *Act of Union.*

William Adam und seine Zeit

Selbst unter den Angehörigen des niederen Adels der Lowlands gab es noch Unterschiede. Was immer William Adam von seinem Vater über das Bauen gelernt haben mag, seine eigentliche Einführung in die Architektur besorgte ein anderer, weitaus berühmterer und mit besseren Verbindungen ausgestatteter Lowlander von Stand, Sir William Bruce. In seinen jungen Jahren – und nur für recht kurze Zeit – scheint Bruce eine wichtige Rolle in der Innenpolitik gespielt zu haben, denn vermutlich war er derjenige, der die Verhandlungen zwischen General Monck (welcher damals als *Commonwealth Governor of Scotland* seine Residenz auf Dalkeith Castle in der Nähe von Edinburgh hatte) und dem ins Exil gegangenen Charles II. in Holland eröffnete, die zur Wiedereinsetzung des Königs und zu Moncks Ernennung zum Herzog von Albemarle führten.[9] Es ist unklar geblieben, wer die Dinge in Bewegung brachte, aber es heißt, es sei Bruce gewesen, der sich dem General näherte.

Dies ist nur einer von vielen nicht geklärten Umständen in Bruces Leben. Er wurde irgendwann zwischen 1620 und 1630 geboren und in Schottland erzogen. Frühzeitig bereiste er die Niederlande und Frankreich, und offensichtlich trugen seine Reisen ihm die Leidenschaft für das Bauen ein. Es heißt, er habe Frankreich im Jahre 1663 erneut besucht. Kurz nach der Restauration der Monarchie (das genaue Datum ist wiederum nicht bekannt) erhielt er den Titel *Sir;* 1668 wurde er zum *Baronet* ernannt. Einige Jahre zuvor hatten die unterschiedlich einträglichen Kronämter, die er innehatte, ihm den Kauf eines Gutes in Balcaskie in Fifeshire gestattet. In den zwanzig Jahren, die er dort lebte, gestaltete er den Besitz völlig um, und dies wurde sein erstes – recht bescheidenes – architektonisches Experiment.[10] Als nächstes folgte (wahrscheinlich) die Restaurierung von Dunkeld House in Fifeshire für den Earl (und späteren Marquis) of Atholl.[11]

Aber der Beginn von Bruces eigentlicher Entwurfstätigkeit für andere hängt mit dem Aufstieg seines angeheirateten Verwandten John Maitland zusammen, der durch Erbschaft Earl und später Duke of Lauderdale wurde. Für ihn unternahm Bruce die Restaurierung und den Umbau von Brunstane House bei Edinburgh und Thirlestane Castle in Berwickshire. Er war auch beratend bei dem sehr anspruchsvollen Umbau von Ham House in Surrey tätig, der Hauptresidenz des Herzogs in London.[12] Durch Lauderdale kam Bruce auch zu seiner bedeutendsten Stellung im Bauwesen als *Surveyor-General* der königlichen Bauten in Schottland – ein Amt, aus dem er 1678 unter nicht geklärten Umständen wieder entfernt wurde.[13] Damit war er für eines der wichtigsten öffentlichen Projekte jener Zeit verantwortlich, für den Umbau von Holyrood House zum schottischen Königspalast. Bei der Umbauplanung scheint sich Bruce an seine Besuche in Frankreich erinnert zu haben: Er errichtete eine Zwischenwand zwischen den beiden vorspringenden Flügeln des Hauptbaus – deren einer nach seinen Intentionen ein symmetrisches Corps de logis bilden sollte – mit einem zentralen Eingang durch einen heraldischen Pavillon, so daß eine Fassade ähnlich den Fassaden der neuen Hôtels in Paris entstand. Auch der Innenhof erhielt in Nachahmung des Mansartschen Schlosses in Blois mit den vortretenden Pilastern und dem steilen Schieferdach ein neues Aussehen; selbst ein Giebelfeld über den drei mittleren Jochen fehlte nicht. Es ist keine rundum geglückte Lösung, aber es war mit Sicherheit eine Neuerung.[14]

Rothes Palace, allem Anschein nach die ehrgeizigste Schöpfung Bruces, ist uns nur in einem Stich erhalten geblieben. Bruces Sohn heiratete später die Tochter des Duke of Rothes.[15] Derjenige Bau allerdings, der Bruce mit der größten Befriedigung erfüllte, war sein eigenes Haus in Kinross am Loch Leven. Es ist ein langgestreckter, an beiden Enden gegliederter Block, dessen Ecken riesige korinthische Pilaster schmücken. Seine Proportionen und sein Umriß – mit der Menge hoher Schornsteine und der zentralen Laterne über dem steilen Dach – verleihen Kinross eine bemerkenswerte Ähnlichkeit mit Coleshill in Berkshire, einem Haus, das wechselweise sowohl Sir Roger Pratt als auch Inigo Jones zugeschrieben worden ist. Wohl gibt es Unterschiede zwischen beiden: Kinross hat mehr Fenster an der Fassade, Mezzanine über beiden Hauptgeschossen und ein flaches Attikageschoß über dem Hauptgesims; aber eine ganz offensichtliche Analogie besteht darin, daß beide Häuser exakt einen doppelten Kubus bilden. Allerdings ist Coleshill das elegantere und weniger auffällige Gebäude, während Kinross mit seinen riesigen Pilastern und dem blumenverzierten Miniaturportikus eindeutig als Vorbild und Schulbeispiel begriffen wurde. Bruce brachte sich mit dem Bau und der Unterhaltung dieses Hauses und seiner Gartenarchitektur an den Rand des Ruins, zumal er nach dem Tod Charles' II. seine offizielle Position nicht wiedererlangte.[16] James II. scheint ihm nicht getraut zu haben, und nach 1689 war er als Anhänger der alten Stuart-Herrschaft und loyaler Episkopale verdächtig. Unter Königin Anne kam er mehrmals ins Gefängnis, und viele Jahre nach seinem Tod richtete seine Witwe aus der Zitadelle von Leith Worte des Trostes an Flora Macdonald.[17]

In Schottland hatte vor Bruce kein bedeutender Architekt gearbeitet; das Bauen lag ausschließlich in den Händen der hier ansässigen Maurer, die sich ganz unbefangen Anregungen aus französischen und flämischen Musterbüchern holten, im großen und ganzen aber an der traditionellen Anlage ihrer Gebäude festhielten. Im Mittelalter hatte es selbstverständlich sowohl einheimische als auch importierte Handwerker gegeben, über die wir aber recht wenig wissen. Bruce allerdings schien der unbestrittene Kandidat für die Position des schottischen Inigo Jones oder gar ihres »Kit« (Christopher) Wren.[18] Der Titel eines schottischen Inigo Jones stand ihm besser an,

5 William Bruce, *Holyrood House, Grundriß des Erdgeschosses,* 1672–1674.
Aus Vitruvius Scoticus, T. 2

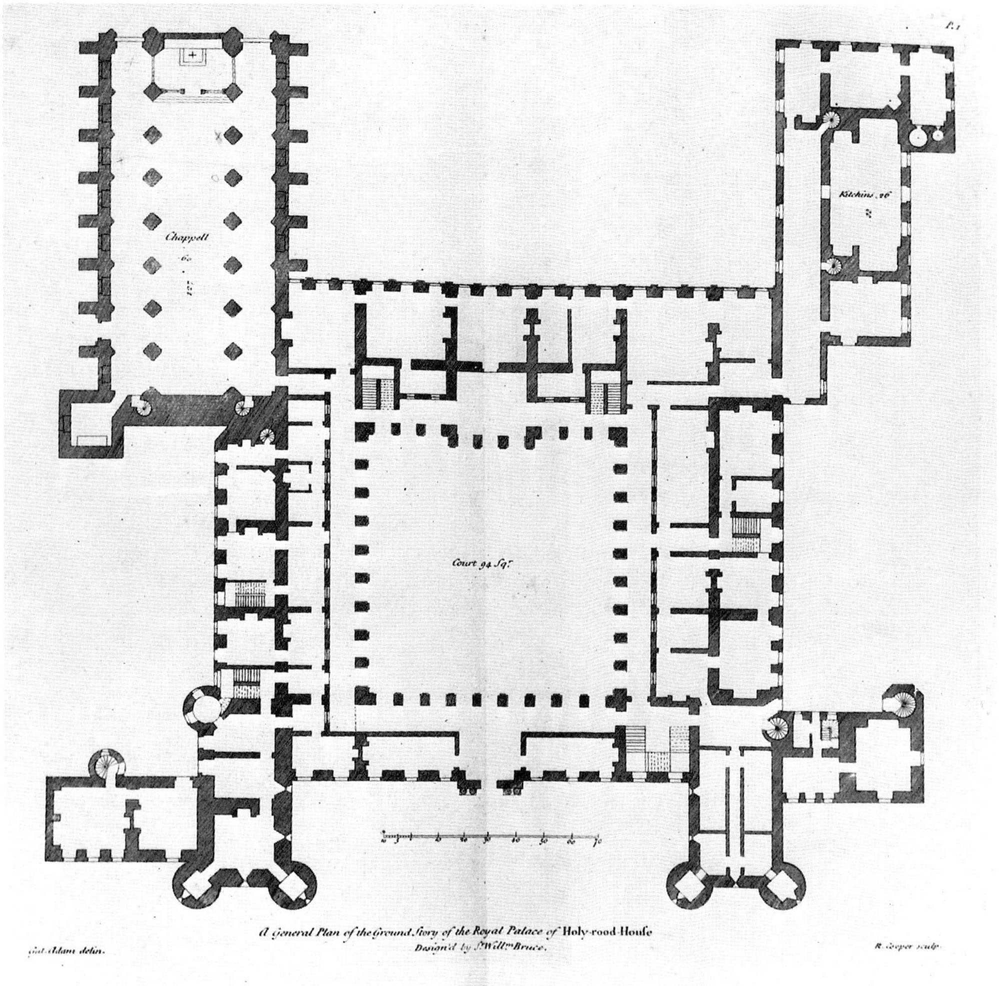

5

obwohl er Zeitgenosse Wrens war und in Schottland eine Zeitlang ein Amt innehatte, das Wrens Stellung als Aufseher über die königlichen Bauten entsprach.

Bruce besaß weder Wrens intellektuelle Erfindungsgabe noch dessen Energie, geschweige denn sein Talent. Aber eines ist sicher – daß er die schottische Architektur endgültig »klassizistisch« machte. Ebenso wie Wren war auch Bruce von einer Schar jüngerer Männer umgeben, die mit ihm und unter ihm arbeiteten und ihm augenscheinlich großen Respekt entgegenbrachten, von denen aber keiner Bruces beherrschende Stellung erreichte. Bruce war ganz der vornehm-kultivierte Berater, der zwar die Kunstwerke oder das Mobiliar für ein Haus besorgte, das er entworfen hatte, sich aber mit den vor Ort anstehenden organisatorischen Aufgaben kaum jemals befaßte.

James Smith, der vielleicht bekannteste Vertreter seiner Generation und »der sachkundigste Architekt dieses Königreiches«, wie sein Landsmann Colen Campbell ihn im »Vitruvius Britannicus« nannte[19], war möglicherweise wie James Gibbs ein Abtrünniger und hat wie dieser wahrscheinlich in Rom studiert.[20] Sicherer ist, daß er wie Robert Mylne (dessen Tochter er heiratete), Colen Campbell und William Adam der Sohn eines Maurer-Architekten war. Alle drei scheinen in irgendeiner Weise miteinander zu tun gehabt zu haben. Smith stattete die mittelalterliche Kirche von Holyrood, die alte Abtei, für James II. als »romanisierende« Kapelle aus, was im Jahre 1688 einen Aufruhr verursachte.[21] Drumlanrig Castle wurde von ihm und seinem Schwiegervater Robert Mylne für den Herzog von Queensberry umgebaut. Aus dem alten Schloß wurde, nach dem Vorbild von Holyrood, ein Château im französischen Stil.[22] Dalkeith House gestaltete er für die berühmte Herzogin von Buccleuchum, für den Marquis von Tweeddale entstanden Yester House und Gifford Church, wobei das Haus von zwei Generationen Adams stark verändert worden ist.[23] Gegen Ende seines Lebens legte Smith sein Ka-

6 William Bruce, *Holyrood House, Ansicht der Eingangsseite (Westfront).*
Aus Vitruvius Scoticus, T. 3

7 William Bruce, *Kinross House, Kinross-shire; Gartenfront,* 1685.
Aus Vitruvius Scoticus, T. 62

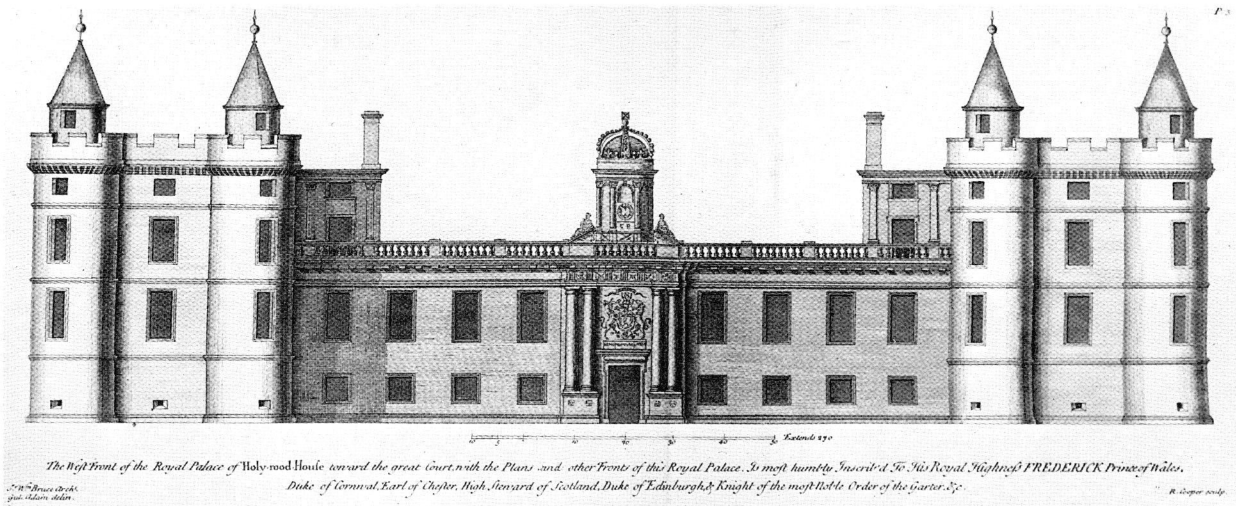

6

7

pital in unmittelbarer Nähe der High Street in Edinburgh an, wo er Paisley's Close errichtete, das eine Zeitlang auch »Smith's Close« genannt wurde.[24] Bruce verwendete zwar ab und an ein palladianisches Fenster, hielt sich aber an französische Vorbilder. Der an sich weniger sensible Smith erkannte Palladios Bedeutung und könnte durchaus Colen Campbell auf den Weg gebracht haben, den er ja als eine Art Lehrling an sich gezogen hatte.[25] Auch Smith bekleidete nach Bruces Entlassung einige Jahre lang ein öffentliches Amt als Aufseher über die königlichen Bauten, und später war er als Architekt oder Aufseher des *Board of Ordnance* für die Befestigungen zuständig, die nach dem Aufstand von 1715 angelegt wurden. Allerdings scheint er nach dem *Act of Union* von 1707 keine Zahlungen mehr erhalten zu haben.[26]

Ein weiteres Mitglied der Gruppe, Alexander McGill, war der Sohn eines Geistlichen aus Angus. Vermutlich lernte er in Edinburgh und war dort als Maurer anerkannt; hin und wieder war er als städtischer Architekt tätig.[27] Bei mehreren Gelegenheiten arbeitete er gemeinsam mit Bruce und mit James Smith. Sein bedeutendstes Werk ist sicherlich der Bau Mount Stuart, den er für den zweiten Earl of Bute errichtete, dessen Sohn später von George III. zum Premierminister ernannt wurde. Das Gebäude brannte 1877 nieder und wurde von William Burges als riesiger gotischer Komplex wiederaufgebaut.[28]

William Adam gehörte dieser Gruppe von Maurer-Architekten an, die in Bruces Fahrwasser arbeiteten. Er stammte aus Kirkcaldy und war in Gladney House geboren worden, das, wahrscheinlich von seinem Vater entworfen, um 1930 abgerissen wurde. Dieses schmale, dreistöckige Steinhaus zeichnete sich durch einen zurückliegenden Mittelteil aus, der von zwei riesigen ionischen Pilastern eingerahmt war, deren Basis und oberer Abschluß allerdings nicht mit den Geschossen oder den Maueröffnungen korrespondierten. Die beiden Flügel traten leicht vor und besaßen Komposit-Giebel im niederländischen Stil, wie sie in Schottland häufig anzutreffen waren. Es war ein Haus, wie jeder gute Gelegenheitsbaumeister es damals erstellt haben könnte.[29]

William Adam war wesentlich ehrgeiziger. Er scheint zwar zunächst bei seinem Vater gearbeitet zu haben, aber ob er irgendwo eine Lehrzeit abgeleistet hat, ist ganz ungeklärt. Um das Jahr 1700, also noch als Knabe, arbeitete er anscheinend für Bruce an Hopetoun House.[30] Mit Sicherheit war er später für Charles Hope, der inzwischen Earl of Hopetoun geworden war, an diesem Haus beschäftigt, und das Geschick der Familie Adam war mit den Hopes und mit deren Haus verbunden. Vom ursprünglichen Bau in Hopetoun, den Bruce entworfen hat, sind nur noch Reste des Innern und der Gartenfront erhalten. Alles übrige wurde durch die beiden Architektengenerationen der Adams neu gestaltet. Bruces ursprünglicher Entwurf wurde im zweiten Band von Colen Campbells »Vitruvius Britannicus« veröffentlicht.[31] Allerdings drängt sich beim Vergleich mit der Gartenfassade in ihrer heutigen Form der Gedanke auf, daß es sich dabei um eine bereinigte Version handelt.

Den Titel eines Earl erhielt Hope im Zusammenhang mit seiner Tätigkeit als Unterhändler für die Union. Schottland war dabei noch mit drei weiteren Beauftragten vertreten: durch Sir James Clerk of Penicuik, der ein vertrauter Freund von William und später durch Heirat mit den Adams verbunden war, den Earl of Islay und späteren Duke of Argyll und den Marquis of Tweeddale, die undurchsichtigste von diesen vier Gestalten. Sie alle zählten zu irgendeiner Zeit einmal zu William Adams Auftraggebern.

Unter den Nachfolgern von Bruce reüssierte in erster Linie William Adam nach 1715 aufgrund seiner politischen Orientierung. Er war Whig, und er war Presbyterianer. Von William Bruce und James Smith wissen wir, daß sie mit den Jakobiten sympathisierten. Es ist gut möglich, daß dies etwas mit dem Umstand zu tun hatte, daß Tweeddale den Auftrag für Yester House – vielleicht mit Bruce als Berater[32] – an Smith und McGill gab, obwohl sich eine saubere Trennlinie zwischen unterschiedlichen ästhetischen Vorstellungen und den jeweiligen politischen Überzeugungen niemals eindeutig ziehen läßt. Tatsächlich wurde auch dieses Haus vom Vater und den Söhnen Adam verändert.

In Anerkennung seiner Verdienste um die Stadt erhielt William Adam im Jahre 1728 das Bürgerrecht von Edinburgh, ohne dafür zahlen zu müssen.[33] Es gibt keine Unterlagen darüber, wann er sich in der Stadt niederließ. Edinburgh war damals ein seltsamer Platz, ganz unähnlich allen anderen britischen Orten und eher den französischen Festungsstädten vergleichbar. Die Stadtmauern waren nach der Schlacht von Flodden 1513 errichtet worden, und die Stadt war innerhalb dieser Mauern verblieben, teils wegen der tatsächlich draußen im Lande herrschenden Unsicherheit, teils wegen ihrer höchst eigenwilligen Lage: Sie liegt auf einem steil ansteigenden Hügel, der, vereinfacht gesagt, von einem tief gelegenen Punkt im Osten, an dem sich das Holyrood House erhebt, bis zu einem hohen Steilpunkt im Westen verläuft, der von der Burg beherrscht wird. Die alte Stadt erstreckte sich von der Burg aus nach unten und war von der Mauer umschlossen; die High Street verlief parallel von Osten nach Westen, von Holyrood zur Burg. Zwischen der Stadtmauer und dem Palast lag die Unterstadt, Canongate, ursprünglich ein Lehen des Abtes der Canons Regular, die Holyrood erbauten. Was es an großartigen Häusern gab, stand in Canongate. Die High Street und ihre Verlängerung durch Canongate und weiter hinunter bis zum Palast ist als Royal Mile bekannt, und hier standen die Kathedrale St. Giles und das Parlamentsgebäude.

Nördlich und südlich davon lagen sumpfige Gebiete und kleine Seen, sogenannte Lochs. Im Osten bildete der Palast den Abschluß der Stadt. Im Westen erinnerte der steile Burgberg an die Akropolis von Athen. Das erklärt,

8 William Adam, *Hopetoun House, West Lothian; Grundriß des Erdgeschosses,* 1723. Aus Vitruvius Scoticus, T. 14

9 William Adam, *Hopetoun House, Ostfront.* Aus Vitruvius Scoticus, T. 16

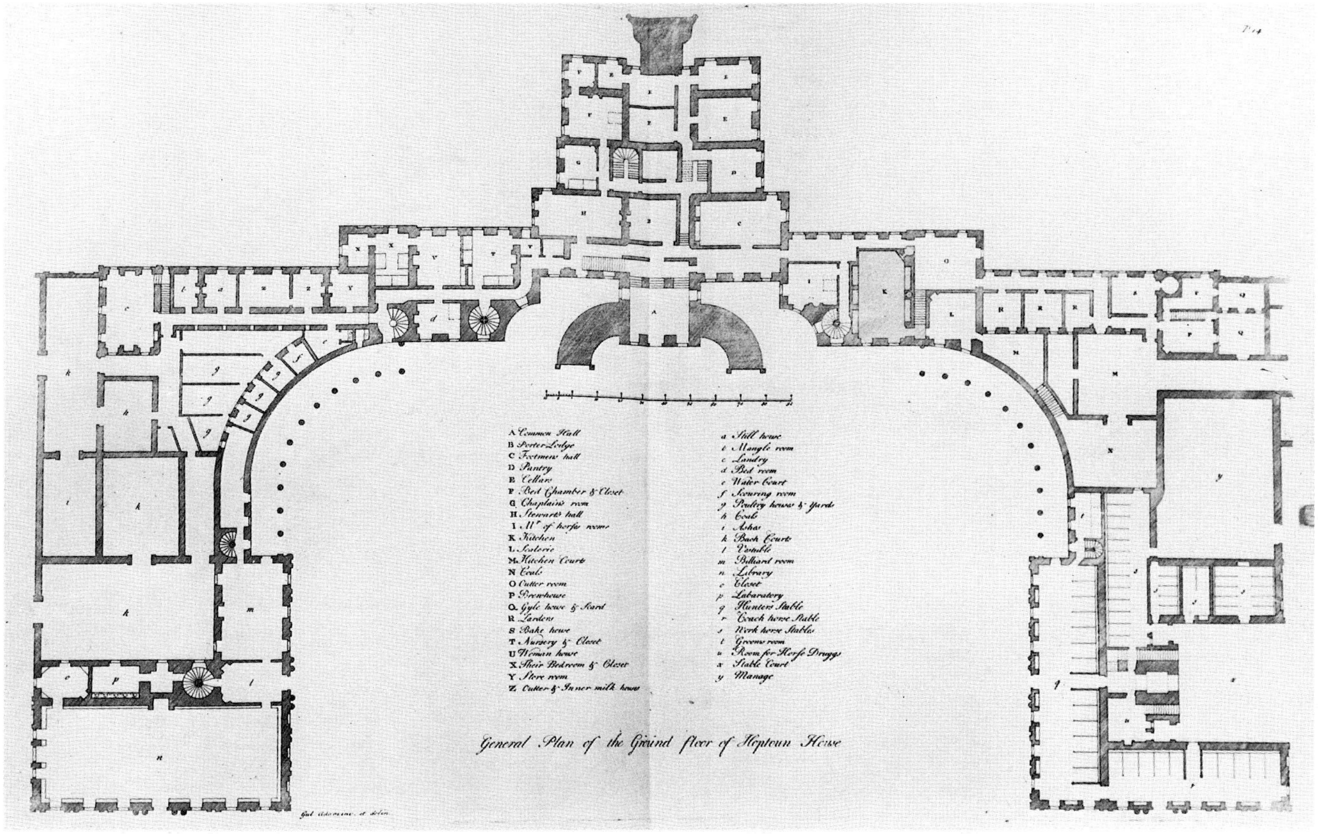

8

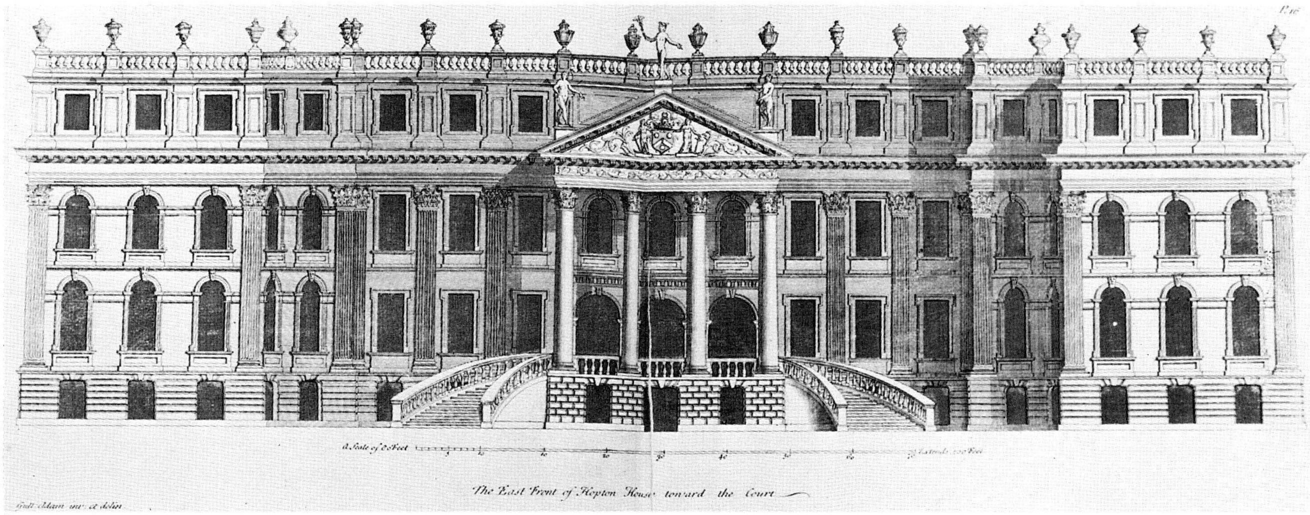

9

10 *Hopetoun House, Ansicht von Osten*

10

11 James Smith und Alexander McGill, *Yester House, East Lothian; Nordfront,* 1730–1732. Aus Vitruvius Scoticus, T. 28

12 *Yester House, Nordfront*

warum gelegentlich eine Parallele zwischen den beiden Städten gezogen wird.

Aber die Beschränkungen, die der Stadt durch ihre Lage auferlegt waren, hatten zur Folge, daß sie in die Höhe wuchs, anstatt sich auszudehnen. In einer Hauptstadt sind alle sozialen Schichten vertreten, und hier drängten sie sich auf engem Raum zusammen, so daß es vorkam, daß in ein und demselben Gebäude eine sehr unterschiedliche Bevölkerung beisammenlebte. Im sechzehnten und siebzehnten Jahrhundert entstand hier jene Schichtung, wie sie sich in Paris erst im achtzehnten Jahrhundert deutlich präsentierte und die es auch in anderen europäischen Städten bereits gegeben haben mag: Kaufleute richteten sich mit ihren Läden im unteren Teil der Häuser ein; die Angehörigen des Adels, die einen sicheren Wohnsitz im Herzen der Stadt brauchten, schlugen ihn gleich darüber, sozusagen im Piano nobile, auf; über diesen hausten – in Häusern mit bis zu zwölf Stockwerken – die Bürger und das einfache Volk. Wenn man bedenkt, daß dies zu einer Zeit geschah, in der es noch keinerlei Ver- und Entsorgungseinrichtungen gab, dann kann man sich die Konsequenzen mühelos vorstellen, bei denen Anekdotenerzähler gerne verweilen.

Solange Edinburgh ein Parlament besaß und administratives Zentrum war, blieb dieser Stand der Dinge zwangsläufig bestehen. Nachdem das schottische Parlament dann von Westminster geschluckt worden war, verließen die einflußreichen Adelsfamilien die Stadt. Die Klage darüber, daß die großen Herren London den Vorzug vor Edinburgh gaben, wurde zum Gemeinplatz in der schottischen Literatur. So betrachtet, folgten die Brüder Adam dem Beispiel der Großen ihres Landes. Die Verlagerung der zentralen Administration blutete die Stadt aus. Aber andererseits ermöglichte sie eine allmähliche Zunahme der Handelstätigkeit und ein Wiedererwachen des geistigen Lebens auf einer neuen Grundlage: Der Justiz und der Kirchenverwaltung kam eine neue und bedeutende Rolle in der Gesell-

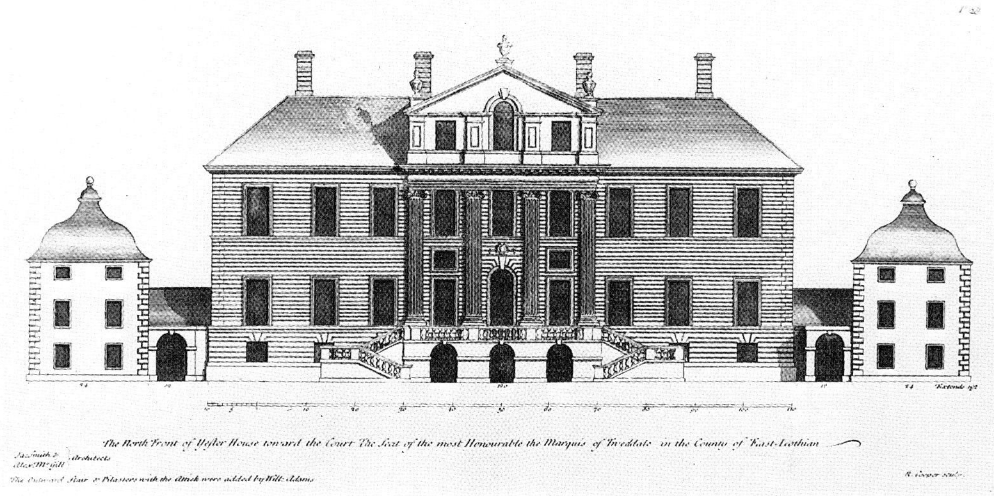

11

12

schaft zu, die Universität expandierte in der neu errungenen Sicherheit. Mochte London für die Brüder Adam auch ohne alle Frage das Epizentrum ihrer Aktivitäten sein, so blieb Edinburgh doch eine Heimat, mit der sie den Kontakt niemals verloren und in der sie auch weiterhin arbeiteten.

Kurz nachdem William Adam das Bürgerrecht erhalten hatte, begann er mit dem Aufkauf eines außerhalb von Edinburgh gelegenen Besitzes, Blair Crambeth, den er in Blair Adam umbenannte und der seinen Nachkommen noch heute gehört.[34] Etwa um diese Zeit, 1730/31, wird er als »Clerk and Storekeeper to the Works in Scotland« bezeichnet. Obwohl dies ein recht einträgliches Amt war, versuchte Lord Stair, der Gesandter in Paris und General gewesen war (und die Sanktionen gegen den »Old Pretender« ausgehandelt hatte), das Amt des *Master of the King's Works* wieder einzurichten und ihm zu übertragen, das Bruce eine Zeitlang innegehabt hatte. Der Versuch schlug allerdings fehl, und Adam mußte sich mit dem Amt des *Clerk* zufriedengeben, zu dem drei Jahre später seine Ernennung zum *Mason to the Board of Ordnance in North Britain* kam. Damit war er für alle Festungsanlagen gegen die Gefahr eines neuen Jakobiteneinfalls, der 1745 in der Tat erfolgte, und nach diesem Datum für ihre Erweiterung und Verstärkung zuständig.[35]

William Adam verdankt die Erwähnung in diesem Buch zwar teilweise seiner Vaterschaft, weit mehr aber seiner Tatkraft und Erfahrung als Erbauer und Entwerfer, an der seine Söhne schon als Heranwachsende teilhatten und aus der ihre ganze Ausbildung bestand. Seine Leistungen hätten das Interesse eines Architekturhistorikers auch dann gefunden, wenn sein Ruhm nicht von seinen weit talentierteren Söhnen getragen worden wäre. Unter den frühen Projekten William Adams war das ehrgeizigste vermutlich das Haus in Newliston für den schon erwähnten Lord Stair, seinen Gönner, das ungebaut blieb.[36] Allerdings wurde William mit der Anlage und Terrassierung des Gartens beauftragt, und es wird immer wieder gesagt, daß dieser den Schlachtplan von Dettingen wiedergebe, wo Stair damals Feldmarschall, unter dem nominellen Befehl Georges III. den Herzog von Noailles besiegt hatte. Wahrscheinlicher ist allerdings, daß es sich nur um einen Landschaftsgarten im französischen Stil handelte, wie er einem ehemaligen Gesandten in Frankreich ja durchaus anstand. Aber dann war es (wie in vielen anderen Fällen) Robert Adam, der auf eben diesem Gelände sechzig Jahre später ein neues Haus erbaute. Über die ursprüngliche Planung lassen sich nur Vermutungen anstellen.[37]

Zur gleichen Zeit wurde Mavisbank für Sir John Clerk geplant und ausgeführt. Wenn Newliston an einen Bau des älteren Dance erinnert, so hat Mavisbank ein frankoflämisches Aussehen: Es besitzt einen zentralen Block mit einem gegliederten und vorspringenden Mittelteil; sowohl der ganze Block als auch der Mittelteil sind von genuteten Eckpilastern gerahmt. Die Gestaltung ist etwas nachlässig, der plastische Schmuck tief eingeschnitten, das Dach als Walmdach ausgebildet.[38] Zur gleichen Zeit, als er – zusammen mit Sir John Clerk – an Mavisbank arbeitete, scheint William Adam auch sehr intensiv mit dem Entwurf für Floor House für den Herzog von Roxburgh beschäftigt gewesen zu sein, und es spricht für seinen Stil, daß dieses Haus Sir John Vanbrugh zugeschrieben worden ist.[39] Bemerkenswerter ist der Umstand, daß Architekt und Bauherr eine gemeinsame Reise unternahmen, um zu ihrer Erbauung und Belehrung englische Landhäuser zu studieren. Das war im Jahre 1727.

James Gibbs war der Architekt, an dem Clerk und Adam offenbar am meisten interessiert waren.[40] In Cambridgeshire wandten sie Wimpole Hall ihre besondere Aufmerksamkeit zu; sie betrachteten die Londoner Kirchen – St. Martin-in-the-Fields und St. Mary-le-Strand – sowie das Oktogon in Twickenham. Sie sahen aber auch Colen Campbells neues Wanstead House und die Kathedrale von Salisbury. In Wilton House trafen sie auf den Architekten Earl of Pembroke und machten einen Umweg, um Stonehenge und Inigo Jones' Haus Amesbury zu besuchen. Vanbrughs witzige Wohnhäuser auf dem Maze Hill in Greenwich stießen sie ab. Clerks Vetter, der Maler William Aikman, war ein Freund und zugleich Berater von Lord Burlington. Durch ihn ließen sie sich bei dem Lord einführen, der den beiden Besuchern aus Schottland die Entwürfe für eine neue Villa in Chiswick zeigte. Sie fanden sie »eher merkwürdig denn bequem«; zumindest gilt dies für Clerk, der ein Tagebuch über diese Reise führte, was Adam nicht tat.[41] Es ist nicht sicher, ob sie ihre Reise nach dem ersten Londoner Aufenthalt gemeinsam fortsetzten. Sir John jedenfalls kehrte über Grantham zurück, wo er seinen alten Freund, den Altertumsforscher William Stukeley, besuchte. Er besichtigte die Kathedrale von York und reiste weiter nach Castle Howard, das er »in mancher Hinsicht sehr nobel, aber doch wirklich sehr wenig geschmackvoll« fand.[42]

Insgesamt war Sir John von der neuen englischen Architektur sehr beeindruckt. Rückblikkend war er »der Meinung, daß es in England mehr schöne Häuser gibt als in Italien, wenn sie auch alle nicht so schön ausgeschmückt sind«.[43] Clerks Interesse an der Architektur beschränkte sich nicht auf sein eigenes Haus. Er beabsichtigte, Vitruvs *Zehn Bücher* mit dem gelehrten Kommentar von Daniele Barbaro, dem Patriarchen von Aquilea und Freund und Gönner Palladios, zu übersetzen[44], aber dann erfuhr er, daß ein Gehilfe von Lord Burlington (möglicherweise der unglückliche Robert Castell, der dieses Unternehmen nie zu Ende brachte und im Schuldgefängnis starb) bereits mit einer Übersetzung beschäftigt sei.[45] Inzwischen verfaßte Clerk ein langes Gedicht über das Bauwesen mit dem Titel »The Country Seat«, nahm Verbesserungen an seinen Gütern vor und betätigte sich als Landwirt.[46] Auch war er ein großer Förderer des geistigen Lebens in Edinburgh. Zu dessen Vertretern

13 William Adam, *Newliston, West Lothian; Hauptfront.* Aus Vitruvius Scoticus, T. 36

14 *Newliston, Eingangsfassade*

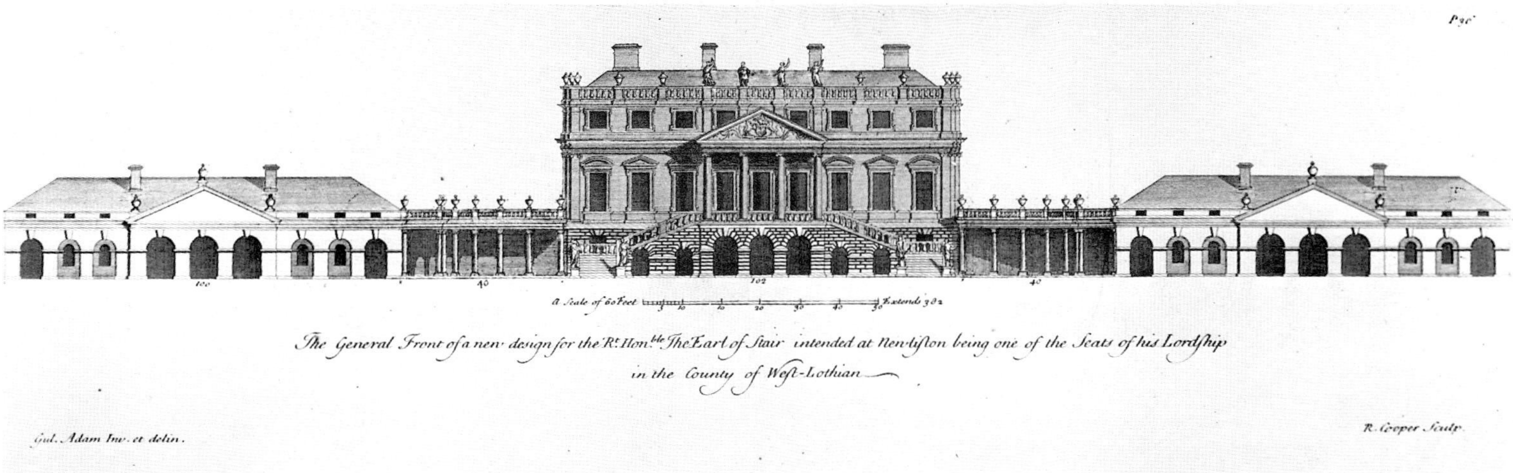

13

14

15 William Adam, *Mavisbank House, Midlothian; Grundrisse Erdgeschoß und Obergeschoß*, 1723–1727. Aus Vitruvius Scoticus, T. 46

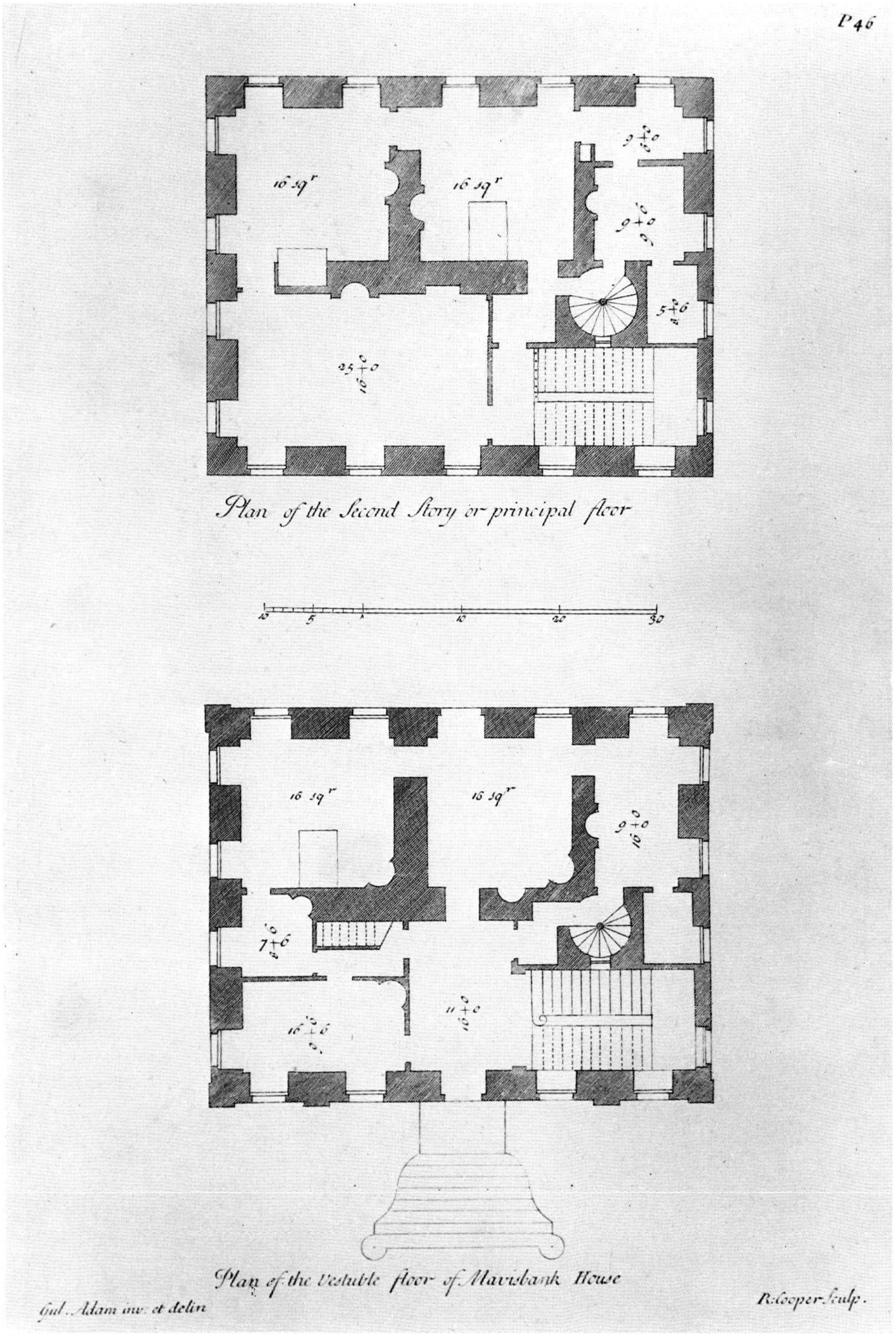

15

gehörten Allan Ramsay, Alexander Gordon – der wegen seiner musikalischen Darbietungen den Spitznamen »Singing Sandy« trug und über die Borgias geschrieben hatte – und natürlich William Adam.[47]

Sir Johns ältester Sohn James, der nicht nur den Titel, sondern auch die Neigungen seines Vaters geerbt hatte, war mehr an der Malerei interessiert und zeigte auf diesem Gebiet beachtliche Leistungen. Er war zunächst bei seinem Verwandten William Aikman in London ausgebildet worden, dann ins Ausland gegangen und hatte in Genua bei Francesco Fernandi (genannt Imperiali) gelernt, der vorwiegend mythologische Themen behandelte und sich gelegentlich als *Cicerone* betätigte.[48] James Clerk machte die Malerei niemals zu seinem Beruf, bewahrte aber sein Interesse an der Architektur. Wie sein Vater hatte auch er vor und nach seinem römischen Aufenthalt in Leyden die Rechte studiert; während der jakobitischen Invasion 1745 ging er zur Armee und kämpfte bei Prestonpans. Als Amateur-Architekt entwarf er Penicuik House und blieb zeit seines Lebens mit Robert Adam befreundet.[49]

Um die Zeit der Londoner Reise entwarf William Adam eines seiner besterhaltenen Häuser, *The Drum* in Liberton/Midlothian. Hier handelt es sich um einen erkennbar »englischeren« und sehr viel eigenwilligeren Entwurf als bei Mavisbank. Die gesamte Front des Hauses ist rustiziert, die beiden Stockwerke enden in einer abschließenden Balustrade. Die Fenster sind in der von Gibbs gezeichneten und gestochenen palladianischen Manier gebändert, und – was sehr merkwürdig ist – das Obergeschoß hat gebänderte ionische Pilaster, denen im unteren Geschoß keinerlei stützende Säulen oder Basen entsprechen. Über dem Haupteingang wird der gesamte Mittelteil des Hauses von einem riesigen palladianischen Fenster eingenommen. Es handelt sich um eine höchst anspruchsvolle, perfekte Anlage.[50] In *The Drum* und in einigen später entstandenen Häusern arbeitete William Adam mit einem

Stukkateur, Samuel Calderwood, zusammen, den er jährlich bezahlte. Dieser Kontakt war so eng, daß Sir John Clerk, dem Calderwoods Girlanden und Verzierungen zu kunstvoll erschienen, einige Mühe hatte, es zu verhindern, daß die beiden seine Innenräume in Mavisbank ausstatteten.[51]

Arniston House, ebenfalls in Midlothian gelegen und etwa zur gleichen Zeit entworfen, ist stark verändert worden, enthält aber noch viel von den Verzierungen, mit denen Calderwood Adams seltsam straffe vertikale Struktur überzog.[52]

Der nächste größere Auftrag betraf *The Dun* in Angus, für das der Earl of Mar (der wegen seiner Beteiligung am Aufstand von 1715 ins Exil gegangen war, sich dann aber vom »Old Pretender« abgewandt hatte) aus Paris einen Entwurf geschickt hatte. William Adams Beitrag ist weniger schlüssig und vollkommen als der des Earl, der fortfuhr, aus dem Ausland Pläne und Vorschläge für in Schottland zu errichtende Bauten zu senden.[53]

Vermutlich angeregt durch die Londoner Reise und den anhaltenden Erfolg von Colen Campbells *Vitruvius Britannicus* und ebenso durch die außergewöhnliche Qualität der neuen schottischen Architektur, innerhalb derer sein eigenes Werk vielleicht das bemerkenswerteste Beispiel darstellte, plante William Adam eine Publikation, die Campbells Veröffentlichung ergänzen und möglicherweise auch in Konkurrenz zu ihr treten sollte. In den Jahren 1727 und 1728 kamen von 130 Notabeln Subskriptionen im Betrag von je anderthalb Guineas zusammen. Aber obwohl eine Reihe von Tafeln fertiggestellt war, wurden sie zu diesem Zeitpunkt nicht veröffentlicht. In den Jahren um 1760 überarbeiteten Robert und James einige davon, und schließlich wurde das Buch ohne Erscheinungsdatum, wahrscheinlich im Jahre 1812, von einem Enkel, William Adam of Blair Adam, herausgegeben.

Inzwischen hatte William Adam eine Reihe öffentlicher Aufträge erhalten. Die ersten waren ein »Town House« (ein Rathaus) für die

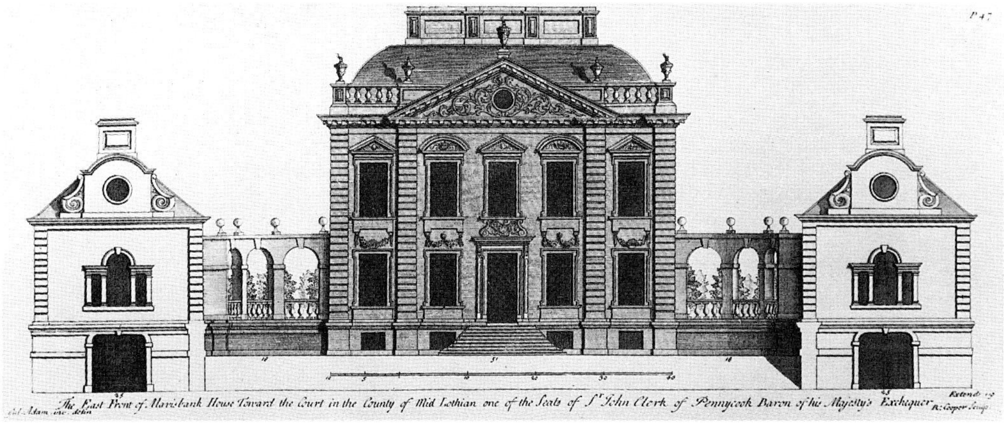

16

16 William Adam (mit John Clerk), *Mavisbank House, Ostfront.* Aus Vitruvius Scoticus, T. 47

17

17 William Adam, *The Drum, Midlothian; Hauptfront,* 1726–1730

Stadt Aberdeen und das Robert Gordon's Hospital, ebenfalls in Aberdeen; aber er übernahm auch den Umbau des Town House von Dundee, errichtete die Bibliothek der Universität Glasgow in Form eines kleinen Tempels und das George Watson's Hospital in Edinburgh (beide »Hospitals« waren tatsächlich Schulen), ferner die Brücke über den Tay in Aberfeldy in Perthshire.[54]

Die Zahl der privaten Aufträge nahm allmählich zu. In Chatelherault in Lanarkshire entwarf Adam eine Reihe ungewöhnlicher Nebengebäude, um die Aufmerksamkeit des Herzogs von Hamilton auf sich zu ziehen[55], für den er dann eine runde Kirche in der Gibsschen Manier und einen würfelförmigen Raum im Schloß Hamilton baute und wenige Jahre später auch ein Appartement im Holyrood House »herzurichten« hatte. Kurz danach ließ Adam sich auf ein Projekt ein, das zu einer seiner bedeutendsten, aber auch mühsamsten Unternehmungen wurde – Duff House in Banffshire im Norden Schottlands, ein Haus, das in seiner ausgeprägten vertikalen Gliederung an die alten Adelsschlösser erinnert. Der Mittelblock folgt dem niederländischen Stil: Ein schweres Giebelfeld wird von vier kunstvoll gearbeiteten korinthischen Pilastern getragen, die ihrerseits auf einem rustizierten Sockelgeschoß stehen. Das Ganze wird von einem befensterten Attikageschoß und einer Balustrade mit einer Reihe von Vasen gekrönt – der Art der horizontalen Gliederung, die William Adam bevorzugte. Beim Duff House ist der Mittelteil der Fassade zwischen zwei hohe Türme eingezwängt, die in den beiden Hauptgeschossen von den gleichen Pilastern und darüber von je zwei Pilastern einer weiteren Ordnung gerahmt sind. Die Türme schließen, wie der Mittelblock, mit einer Balustrade mit Vasen ab. Beide tragen eine flache Kuppel, deren Laterne im Grunde aus einem Bündel von Kaminkappen besteht. Die einen Viertelkreis umschreibenden Kolonnaden, welche auf den Stichen im *Vitruvius Britannicus* erscheinen und dort in Außengebäuden enden, wurden niemals gebaut. Der Auftraggeber Lord Braco (der später zum Earl of Fife ernannt wurde) betrachtete die Art, wie Adam seine Angelegenheiten anpackte, mit tiefem Mißtrauen und verwickelte sich und den Architekten in eine langwierige rechtliche Auseinandersetzung, die Adams letzte Lebensjahre überschattete. Allem Anschein nach ging es bei den Meinungsverschiedenheiten darum, daß Adam darauf bestand, Material aus seinen Steinbrüchen in Leith zu verwenden. Obwohl Adam den Streit gewann, der schließlich im Jahre 1743 vor Gericht ausgetragen wurde, verfolgte Braco diesen weiter und stellte ein Dossier darüber zusammen, das zur wichtigsten Informationsquelle über William Adams Bautätigkeit geworden ist.[56]

Daß Braco ihm grollte, war offensichtlich die Ausnahme. William Adam genoß wegen seiner Tüchtigkeit und Ehrlichkeit einen sehr guten Ruf. Lord Hopetoun pflegte seine Baurechnungen sofort und ohne Prüfung zu bezahlen, um ihm zu zeigen, daß er ihm vertraute. Das Hopetoun House entstand im Angesicht des bereits erwähnten Gebäudes, das Sir William Bruce für Charles Hope errichtet hatte, bevor dieser von der dankbaren Queen Anne für sein Eintreten zugunsten der Union zum Earl erhoben wurde. Es ist ein langrechteckiges Gebäude mit drei Stockwerken über einem rustizierten Sockel, der gleichen Gliederung wie beim Duff House, die auf der britischen Insel offenbar auf das von William Winde zu Anfang des Jahrhunderts entworfene Buckingham House in London zurückgeht.[57]

In Hopetoun ist der Hauptblock vertikal in neun Felder gegliedert, von denen die drei mittleren leicht vortreten. Geplant war hier ein Tetrastylportikus mit einem Giebelfeld (wie in Newliston und Duff), der niemals gebaut wurde. Die stark vorspringenden Flügel sind durch viertelkreisförmige Bauteile mit dem Hauptblock verbunden. Niedrige Kolonnaden zu beiden Seiten des Hauptgebäudes, deren Viertelkreise diejenigen des Hauptblocks wiederholen, leiteten zu den beiden Außengebäuden über, die kurz nach 1750 von Robert und John Adam neu entworfen wurden.[58]

Der andere große Auftrag, mit dem William Adam in seinem letzten Lebensjahr beschäftigt war, betraf die Leitung der Baustelle für das Schloß, das der Herzog von Argyll in Inveraray errichten ließ. Der Entwurf stammt im wesentlichen von Roger Morris, einem namhaften Londoner Architekten und Bauunternehmer, der mit jenem Earl of Pembroke in Verbindung stand, der Gastgeber von Sir John Clerk in Wilton gewesen und neben Lord Burlington der zweite führende Kopf unter den vornehmen englischen Palladianern war. Es ist daher um so bemerkenswerter, daß das Schloß im gotischen Stil erbaut ist.[59]

Der dritte Herzog war sehr an Architektur interessiert und auf diesem Gebiet wohlbewandert. Als Lord Islay (dieser Titel war ihm, lange bevor er die Herzogswürde erbte, für sein Eintreten zugunsten der Union verliehen worden) hatte er sich im Umkreis von Twickenham bereits eingehend mit baulichen Aktivitäten befaßt. Twickenham war damals eine Art Vorstadt für den Hof, den George II. und Queen Caroline den Sommer über nach Richmond Old Park verlegten und durch den Richmond, Kew und Twickenham als Sommeraufenthalt für die Londoner Gesellschaft interessant wurden. Islay selbst lebte in Whitton Park, in der Nähe von Twickenham, wo Gibbs ihm eine Villa und im zugehörigen Park einen Blickfang in Form eines gotischen Turms auf dreieckigem Grundriß baute.[60] Sein Bruder Argyll besaß ein ebenfalls von Gibbs erbautes konventionelleres Haus in Sudbrook Park, ein bis zwei Meilen weiter südlich gelegen.[61] Die Brüder Campbell dienten der nominellen Mätresse Georges II., Lady Suffolk, als Trustees; für sie kaufte Islay Marble Hill bei Whitton, das von Lord Pembroke und seinem üblichen »Partner«, Roger Morris, entworfen worden war.[62] Der zweite Herzog hatte vorgehabt, das Schloß seiner Vorfahren in Invera-

18 William Adam, *The Drum, Kamin in der Halle*

18

19 William Adam, *Duff House, Banffshire; Hauptfront, Haupt- und Attikageschoß,* 1738–1748. Aus Vitruvius Scoticus, T. 148

20 William Adam, *Duff House, Grundriß des Erdgeschosses.* Aus Vitruvius Scoticus, T. 146

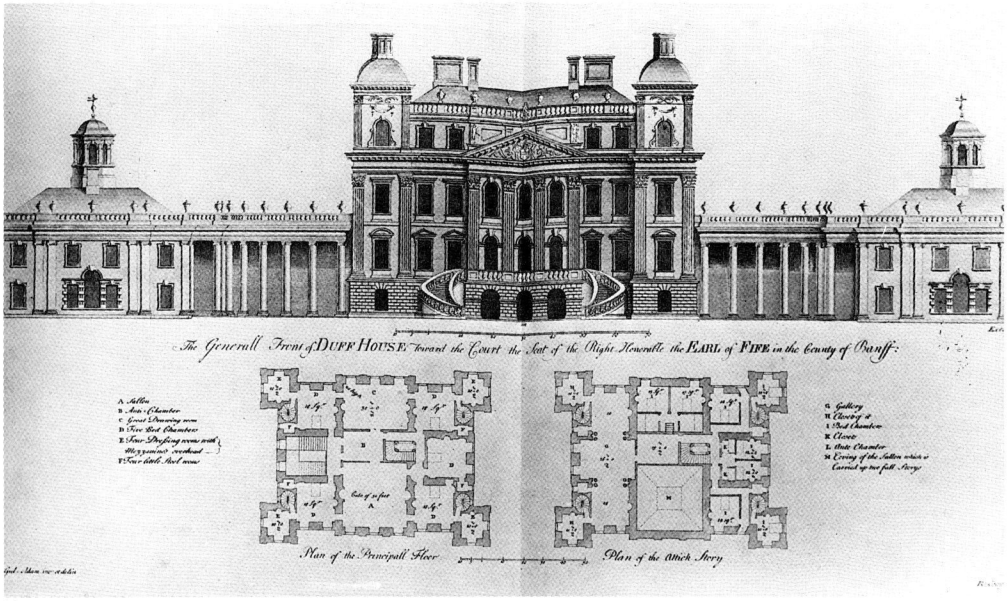

19

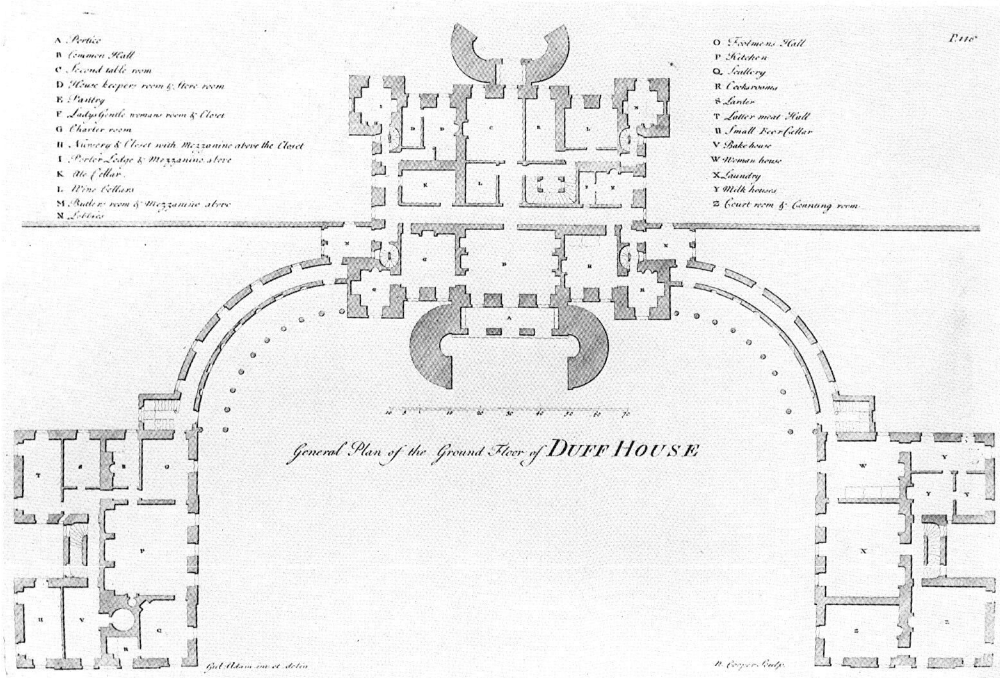

20

ray im gotischen Stil umbauen zu lassen. Das wissen wir aus einer noch vorhandenen Zeichnung von der Hand Vanbrughs.[63] Es gab allerdings auch noch ein weiter ausgearbeitetes und ehrgeizigeres Projekt von Dougal Campbell, einem Verwandten und erfolgreichen Militärbaumeister (der für Adam in dessen Prozeß gegen Lord Braco ausgesagt hatte), und zwar für ein riesiges Schloß mit Wallgraben und Türmen in einer burgartigen, rustizierten palladianischen Manier, die Campbell selbst als den »Castle stile« bezeichnet hatte.[64]

Die damalige gotische Manier war nicht ganz so exzentrisch, wie es demjenigen erscheinen mag, der das 18. Jahrhundert wie üblich mit dem georgianischen Stil verbindet. Bis weit ins 17. Jahrhundert hinein arbeiteten die Maurer in England und Schottland noch in der alten Weise, als ob Inigo Jones niemals existiert hätte. Die Kirche in Compton Wynyates in Warwickshire und Monington-on-the-Wye in Herefordshire entstanden zur Zeit Charles' II.; die Kirche von Polworth in Berwickshire und Leigh Kirk in Paisley im 18. Jahrhundert. Naturgemäß handelt es sich bei allen diesen Bauten um Beispiele aus der Provinz.[65]

Zur gleichen Zeit verkündete Christopher Wren, daß ihm die gotische Architektur gleichgültig sei, wenn er auch – inkonsequenterweise – bereit war, außergewöhnliche Bauten, wie etwa die Kathedrale von Salisbury, zu bewundern.[66] Und doch entwarf er in einem gotischen (von ihm für ursprünglich »maurisch« gehaltenen) Stil. Den Tom Tower an Oxfords Christ Church, einige Londoner Pfarrkirchen und eine – nicht ausgeführte – Laterne über der Vierung von Westminster Abbey ließ er durchgehen. Sie seien »von besseren architektonischen Formen«, so daß sie zum älteren Bestand paßten, denn »von der alten Form abzuweichen würde bedeuten, daß eine unangenehme Mischung herauskommt, an der kein Mensch von Geschmack seine Freude haben könnte . . .«[67] Nicholas Hawksmoor erbaute die Westtürme von Westmin-

21 William Adam, *Duff House, Hauptfront*

21

22 Roger Morris, William und John Adam, *Inveraray Castle, Argyllshire; Haupteingang,* 1745–1748

22

23 William Adam, *Plan der neuen Stadt Inveraray,*
1758–1761 (London, Soane Museum)

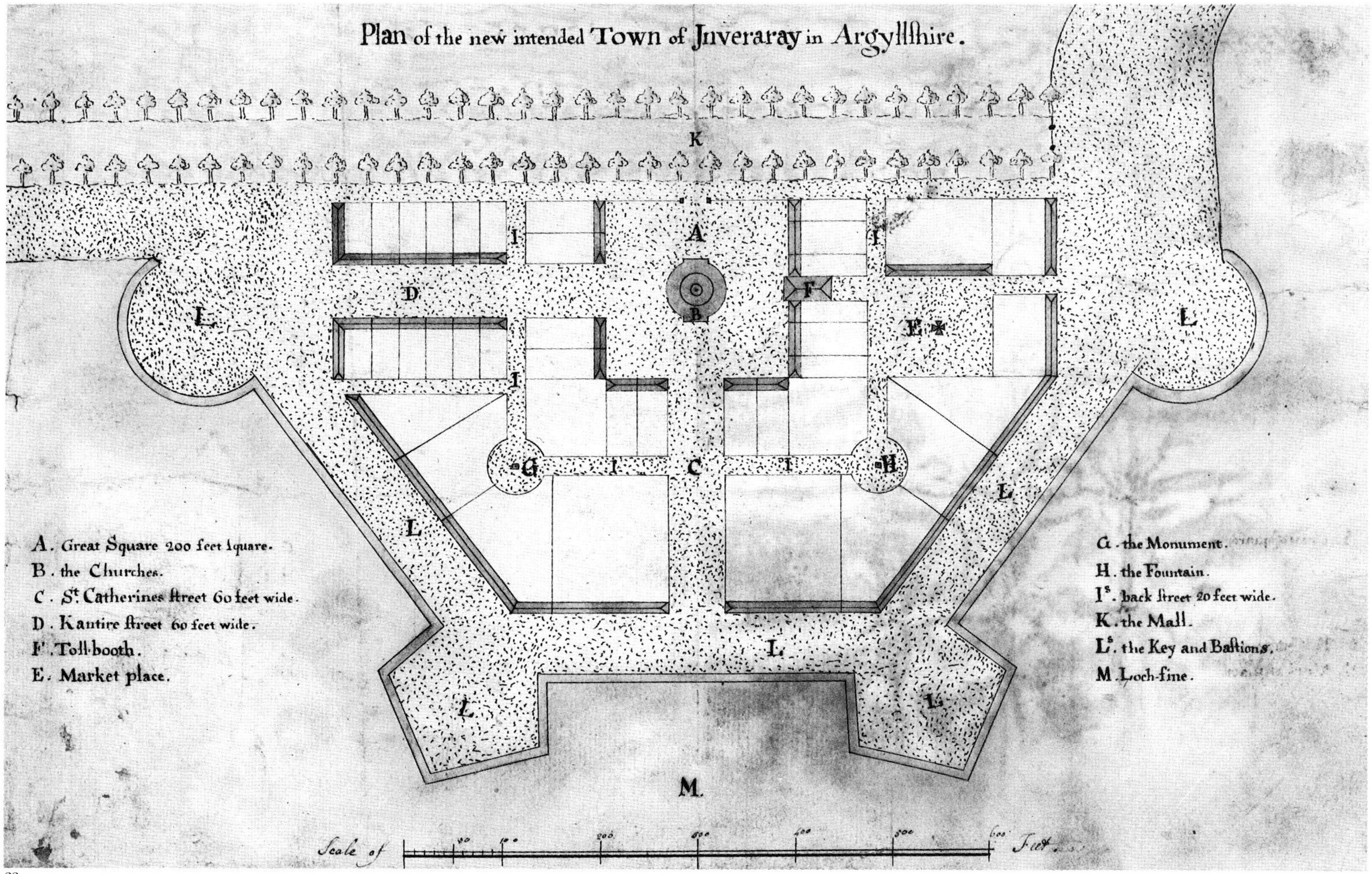

23

24 William und James Adam, *Inveraray, Ort und Schloß* (im Vordergrund rechts)

25 William und James Adam, *Inveraray; Blick von der Bucht auf den Ort*

24

25

ster Abbey in einem Stil, den er der mittleren Gotik zuordnete und als »Tracery Style« bezeichnete.[68] Bei All Souls in Oxford, vermutlich dem anspruchsvollsten neogotischen Bauwerk vor den Houses of Parliament, wagte er sich in Teilen der Anlage sogar an »klassizistische Alternativen«, um sein waches Gespür für stilistische Fragen zu beweisen.[69]

Die Pseudo-Gotik oder der »Burgenklassizismus« von Vanbrughs Häusern am Maze Hill (die Sir John Clerk und William Adam auf ihrer London-Reise so sehr mißfallen hatten)[70] ist wiederum etwas anderes: ein bewußter stilistischer Lapsus, eine architektonische Litotes, durch die das Grobe und Scheußliche auf die Dimension eines Scherzes oder eines Spielzeugs reduziert wird. Aber William Kent, der Grandseigneur in Person, lieferte weitere unmögliche Variationen zu diesem Thema. Er setzte »altertümliche spitzbogige« Gebäude in den Hintergrund seiner Illustrationen für eine Ausgabe von Edmund Spensers *Faerie Queen,* die er kurze Zeit nach seiner Rückkehr nach England im Gefolge von Lord Burlington vollendete, wenn sie auch erst viel später veröffentlicht wurden.[71] Angeregt (wie es heißt) durch Sir Robert Walpole persönlich, ahmte er den Tudorstil von Whitehall Palace nach und füllte die abschließenden Bogen von Westminster Hall mit einem »Gothic Court of the King's Bench«.[72] Und einige Jahre später entwarf er eine Chorschranke für die Kathedrale von Gloucester[73], im Stil verspielt, im direkten Zitat ungenau. Aber in allen diesen Fällen trug er dem baulichen Umfeld Rechnung. Noch nachdrücklicher gilt dies für die Restaurierung von Esher Place für Henry Pelham, der eine Zeitlang zusammen mit seinem Bruder, dem Herzog von Newcastle, England regierte.[74] Dagegen kümmerte Kent das Umfeld beim Bau des Tempels in Rousham, der Eremitage und des »Cave of Merlin« in Richmond Park überhaupt nicht. Die Bauten in Richmond entstanden für Queen Caroline, die Frau Georges II.: Es waren durchdachte ideologische Kunststücke, mit deren Hilfe die Königin durch den Bezug zum Goldenen Zeitalter des König Artus die Politik der Whig als kontinuierliche Verherrlichung alles Britischen allegorisch darstellen ließ.[75] Den König ließ all dies gleichgültig; einige seiner Untertanen betrachteten es sogar mit Feindseligkeit. Sozusagen in Opposition dazu errichtete Alexander Pope eine kunstvolle gotische Ruine, die King Alfred's Hall im Garten des Hauses von Lord Bathurst in Cirencester. Das war wiederum ideologisch zu verstehen: Alfred, der Britannien gegen die Dänen verteidigt hatte, war der patriotische König. Pope und Bathurst (der dem Parlament als Tory angehört hatte) waren Freunde des oppositionellen Denkers Lord Bolingbroke, dessen bekanntestes Pamphlet den Titel *The Patriot King* trug.[76]

Die Architektur von Inveraray Castle war auch als Traktat zu verstehen, der gelesen werden mußte. Archibald Campbell war dritter Herzog von Argyll und der achte Archibald, der als Mac Cailein Mor dem Campbell-Clan vorstand. Er kam nach Inveraray, um zum einen diesen Titel zu behaupten und zum anderen seinen Ruf als »König in Schottland« zu bestätigen, nachdem er im Norden gemeinsam mit seinem Bruder das ganze System der Förderung und Unterdrückung in Gang gesetzt hatte.[77]

Daß das alte Schloß in Inveraray irreparabel zerstört war, wußte man bereits vor seiner Ankunft. Aber Argyll hatte auch vor, die kleine Stadt Inveraray zu Füßen des Schlosses um ein paar Meilen den Loch entlang zu verlegen und sie zu einer Modellstadt zu machen. Und das gelang ihm.[78] Der Gedanke, im gotischen Stil zu bauen, hatte allerdings nicht das geringste mit der Umgebung zu tun; er war mit ziemlicher Sicherheit politisch motiviert. Das neue gotische Schloß sollte viel größer werden als das alte: Argyll wollte sich nicht nur als Erbe vieler Generationen zeigen, sondern auch als jemand, der seine Erbschaft sehr ernst nahm. Und er hatte es eilig damit. Roger Morris begleitete Argyll nach Inveraray, sobald dieser in seinem Herzogtum eingetroffen war.[79] Zugleich wurde William Adam aus Edinburgh herübergeholt, um die Baustelle zu leiten, und obgleich sie nicht häufig zusammentrafen, wurden Morris und Adam Freunde.[80] Die Arbeiten kamen 1745 zum Stillstand, als Bonnie Prince Charlie sich in Edinburgh aufhielt und die Brüder Adam Militärdienst taten, aber sie wurden bald wieder aufgenommen. William Adam starb im Juni 1748 und Roger Morris wenige Monate später, im Februar 1749, und von nun an lag die Hauptverantwortung für das Werk bei John Adam, dem Robert zu Hilfe kam.

Die schottische Architektur in der Mitte des 18. Jahrhunderts

William Adams Testament, mit dem der größte Teil seines Vermögens und des Unternehmens dem Sohn John überschrieben wurde, bedachte Robert mit der Kernanlage von Blair Adam und mit Landbesitz rund um das halbverfallene Schloß Dowhill. (Robert nannte sich gelegentlich Adam of Dowhill.) Möglicherweise hat er das Grundstück sogar schon vor dem Tod seines Vaters erhalten.[81] Auf jeden Fall stellen viele von Roberts Zeichnungen aus dieser Periode gotische Gebäude dar: Kolonnaden, Pavillons, Brücken, Schlösser, sämtlich mit Strebepfeilern und krabbenverzierten Bögen. Sie sind Morris' sauberer Gotik von Inveraray so unähnlich, daß es fast so aussieht, als seien sie in bewußtem Widerspruch dazu entstanden.

Sehr wenige von diesen Zeichnungen beziehen sich auf tatsächlich existierende Bauwerke. Als Robert 1749/50 zu Verhandlungen mit dem Feldzeugamt nach England ging, widmete er den Bauten im Perpendicular-Stil allerdings seine besondere Aufmerksamkeit; eine Reihe von Zeichnungen in seinem Skizzenbuch belegt dies.[82] John, der im Jahr zuvor in der gleichen Angelegenheit unterwegs gewesen war, hatte unter seinen »gotischen« Skizzen unter anderem Islay-Argylls unsinnigen, von Gibbs errichteten Prachtbau in Whitton Park festgehalten. Damals war er allerdings, ebenso wie sein Vater, vornehmlich an Gibbs' Arbeiten interessiert.[83]

Robert hatte sich schon vor seiner Reise mit »gotischen« Themen beschäftigt. Die erste Skizze, die von ihm erhalten ist, zeigt ein verfallenes Schloß. Sie entstand, als er sechzehn Jahre alt war, ein Jahr nach seiner Einschreibung an der Universität Edinburgh.[84] Ohne Abschluß trat er dann ein oder zwei Jahre später direkt in das Büro seines Vaters ein. Aber um gotische Gebäude zu sehen, brauchte er nicht nach England zu gehen. In Edinburgh selbst standen Holyrood House und die Kathedrale St. Giles; einen Tagesmarsch entfernt lagen die Abteien von Jedburgh und Melrose. Roslin Chapel, das prachtvollste Beispiel der schottischen Gotik und zugleich dasjenige, das Roberts eigenen Vorstellungen am nächsten kam (angeblich von portugiesischen oder spanischen Maurern errichtet), lag nur drei Meilen südlich von Edinburgh an der Straße nach Penicuik. Robert war an diesen Bauten offensichtlich nicht sehr interessiert. In seinen gotischen Zeichnungen findet sich kaum jemals ein Zitat von bestehenden Bauwerken. Die Darstellungen wirken zumeist unfertig und haben kaum etwas mit seinen topographischen Skizzen gemeinsam. Ihre Gotik ist merkwürdig unstrukturiert – ein ausgesponnenes Ornament, das eher an die französischen und niederländischen *Rocaille*-Zeichnungen erinnert als an die gemessene Gotik von Roger Morris.

Morris arbeitete im Stil von Batty Langley, der sich seinerseits an Hawksmoors »Tracery Manner« orientierte. Im Jahre 1742 war Langleys Werk *Gothic Architecture, Improved by Rules and Proportions* erschienen. Langley ging darin entschieden über das hinaus, was Wren oder Hawksmoor gebilligt hätten – er leitete nämlich aus seinen Messungen an Westminster Abbey ein Proportionsschema ab und entwickelte daraus in enger Parallele zu den klassischen ein System von fünf gotischen Ordnungen. Dieses traf auf die Verachtung späterer sachkundiger Betrachter wie etwa Horace Walpoles.[85] Nach Meinung der Fachleute hatten die Brüder Langley den größten denkbaren Fehler begangen: Sie hatten nach einer der Gotik zugrunde liegenden Struktur gesucht – wo Gotik doch nur Oberfläche war!

Selbstverständlich fand das Beispiel der Langleys seine Nachfolger.

Der Schweizer Architekt Johann Heinrich Müntz baute 1759 in Kew für die Prinzessinwitwe von Wales eine gotische »Kathedrale« in der Art der Langleys und gab ein oder zwei Jahre später eine Veröffentlichung *(Proposal for the Study of Gothic Architecture)* heraus, deren Inhalt nicht bekannt ist. Müntz hatte in Kew eng mit William Chambers zusammengearbeitet, und vermutlich spiegeln sich seine Ansichten zum Teil in dessen fragmentarischen Bemerkungen im *Treatise on Civil Architecture*.[86] Diesen Bemerkungen Chambers' ist es zu verdanken, daß Battys Ansatz von vielen Vertretern der Neugotik im 19. Jahrhundert übernommen wurde. Anscheinend konnte er sich einigermaßen unangefochten neben einem anderen Verständnis des Ausdrucks »gotisch« – als derb und grobschlächtig – halten. Diese zweite Bedeutung hatte Sir John Clerk im Sinn, als er in seinem »Country Seat« sagte:

»Some may perhaps amidst the num'rous Throng
of Swains, attentive listen to your Song . . .
But others are, on whom those Rules you waste,
For Goths will always have a Gothic Taste.«[87]

Mancher maß dem Wort auch unterschiedliche Bedeutungen zu: Selbst Horace Walpole brachte es fertig, das Wort »Gothic« im Sinne von grobschlächtig und derb zu verwenden, obwohl er mittelalterliche Reste, wo immer und in welcher Form sie anzutreffen waren, sogleich als solche erkannte und genau wußte, daß das Wort sich allein auf Architektur bezog. Mit den anderen Künsten hatte es nichts zu tun: »Gothic is merely architecture«.[88] Pope sprach von diesem Stil noch in einem architektonischen Zusammenhang, aber im Vorwort zu seiner Shakespeare-Gesamtausgabe schrieb er: »Bei allen Mängeln und aller Unregelmäßigkeit seines Dramas kann man sein Werk im Vergleich zu denen, die gefälliger sind und eher den Regeln entsprechen, wie ein altes und majestätisches Stück gotischer Architektur betrachten und mit einem glatten neuzeitlichen Gebäude vergleichen: das letztere eleganter und strahlender, das erstere aber kraftvoller und erhabener . . . Und das Ganze verfehlt auch nicht, uns mit größerer Ehrfurcht zu erfüllen, obgleich vieles an ihm kindisch, schlecht angeordnet und seiner Großartigkeit nicht angemessen ist.«[89]

26 *Alnwick Castle, Northumberland; Grund- und Aufriß eines gotischen Gebäudes,* 1780 (London, Soane Museum)

27 *Alnwick Castle, Tore* (London, Soane Museum)

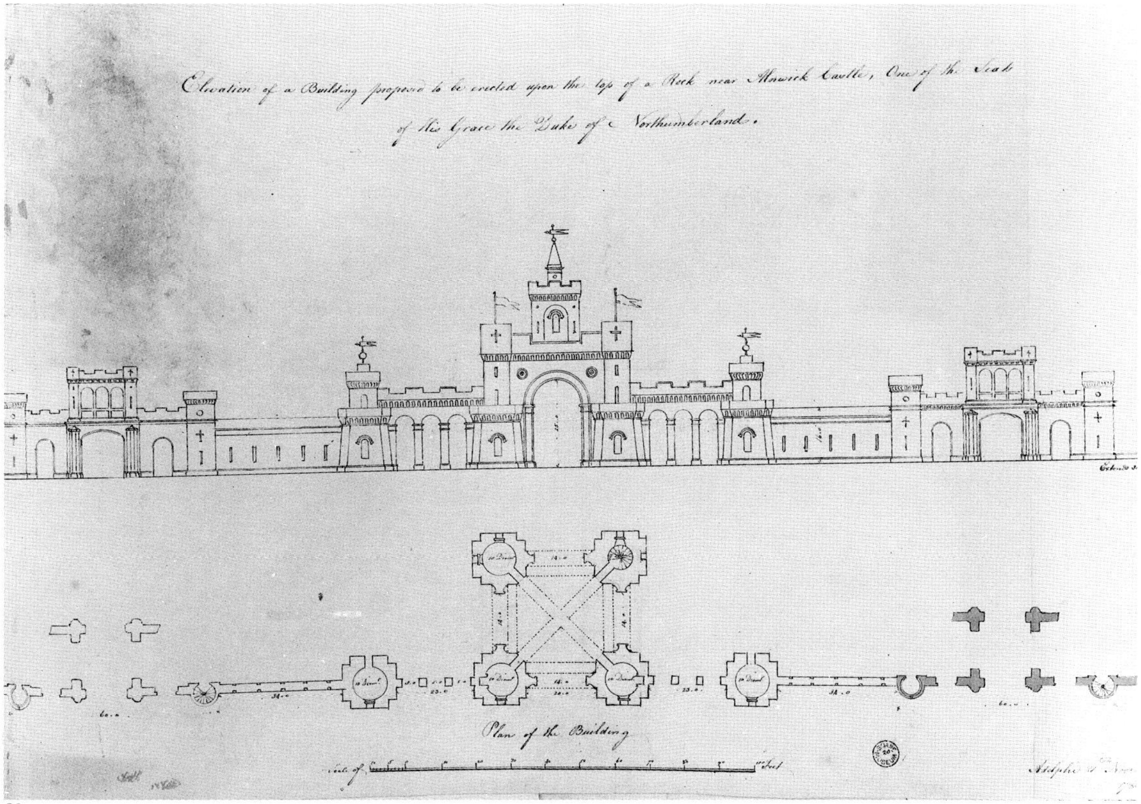

26

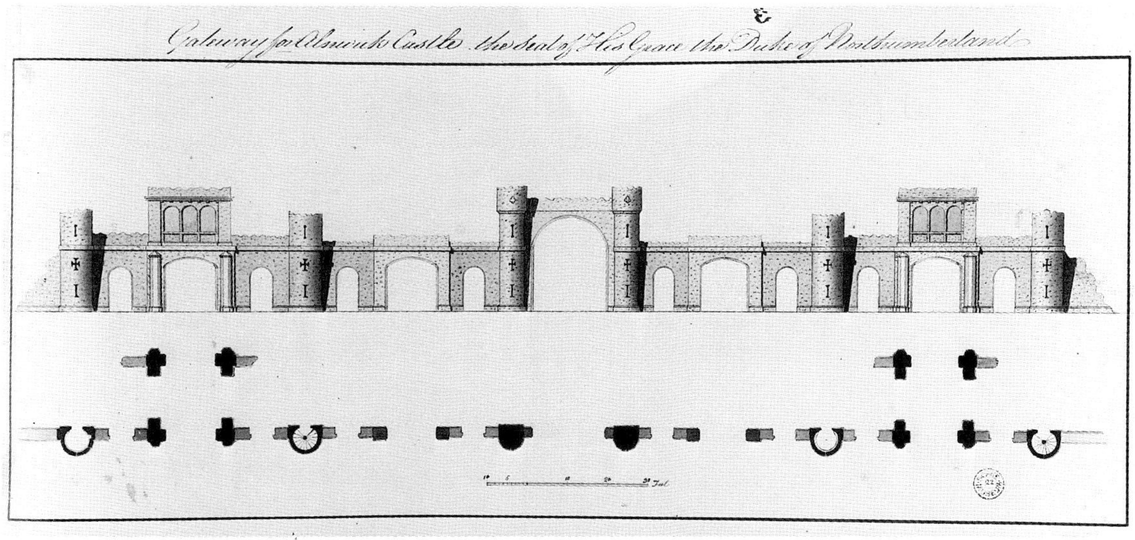

27

Das ganze 18. Jahrhundert hindurch herrschte eine andere Auffassung vor: daß die gotischen Kathedralen, was immer sie den Mauren und den Sarazenen schuldeten, in Wahrheit Imitationen der großen nordischen Wälder seien. Zunächst war es der gelehrte französische Autor Félibien, der diese Ansicht verbreitete[90], aber sie wurde rasch auch in England übernommen, beispielsweise von Bischof Warburton von Gloucester in seiner Pope-Ausgabe[91] und von Francis Hutcheson, dem einflußreichen Schüler Shaftesburys, der bis zu seinem Tod im Jahre 1746 in Glasgow Moralphilosophie lehrte.[92] Gotisch galt als kindisch, plump, grobschlächtig und pathetisch – es war also mit Sicherheit einem mathematischen System kaum unterzuordnen. Aber es wurde als natürlich angesehen, und dies in einer ganz anderen Weise als die klassische griechische Architektur. Selbstverständlich imitierte auch die griechische Klassik die Natur, aber diese Imitation gründete auf einem Ideal, es war eine kultivierte und verfeinerte Imitation, während die gotische Naturimitation instinktiv und ungeregelt erfolgte: manchmal pathetisch und immer ungeschlacht.

Das war es vermutlich, was Walpole meinte. Mit dem Pathetischen konnte er nicht viel anfangen; was ihn interessierte, war das Altehrwürdige und mithin Seltsame, vor allem aber ging es ihm um das unmittelbare Zitat, das die einzelnen Fragmente vor einer Analyse verschonte. Was offensichtlich keine ideale Konstruktion besaß, konnte nur verkleinert oder vergrößert, niemals aber transformiert oder nachgeahmt werden. Robert Adams Entscheidung basierte auf anderen Vorstellungen. Seine Skizzen und der Wunsch des Herzogs von Argyll, ein gotisches Schloß zu besitzen, waren Ausdruck einer älteren Bewegung in den Lowlands. Seit dem Anfang des Jahrhunderts und als Reaktion auf die Union war das Interesse an den alten Elementen des schottischen Dialekts der Lowlands ständig gestiegen. Die großartige Übersetzung der *Aeneis* von Gavin Douglas, die um 1510 entstanden war, wurde im Jahre 1710 nachgedruckt. Allan Ramsay bemühte sich um die Wiederbelebung des Lowland-Dialekts als literarische Sprache[93], die dann von Robert Burns angewendet wurde. Der Poet Ramsay war Jakobit, und die Anfänge dieses »Scottish Revival« waren jakobitisch. Aber in den vierziger Jahren und zumal nach dem Aufstand von 1745 hatte dieser Wiederbelebungsgedanke seine politische Stoßkraft eingebüßt. Andererseits war es den großen Whig-Lords sehr wohl ein Anliegen zu zeigen, daß sie ebensosehr Schotten waren wie ihre jakobitischen Brüder. Die Rechtsanwälte, Kaufleute und Gelehrten in Edinburgh sahen in der Regionalsprache eine Bestätigung ihrer Unabhängigkeit von London und ein Wahrzeichen des Wiederauflebens ihrer Stadt.[94]

Insoweit besteht ein Zusammenhang zwischen Robert Adams Schloßruinen und Argylls großem Bauvorhaben, so unterschiedlich sie heute auch erscheinen mögen. In Adams Ansatz (der in seinem gesamten Werk immer wieder anklingt) erfuhr die unstrukturierte und unbeholfen-natürliche Gotik eine ganz eigene Ausprägung. Er erfand gotische Gebäude, wie William Hogarth menschliche Körper zeichnete. Hogarth hielt es für sinnlos, die mathematischen Formeln der klassischen Autoren auf menschliche Körper anzuwenden. Der Körper konnte nur mit Hilfe der in Serpentinen verlaufenden, fließenden Linie komponiert werden. Sein Aufbau fügte sich der Messung nicht; das war nur mit antiken Statuen möglich. In Hogarths Doktrin von der Schlangenlinie kam das Rokoko einer ausgearbeiteten theoretischen Grundlage so nahe wie sonst nirgendwo.[95]

Schönheit, wie sie in der Gotik sichtbar wurde, ist in gewisser Weise die Schönheit der Imitation ohne irgendwelche Regeln. Das Schöne, eingeschlossen in einer Muschel oder in einem Gesteinsbrocken, ließ sich greifen, sein Wesen ließ sich als reales Objekt darstellen, und Gesteinsbrocken ließen sich dazu verwenden, eine regelrechte Unterwelt zu bauen – Gesteinsbrocken und Stücke von Erz und Kristall:

»Unpolish'd Gemms no ray on Pride bestow,
And latent Metals innocently glow:
Approach. Great nature studiously behold!
And eye the Mine without a wish for Gold.«[96]

Pope verbrachte viele Jahre damit, die Grotte zu vervollständigen, die zum Schaustück und Mittelpunkt seines Hauses in Twickenham wurde. Er berief Stücke funkelnder Mineralien zu Zeugen einer nicht durch Imitation erreichten Schönheit – jene Stücke, deren Zusammensetzung an die der Muscheln in seinem kleinen Tempel »in der rustikalen Manier« erinnerte. In seinen Augen war dies gotisch, und er trug sich in der Tat mit dem Plan »einer alten gotischen Kathedrale oder eher eines alten römischen Tempels aus Bäumen; guten großen Pappeln . . .«.[97] Mit all dem geriet das Gotische natürlich in die Kategorie der ländlich-rustikalen Architektur und wurde zu einem legitimen und identifizierbaren Genre. Im Rustikalen war selbstverständlich kein Raum mehr für die Regeln der Nachahmung und der Transformation. (Hogarth, der von dieser Richtung den stärksten Gebrauch machte, stellte die Regeln und die neue Begeisterung für Archäologie und Vorgeschichte auf einer Tafel dar, die eine »Order of Wigs« nach Schichtzugehörigkeit und Stellung zeigte, wobei die Anordnung in Analogie zu den bekannten Ordnungen in der Architektur erfolgte.[98]) Für Adam – und später auch für Walpole – konnte es eine Garantie für die korrekte Imitation in irgendwelchen Regeln gotischer Architektur nicht geben. Die Grazie, das *je ne sais quoi,* war unwiderruflich in den Fragmenten beschlossen, so wie man – nach Hogarth – die Schlangenlinie im sich bewegenden Körper suchen mußte, ohne die Möglichkeit des Rückgriffs auf ein Ideal oder auf formalisierte mathematische Regeln. Adam setzte sich mit seinem Werk allerdings von der Betrachtungsweise, wie sie für die Altertumsforscher und die *connoisseurs* galt, insofern ab, als seine gotischen Übungen freie Nachahmungen waren, die sich zu wirklichen gotischen Bauten so verhielten wie Leonardos Ungeheuer zu seinen »wirklichen« Tieren. Adam fügte seine Gotik aus altertümlichen Elementen zusammen, vielleicht aber auch nach ganz simplen »Naturbeobachtungen«, auch wenn die zugrunde liegende Struktur gelegentlich fast konventionell wirkt. Von dieser Art der Zusammenfügung des Ornaments ging er nicht mehr ab. In gewisser Weise war der konsequente Rückgriff auf das wörtliche und quasiwörtliche visuelle Zitat schon in diesen frühen Versuchen implizit, und er blieb ihm treu.

Das Unternehmen Adam

Inzwischen florierte das Unternehmen. Hopetoun House war zum Zeitpunkt von William Adams Tod kaum mehr als ein Rohbau, und Robert und John machten sich daran, ihn auszustatten. Die Decken und Deckenwölbungen, ja selbst die Türrahmen sind in einem erstaunlich überladenen, aus Stichwerken übernommenen Rokokostil gehalten. Nie zuvor war in England etwas so Vollkommenes in dieser Manier geschaffen worden, mit Ausnahme vielleicht von Isaac Wares Innenräumen in Chesterfield House.[99] Das zeigt deutlich, daß die Brüder (und, wie ich meine, vor allem Robert) nach einem neuen Ansatz suchten.[100]

Nicht nur in Hopetoun, sondern auch bei der Erweiterung von Arniston und hier und da an späteren Objekten (wie in Osterley Park)[101] erwiesen sie sich als Meister eines leichten, stark dekorierten Stils: Vorbilder waren nicht die Stiche von Daniel Marot, Jean le Pautre oder gar William Kent, sondern die ansprechenden neuen von Nicolas Pineau, Gilles Oppenordt und selbst Juste-Aurèle Meissonnier, wenn sie ihnen vielleicht auch erst auf dem Umweg über Abraham Swan oder Matthew Lock bekannt geworden waren.[102]

William Adams Tätigkeit als Architekt und Baumeister war natürlich nicht auf so kleine Projekte beschränkt. Ein Großteil der Aufträge, welche die Brüder ausführten, betraf den Festungsbau. Schon William Adam war an einer Reihe von Forts tätig gewesen, die vor allem der Befriedung der Highlands dienen sollten und gut hannoveranische Namen trugen: Fort Augustus, Fort George. Die Arbeit an Fort George stand im wesentlichen unter der Leitung des Planers und Managers, eines gewissen Colonel Skinner. Der Briefwechsel mit ihm nimmt in Robert Adams Korrespondenz einen großen Raum ein.[103] Aber die Tätigkeit bedeutete für Adam eine gute Schule im Vertragswesen und der Bauausführung. Überdies erwiesen sich die neuen Befestigungsanlagen – ebenso wie die älteren, etwa Fort William – als lukrative Aufgabe. Das Amt des *Mason to the Board of Ordnance* war auf John Adam übergegangen, der Robert zu seinem Partner gemacht hatte.[104] Mit den privaten Aufträgen und diesem Amt müssen sie ihre finanziellen Verhältnisse damals für gesichert gehalten haben, und so entstand der Plan einer *Grand Tour,* einer umfassenden Studienreise. Es ist schwer, etwas Genaues über das Einkommen der Brüder zu sagen; mit Sicherheit hatte Robert aber im Jahre 1754 5000 Pfund zu seiner Verfügung und beabsichtigte, dieses ganze Geld auf einer Reise nach Italien und vielleicht noch anderswohin auszugeben.[105]

Der unmittelbare Anlaß zur Reise hat wiederum mit Hopetoun zu tun. Charles Hope, ein jüngerer Sohn des ersten Lord, plante eine Reise nach Rom.[106] Es ist interessant, daß Robert sich bereits mit dem Gedanken an diese große Unternehmung trug, als er und John mit ihrem ersten großen und selbständigen Bauauftrag beschäftigt waren, mit Dumfries House für den vierten Earl.[107]

Durch Vermittlung von Lord Hopetoun war der Auftrag an William Adam gegangen und nach einigem Zögern an die Söhne weitergegeben worden. Der erste Entwurf, von dem sich keine Zeichnungen erhalten haben, muß kunstvoller gewesen sein als das ausgeführte Gebäude; möglicherweise besaß er einen Portikus oder einen mit Pilastern versehenen Mittelbau. Der realisierte Bau ist ein geräumiges Haus in der in Nordengland üblichen palladianischen Manier. Man hat von einem Einfluß James Paines gesprochen; allerdings war zum damaligen Zeitpunkt von seinem Werk noch nichts gestochen und veröffentlicht.[108] Dumfries ist ein strenges Haus, »korrekter« und nüchterner als William es errichtet hätte, aber ohne die Schärfen, wie sie Roberts späteres Werk kennzeichnen. Im Innern allerdings ließen die Brüder ihren Rokoko-Vorstellungen wie in Hopetoun, vielleicht noch überschwenglicher, freien Lauf. Die Arbeit am Hauptbau von Dumfries House war bereits im Gang, als Robert aufbrach, und 1756 wurden Dekora-

28 *Hopetoun House, West Lothian; das Gelbe Zimmer,* 1750–1756

29 *Hopetoun House, das Gelbe Zimmer; Detail von Stuck, Gesims und Decke*

28

29

tionsstoffe bei Chippendale und Rannie in London bestellt, die auch einen Teil der Möbel lieferten.[109]

Ein größeres Projekt, das die Brüder Adam zu dieser Zeit beschäftigte und das später noch weit wichtiger für sie werden sollte, muß hier ebenfalls erwähnt werden, weil es zur Zusammenarbeit mit George Drummond führte, der damals über Edinburgh herrschte und sechsmal das Amt des Bürgermeisters innehatte. Drummond war ein mathematisches Wunderkind gewesen und als noch nicht Zwanzigjähriger von Sir John Clerk zu den Verhandlungen über die Union herangezogen worden. Mit zwanzig Jahren wurde er, obgleich verhältnismäßig geringer Herkunft, zum *Commissioner for Excise* ernannt[110], als der er für den Ausbau des Krankenhauswesens in Edinburgh und für die Einrichtung einer medizinischen Fakultät an der Universität verantwortlich war. Für ihn stand außer Frage, daß die akademischen Posten mit brillanten Köpfen besetzt werden mußten, und so veranlaßte er die Berufung Alexander Munros in die Anatomie, Colin McLaurins (eines Newton-Schülers) in die Mathematik, Adam Fergussons in die Naturphilosophie und Hugh Blairs in die Rhetorik. Auf Drummonds Initiative ging auch die Berufung des vielseitigen William Robertson zum Rektor zurück. Sir Gilbert Elliots 1752 erschienene Schrift, die *Proposals for carrying out certain Public Works in the City of Edinburgh,* nach der im Verlauf der nächsten fünfzig Jahre die öffentlichen Bauten der Stadt mehr oder weniger so ausgeführt wurden, wie sie veröffentlicht worden waren, ging wahrscheinlich auf seine Anregung zurück, und mit Sicherheit war sie von ihm mit einem Vorwort versehen.[111] Es ging auch weitgehend auf Drummonds Fürsprache zurück, daß John Adam zum Architekten der ersten dieser »Verbesserungen« bestellt wurde, der neuen Börse. Sie wurde dann zwar von anderen Bauunternehmern als knauseriger Neuentwurf von Johns ursprünglichem Projekt erbaut[112], aber die Beschäftigung der Brüder mit dem ganzen gro-

30 *Dumfries House, Ayrshire; Grundriß des Erdgeschosses und des ersten Obergeschosses,* 1754. Aus Vitruvius Scoticus, T. 19

ßen Plan – zu dem die Neustadt, George Square und die Universitätsgebäude gehörten – setzt an eben diesem Punkt ein.

Den größten Teil ihres Einkommens hatten die Brüder Adam bisher allerdings nicht aus den Privataufträgen oder ihrer gelegentlichen Hinzuziehung zu öffentlichen Arbeiten bezogen (obwohl sie sehr häufig als Bauunternehmer tätig waren, etwa bei der Neueindeckung von Holyrood House), sondern aus dem Festungsbau. Dies verdankten sie ihrem Fleiß, ihrem Organisationsgeschick und ihrer – vor allem Johns – finanzieller Begabung. Robert brachte einen großen Teil des Jahres 1753 mit den vertraglichen Problemen der Arbeiten am Fort George zu, und 1754 verbrachten beide Brüder einen sehr erfreulichen gemeinsamen Aufenthalt in Inveraray, um sich um den Bau des Duke of Argyll zu kümmern. Dieser wiederum (der offenbar sehr schlecht zahlte) war der Meinung, daß die Brüder sich »höchst vornehm gezeigt hatten und er ihnen sehr verbunden« sei.[113] Die Zufriedenheit eines Kunden wie Argyll muß ihnen von großem Nutzen gewesen sein.

In jenem Sommer in Inveraray erhielt Robert die Nachricht, daß Charles Hope in der Tat auf seine *Grand Tour* gehen werde. Charles, der jüngere Bruder des damaligen Earl, war bereits aufgebrochen und befand sich in Holland, als Robert seinen Brief erhielt.[114] Er schlug vor, sich in Brüssel oder Amsterdam mit Robert zu treffen. Man würde dann gemeinsam in Hopes Wagen reisen; allerdings sollte Robert seinen eigenen Diener mitnehmen und für seine Ausgaben selbst aufkommen. Für Robert war es in der Tat von größter Wichtigkeit (und dies nicht nur aus Snobismus), als Hope ebenbürtig betrachtet zu werden und nicht etwa als sein Begleiter oder Faktotum. Robert reiste ja nach dem Süden (wie dies, so hoffte er, auch seine beiden Architekten-Brüder nach ihm tun würden), um die berühmten alten und neuen Bauwerke zu sehen. Das war der vorgeschobene und primäre Zweck seiner Reise; ihre eigentliche

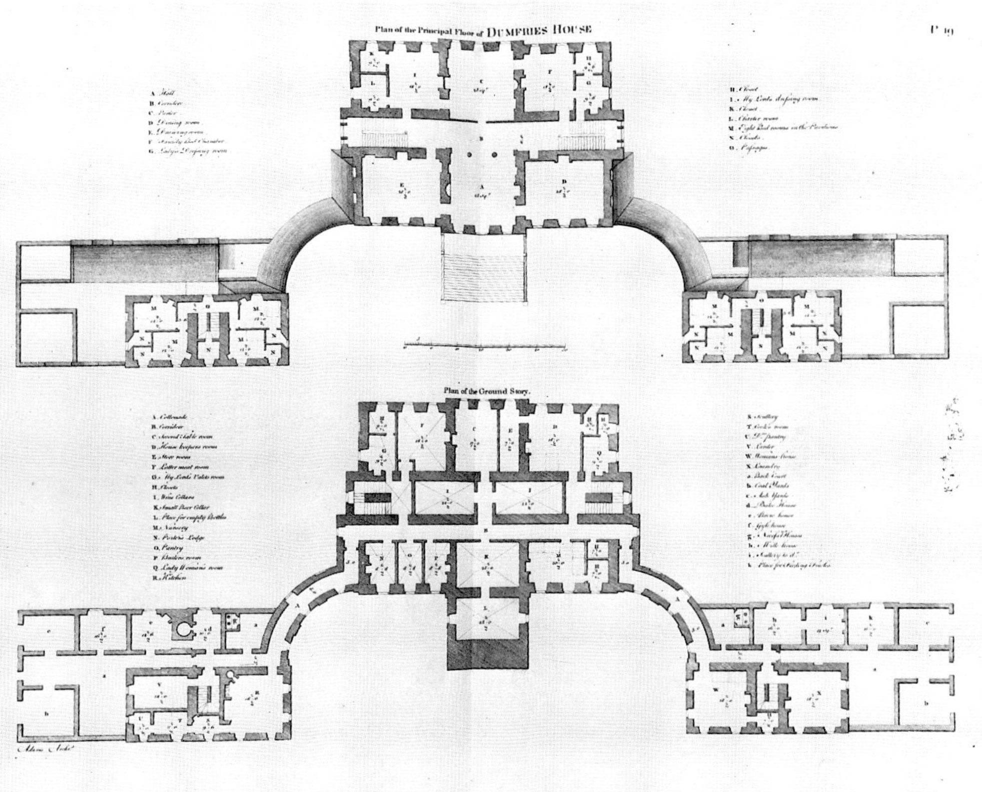

30

31

Rechtfertigung fand sie allerdings in seinen Augen und noch mehr vor seiner Mutter und seinen Schwestern nicht in diesem handgreiflichen Anliegen und auch nicht darin, daß sie ihm kosmopolitischen Schliff verpassen sollte (jenen *bon ton,* von dem Burns mit Verachtung sprach »to learn *bon ton,* an'see the world«),[115] sondern darin, sich durch Geschick, Empfehlungen und ein artiges Auftreten einen Stamm potentieller Kunden aufzubauen, der sowohl der Firma in Edinburgh als auch einem zukünftigen Londoner Büro eine Fülle von Aufträgen sichern sollte.

Zu Beginn des Monats Oktober 1754 machten sich Robert und sein Bruder James auf den Weg nach London. Alexander Carlyle, ein vertrauter Freund der Familie, erinnert sich an den Tag ihrer Abreise und ruft sich Roberts Pferd mit Namen »Piercey« ebenso in Erinnerung wie eine der wenigen romantischen Beziehungen, von denen in Roberts Leben die Rede ist – zu Carlyles Hausmädchen, »die eine hübsche Dirn war«.[116] Eingedenk der dringenden Briefe Hopes überquerte Robert dann den Kanal und traf ihn im November in Brüssel.

Vor seiner Abreise aus Schottland hatte Robert sich um möglichst viele Empfehlungsschreiben seiner bedeutenderen Freunde bemüht, aber anscheinend ohne großen Erfolg.[117] Unter seinen Londoner Bekannten sind Robert Morris, der Architektur-»Situationist«, und ein Vetter Rogers zu erwähnen, mit dem Robert in Inveraray zusammengearbeitet hatte. Wichtiger für die unmittelbare Zukunft war der Maler Gavin Hamilton, damals gerade zu einem seiner seltenen Besuche in London, der (wie immer) mit wertvollen Ratschlägen aufwartete, Empfehlungen gab und Anregung und Begeisterung verbreitete.[118] Er traf Robert in Rom wieder, als dessen Aufenthalt dort zu Ende ging, und war ihm dann ein weiteres Mal von Nutzen.

Robert eilte also nach Brüssel, wo er mit Hope zusammentraf. Es folgte eine Reihe von Bällen, Gesellschaften und Empfängen, denn Hope wurde vom Prinzen Karl von Lothringen, dem Schwager der Kaiserin, der hier Hof hielt, wohlwollend aufgenommen. Das einzige, was Roberts gesellschaftlichen Verkehr behinderte, war der Umstand, daß er keinen schwarzen Anzug besaß – der Hof war in Trauer.[119] Über Tournai und Lille reisten sie dann nach Paris, wo das gesellschaftliche Leben dadurch etwas beeinträchtigt war, daß die hier ansässigen britischen Adligen sich nicht sonderlich für sie interessierten. Robert gab überall seine Karte ab, wartete und »ging schließlich verärgert weg«, wie es häufig in seinen Briefen nach Hause heißt.[120]

Ihn beeindruckte nicht, was er von der französischen Architektur sah (und das war eine ganze Menge), und noch weniger interessierten ihn die französischen Gärten – »nichts als Massaker und Zerstörung in allen Gärten«.[121] Dagegen betrachtete er viele Gemälde in privaten Sammlungen, obwohl er keine hohe Meinung von den Pariser Künstlern seiner Zeit hatte. François Colins, in seinen Augen sowohl Maler als auch »bon compagnon«, hatte sich in Wahrheit auf den Handel mit flämischen und niederländischen Gemälden spezialisiert.[122] Mit Nicolas Cochin traf er zusammen, als dieser begann, seine vielbeachteten Artikel im *Mercure de France* zu veröffentlichen, und soeben seine *Observations* über Herkulaneum herausgebracht hatte. Offensichtlich mißdeutete Adam die Verhältnisse des Malers – seine schäbige Behausung im Louvre, seine vernachlässigte Erscheinung – und ließ ihn als »für die Art meines Umgangs mit Mr. Hope und die Art, in der wir beide uns bewegten« ungeeignete Gesellschaft fallen.[123] Vermutlich war ihm nicht klar, daß er sich Zutritt zu Cochins Freund und Verbündetem, dem Marquis de Marigny, und zu dessen Schwester, Madame Pompadour, hätte verschaffen können. Und er machte auch nicht den Versuch, Aufnahme in jene Salons zu finden, in denen sein Freund David Hume einige Jahre später eine so liebenswerte und gern gesehene Erscheinung war. Daß er weder Französisch noch Italienisch sprach, muß ihn in seinem gesellschaftlichen Verkehr noch stärker behindert haben, als es der fehlende schwarze Anzug in Brüssel getan hatte.

Der Aufenthalt in Paris hatte drei Wochen gedauert. Danach reisten sie durch das Rhonetal nach Süden, über Lyon – mit einem Abstecher nach Arles, Nîmes und Montpellier – nach Marseilles und Toulon. In Montpellier speisten sie mit dem Duc de Richelieu, der drei Jahre später den Herzog von Cumberland besiegen sollte.[124] Für Robert war dies ein gesellschaftlicher Triumph, der ihn in gewissem Umfang für die Pariser Enttäuschungen entschädigte. Er ist merkwürdig schweigsam, was Denkmäler wie die Maison Carrée in Nîmes angeht, während er voller Begeisterung und in aller Ausführlichkeit über die Aquädukte nach Hause berichtet.[125] In Toulon traf er zum ersten Mal auf einen bedeutenden Künstler, Claude Vernet, der damals die französischen Häfen bereiste, um jene Serie von Bildern zu malen, die in den danach gestochenen Versionen noch heute bekannt sind und so manches englische Landhaus schmücken.[126] Von Nizza aus brachte eine *felucca,* eine Art Segelboot oder Hausboot, sie nach Genua. Es war ein kalter Januar, aber dank ihrer Einführung in den Palazzo Balbi konnten Hope und Adam doch in der Oper und in der Stadt Eindruck machen, wenn ihre Sprachunkenntnis sie auch weiterhin an der Konversation hinderte.[127] Sobald der Wind sich gedreht hatte, segelten sie nach Lerici und reisten von dort mit der Kutsche über Pisa nach Livorno und Florenz. Der Florentiner Aufenthalt wurde bestimmend für die gesamte weitere Reise. Wohl beanspruchte der Karneval, dessentwegen sie hergekommen waren, den größten Teil ihrer Zeit und ihrer Energie, aber immerhin machte Adam doch zwei Männer ausfindig, an die er Empfehlungsschreiben bei sich hatte: den Bildhauer Joseph Wilton, für den er einen Brief des Londoner Bauunternehmers George Mercer mit sich führte[128], und den Händler und Maler (und, wie es heißt, Erfinder der *Scagliola,* des künstlichen Marmors) Ignatius Hugford.[129]

Es war Wilton, der Robert im Hause Hugfords mit dem sieben oder acht Jahre älteren Charles-Louis Clérisseau bekanntmachte. Clérisseau hatte zwei oder drei Jahre lang in Rom auf freundschaftlichem Fuß mit William Chambers verkehrt, und mehr oder weniger das gleiche Verhältnis sollte ihn mit Adam verbinden.[130] Er und Chambers hatten sich im Streit getrennt, und Clérisseau ging etwas verbittert nach Florenz: Zuvor hatte er sich, ebenfalls im Unfrieden, von der Französischen Akademie in Rom losgesagt. Er war nach Italien gekommen, um an der Akademie zu studieren, und hier Schüler von Giovanni Paolo Pannini gewesen, dem berühmtesten römischen Vedutenmaler, der sich auf die »objektive« Wiedergabe von Ruinen spezialisiert hatte und an der Akademie Perspektive lehrte, dabei aber einen so hohen Rang einnahm, daß er im Jahre 1738 als potentieller Direktor der Akademie betrachtet wurde.[131]

Was Clérisseau von Pannini gelernt hatte, war sozusagen die Wiedergabe der Außenhaut der Ruinen. Pannini war nicht daran interessiert, den Unterbau zu studieren oder die Ruinen auseinanderzunehmen, um ihren inneren Zusammenhang zu erkennen. Darin lagen seine Grenzen. Als Adam im Hause Hugfords mit Clérisseau zusammentraf, war dieser vor allem wegen seines *vedutismo* bekannt und erfreute sich unter den reisenden englischen Kavalieren einer Popularität, um die man ihn beneiden konnte. Der inzwischen aufs Allerfeinste herausgeputzte Robert Adam fand sofort Gefallen an dem ein wenig abgerissenen älteren Franzosen. Clérisseau wurde als Cicerone, als Altertumskenner und Zeichenlehrer angestellt und wohnte bei ihm. Durch seine Bemühungen um Clérisseau und dessen Freund, den Maler Laurent Pecheux[132], kam Adam zum ersten Mal in Berührung mit dem Rivalen, der ihm seiner Meinung nach ebenbürtig war und dessen Werk er sein Leben lang mit Neid betrachtete: mit William Chambers.

Der Leser wird ihm in dieser Abhandlung mehrfach begegnen, und da er als erstes erfährt, daß Chambers seinen Freund Clérisseau schlecht behandelte – ob dies nun zutrifft oder nicht –, sollte er vielleicht an dieser Stelle vorgestellt werden. Wie Adam war er über Paris nach Rom gekommen, hatte sich dort aber etwa zwei Jahre lang aufgehalten, um an Jacques-François Blondels Architekturschule zu studieren.[133] William Chambers war Sohn schottischer Eltern, die nach Schweden emigriert waren, nur fünf Jahre älter als Robert, aber während dieser schon als Heranwachsender und als junger Mann immer mit Bauen beschäftigt gewesen war, hatte Chambers rund zehn Jahre lang auf den Segelschiffen der schwedischen Ostindiengesellschaft den Fernen Osten bereist und in dieser Zeit offenbar höchst interessante Beobachtungen über die chinesische und die indische Architektur gemacht. Als er 1755 in London auftauchte, wurde er beim Prinzen von Wales eingeführt und entwarf für ihn das »Haus des Konfuzius« in Kew Gardens, den ersten englisch-chinesischen Gartenpavillon.[134] Bald danach ging er nach Paris und zwei Jahre später nach Rom. Hier logierte er zwar im Palazzo Tomati in der Strada Felice, der wohlbekannten »Geschäftsadresse« Piranesis, aber offensichtlich erfreute er sich der Gunst dieses großen Mannes nicht mehr als derjenigen Clérisseaus.[135] Doch er scheint in Rom genau das erreicht zu haben, was auch Robert Adam sich vorgenommen hatte. Die Situation war schwierig: Chambers hatte »recht gute Freunde und wirkliche Verdienste«[136], gegen die es Robert sehr schwerfiel, seine vorrangige Stellung zu begründen, und um eben diese ging es ihm; Parität genügte ihm nicht. Robert maß sich ständig an seinen Rivalen, und in Chambers erkannte er den gewichtigsten. In dieser Situation war ihm sein Bündnis mit Clérisseau von größtem Wert, zumal es zu dem noch weit wichtigeren Bündnis mit Giovanni Battista Piranesi führen sollte.

Adam und Piranesi

Warum empfand der gerissene und argwöhnische Piranesi (ebenso wie Clérisseau) eine so ausgesprochene Abneigung gegen Chambers, während er sich der schlechten Behandlung durch die Adams geduldig fügte? Die Antwort fällt nicht leicht. Gewiß verstanden es sowohl der temperamentvolle und energiegeladene Robert, der ja lernen wollte und sich seiner Provinzialität und Schlichtheit bewußt war, als auch der stutzerhafte und träumerische James, die beiden erfahreneren Künstler für sich einzunehmen, während der ältere und kenntnisreichere Chambers sich möglicherweise allzuviel auf seine Pariser Manier zugute hielt und es nicht vermochte, sie zu umgarnen.

Piranesi war damals in Rom eine bekannte Persönlichkeit. Die *Prima Parte,* viele Veduten, die *Capricci* und die *Carceri,* die *Antichità Romane* und zahlreiche Illustrationen zu Büchern anderer Autoren waren in Umlauf.[137] Und was vielleicht noch wichtiger war: Man wußte, daß Piranesi mit seinem *magnum opus* beschäftigt war, der vierbändigen *Magnificenza e Architettura . . .*[138], die noch zur Zeit von Roberts Aufenthalt in Rom erschien.

Wir wissen nicht genau, wie sie sich kennenlernten, aber am 18. Juni 1755 schreibt Robert nach Hause, daß sie »unendlich vertraut miteinander geworden« seien.[139] Und obwohl Robert sich häufig so äußert, als habe er die gleiche Stellung eingenommen wie die beiden älteren Künstler, lagen die Dinge in Wahrheit ganz anders. Clérisseau war zwar nur ein Jahr jünger als Piranesi, aber sehr viel unsicherer. Er war im Grunde ein Außenseiter. Von der Französischen Akademie (derentwegen er nach Italien gekommen war) hatte man ihn wegen einer disziplinarischen Angelegenheit verwiesen, bei der der fromme, aber unabhängig denkende Clérisseau sich unnachgiebig gezeigt hatte.[140] Piranesi, der viele Freunde in den gleichen jansenistischen Kreisen hatte, in denen Clérisseau verkehrte, hatte sich als Künstler eine unangefochtene Position geschaffen, handelte aber auch sehr erfolgreich mit Antiquitäten und mit Stichen. Dennoch hielt er stets an der Gewohnheit fest, sich als *Architetto Veneto* zu bezeichnen.[141]

Verständlicherweise hatte Adam bei seiner Ankunft in Rom noch eine ganze Reihe anderer Sorgen als nur eben sein Verhältnis zu reizbaren Künstlernaturen. An erster Stelle stand dabei die Frage seiner Identität und seiner Möglichkeiten. Er war mit Charles Hope nach Rom gekommen und wollte – und wenn auch nur im Blick auf seine zukünftigen Auftraggeber – als »milord« betrachtet und behandelt werden. Dieser Status würde es ihm auch gestatten, ein Leben ganz nach seinem Geschmack zu führen. Es war ihm bekannt und störte ihn, daß englische Architekten häufig den Rang eines Adlatus einnahmen, und er fürchtete, seine ehrliche Begeisterung und sein Engagement für die Architektur und die Antike könnten ihn in den Augen seiner römischen Bekannten allzusehr als Geschäftsmann erscheinen lassen. Er dachte sogar daran, seine Zeit aufzuteilen – ein geselliges Leben in Rom und eine quasi-professionelle Existenz als Altertumsspezialist an einem anderen Ort, vielleicht in Neapel, zu führen.[142] Aber nun, da er sich mit Clérisseau in Rom befand, ließen sich Roberts Ambitionen leichter miteinander verbinden, als er erwartet hatte, und er fand ohne große Anstrengung und durch eine Reihe günstiger Umstände zu einer geschäftigen Routine, in der sowohl »die feine Lebensart als auch die Studien«[143] ihren Platz hatten. Sein Italienisch war (wie übrigens auch sein Französisch) noch nicht gut genug, als daß er sich frei in der Gesellschaft hätte bewegen können. Der Bruch mit Charles Hope kam zwar nicht abrupt, aber er war endgültig, auch wenn sie niemals miteinander stritten; und Hope weigerte sich, ihm als Referenz zu dienen.[144] In Roberts Abneigung gegen das Glücksspiel – den beliebtesten Zeitvertreib der großen römischen Familien – kam seine ganze Unsicherheit bezüglich seiner sozialen Stellung zum Ausdruck. In *einem* vornehmen Haus allerdings verkehrte er – im Haus der Gräfin Cheroffini, der *maitresse-en-titre* des Kardinals Alessandro Albani, bei der fast die gesamte römische Kunstwelt ein- und ausging.[145] Vermutlich traf Robert hier auch zum ersten Mal mit Johann Joachim Winckelmann zusammen; allerdings kann ihre Beziehung, wenn sie überhaupt zustande kam, nur sehr flüchtiger Natur gewesen sein.[146] Aber das gesellschaftliche Leben trat allmählich hinter seiner Hauptbeschäftigung zurück – dem Versuch, sich mit der Stadt Rom konkret auseinanderzusetzen.

Rom

Adam scheint nicht vorausgesehen zu haben, welchen Eindruck die Stadt auf ihn machen würde, obwohl er seine Erwartungen hoch angesetzt hatte. In seinen Briefen nach Hause kommt nicht nur die Begeisterung des Altertumsforschers zum Ausdruck – die seine Familie, wie er wohl wußte, nicht unbedingt teilte –, sondern auch seine unbändige Freude an den Dingen, den Menschen, seiner eigenen Situation, seinen täglichen Verrichtungen.

Neben Clérisseau trat gleich zu Beginn seines römischen Aufenthalts noch eine andere Person in sein Leben, die ihm – und später seinem Bruder James – viele Türen öffnete: der Abbé Peter Grant, Jakobit und Priester, aber auch ein Klatschmaul und ein Hansdampf in allen Gassen.[147] Hope, der ein Empfehlungsschreiben an ihn besaß, hatte aus Florenz wegen einer Unterkunft an ihn geschrieben. Durch Grant fand Adam schließlich seine römische Wohnung im Palazzo Guarnieri, einer eleganten Pension an der heutigen Via Francesco Crispi, unweit der Villa der Malteserritter. Gleich um die Ecke, im Palazzo Tomati, wohnte Piranesi, und zur Piazza di Spagna, dem lärmigen Treffpunkt der Bildungsreisenden, waren es nur einige Minuten zu Fuß. Gleichzeitig mit Robert logierten *chez* Guarnieri der Herzog von Bridgewater (der dritte und letzte, »unwissend, entsetzlich und ungebärdig«)[148] und sein Mentor Robert Wood, dessen *Ruins of Palmyra* zwei Jahre zuvor erschienen waren, während er seine *Ruins of Baalbec* noch nicht veröffentlicht hatte.[149] Wood befand sich zwar auf seinen Reisen und bei seinen Veröffentlichungen in der Gesellschaft des jakobitischen Intriganten James Dawkins, wandelte sich später aber ganz ausgesprochen zu »Mr. Pitt's Wood«.[150] Auf jeden Fall war er als Altertumskenner im Vergleich zu Adam schon »fortgeschritten« und wurde von diesem mit Respekt und Ehrerbietung behandelt. Zugleich aber traute Robert sich mit Clérisseaus Hilfe bereits zu, den Herzog bei seinen Käufen zu beraten. Viele antike Stücke und neuzeitliche Werke wurden erworben, und ein Auftrag für ein neues Haus des Herzogs wurde in Aussicht gestellt. Aber dann reiste der Herzog rascher als geplant aus Rom ab. Er packte seine römischen Erwerbungen niemals aus und vergaß in der Aufregung über die »Verbesserungen« und den Kanalbau alles, was er je über Häuser hatte verlauten lassen.[151]

Vorläufig allerdings fiel durch den Herzog etwas Glanz auf Roberts gesellschaftliche Stellung, und die erwähnten frühen Käufe und Aufträge trugen dazu bei, ihn als »König der Künstler« zu etablieren – ein Rang, den zu wahren er sich etwas kosten ließ.[152] Der Haushalt im Palazzo Guarnieri war auf Arbeit ausgerichtet. Es wurde eine Bibliothek angelegt, die vornehmlich aus Architekturbüchern bestand, und Zeichner wurden angestellt. Und obwohl Robert schon bald, gleich nach Ostern, mit Clérisseau, dem Abbé Grant und einem weiteren Priester, dem Abbé Christopher Stonor, einen Ausflug nach Neapel unternahm und dabei selbstverständlich die antiken Monumente von Herkulaneum sah, kehrte er rasch nach Rom und an seine Arbeit zurück. Seine Vormittage verbrachte er über den Büchern, die Nachmittage – zeichnend – in der Stadt.[153]

32 Giovanni Battista Piranesi, *Entwurf für einen Kamin*. Aus DIVERSE MANIERE D'ADORNARE I CAMMINI, Rom 1769

32

33 Giovanni Battista Piranesi, *Der Neptunstempel in Paestum*. Aus DIFFERENTES ... VUES ... DE TROIS GRANDS EDIFICES ... DANS LA VILLE DE PESTO, Rom 1778

34 Giovanni Battista Piranesi, *Das Grab des L. Aruntius*. Aus LE ANTICHITA ROMANE, Rom 1756, Vol. II, T. X

33

34

Der Große Stil

Diese rigorose Zeiteinteilung muß Robert hart angekommen sein und ihm ein erhebliches Maß an Selbsterkenntnis und Selbstdisziplin abverlangt haben. Immerhin war Adam fast dreißig Jahre alt, er hatte schon sehr viel gebaut und für manche seiner Bauten Beifall und Anerkennung geerntet. Und doch war ihm völlig klar, daß er mit dem Lernen noch einmal ganz von vorne beginnen mußte. Die von ferne an Palladio erinnernde Manier, die er über seinen Vater von Gibbs und Kent übernommen hatte, befriedigte ihn nicht länger. Sein Wunsch war, »im Großen Stil zu komponieren«.[154] Zu diesem Zweck mußte er nicht nur die Architektur, sondern sogar das Zeichnen neu erlernen. Sein Lehrmeister in dieser Kunst war Laurent Pecheux, der ihn auch malte und ihn mit der Lehre der Französischen Akademie vertraut machte, insbesondere mit Le Bruns Vorstellungen über Charakter und Physiognomie.[155] Mit Clérisseau und Pecheux als ständigen Gefährten wurde ihm das Französische rasch zur zweiten Sprache, aber er machte auch Fortschritte im Italienischen. (Es gab noch einen dritten Lehrer, den Adam nicht namentlich nennt und der ihn in die Kunst der Landschaftsmalerei einführte: Es war höchst wahrscheinlich der ebenfalls der Französischen Akademie angehörende, aus Dijon stammende Jean.Baptiste Lallemand, der im Palazzo Mancini ein- und ausging.)[156] Bald unternahm das Trio, von Piranesi persönlich begleitet, viele gemeinsame Exkursionen. Und wenn Robert sich auch in seinen Briefen nach Hause hin und wieder abschätzig über Piranesi äußerte (»... seine Vorstellungen so schlecht dargeboten, der Ausdruck so ungestüm und phantastisch, daß man nicht mehr als einen Hinweis auf Venedig daraus ziehen kann ...«)[157], sollte ihre Freundschaft viele Jahre überdauern.

Etwa um diese Zeit ist in den Briefen, die James in Schottland und Robert in Rom miteinander wechselten, ganz klar von einem Lon-

35 Giovanni Battista Piranesi, *Die Fundamente des Marcellus-Theaters.* Aus Le Antichita Romane, Vol. IV, T. XXXII

doner Büro die Rede, das ihnen schon zu Williams Lebzeiten vage vorgeschwebt hatte, über das sie allerdings gegenüber der Mutter und den Schwestern noch nichts hatten verlauten lassen.[158] Und zugleich galt der ständige Seitenblick dem Rivalen Chambers. Unter dem anfeuernden Einfluß Piranesis und seiner Komplimente empfand Robert Clérisseaus strenge Regeln allmählich als ein Ärgernis. Das erste anspruchsvolle Projekt stützte sich noch weitgehend auf Clérisseau und ging vermutlich auf dessen Anregung zurück: eine Neuauflage des berühmten und prachtvollen Buches über die antiken römischen Bauten von Antoine Desgodetz, das siebzig Jahre zuvor erschienen war. Clérisseau erwog dieses Vorhaben noch viele Jahre später, als Robert längst jeden Gedanken daran aufgegeben hatte.[159] Das Projekt, das er in allen Einzelheiten ausgearbeitet hatte, war die erste von mehreren geplanten Veröffentlichungen, die Roberts Namen in England bekannt machen sollten. Seiner Familie in Schottland stellte er diese Angelegenheit (wie manche andere auch) als indirekte Werbemaßnahme dar. Aber im Grunde ging es Robert nicht allein um diesen Zweck. Vielmehr war er bei allem, was er zur Werbung in eigener Sache unternahm, immer bestrebt, seine Leistung zu verbessern. Im Zusammenhang mit der geplanten Neuausgabe des Buches von Desgodetz zum Beispiel hatte er vor, alle bedeutenderen Monumente aus römischer Zeit neu zu vermessen; er hätte dabei eine Menge gelernt, aber andererseits hätte dieses Vorhaben auch Einsatz, Geduld und Geld gekostet.

Aber es ergab sich eine weitere Möglichkeit, seinen Namen bekannt zu machen, und dies auf eine Weise, mit der er nicht gerechnet hatte: Piranesi, der Robert sehr zugetan war, beschloß, ihm einige Stiche zu widmen.[160] Das sollte zwar nicht vor Erscheinen seines *Campo Marzo* im Jahre 1762 Wirklichkeit werden. Aber inzwischen veröffentlichte Piranesi einen Teil der Stiche und des Textes seiner *Antichità Romane* gesondert, und zugleich beschäftigte

35

36 Giovanni Battista Piranesi, *Architekturphantasie*. Aus Parere Sull'Architettura, Rom 1756, T. III

36

ihn die Frage der endgültigen Zueignung des Werkes. Ursprünglich hatte er vorgehabt, das ganze Werk dem Viscount (und späteren Earl of) Charlemont, James Caulfield, zu widmen, einem irischen Politiker und Versemacher, der sich damals, von der Levante zurückgekehrt, in Rom aufhielt. Charlemont, so schien es, plante, einen Teil seines riesigen Vermögens in die Einrichtung einer britischen Kunstakademie zu investieren, die zwar nicht so groß wie die französische sein, aber dennoch mit dieser in Wettstreit treten sollte.[161] So jedenfalls hatte Piranesi es verstanden, der sich in dieser britischen Einrichtung bereits in einer Stellung sah, die derjenigen von Pannini in der Französischen Akademie entsprach. Aber Charlemont besaß nicht das Format für ein so anspruchsvolles Vorhaben. Als klar war, daß aus dem schönen Plan nichts werden würde, machte Piranesi nicht nur die Widmung rückgängig, sondern brachte auch ein kleines Buch in Umlauf, in dem er erläuterte, wie man auf ausgelöschte Inschriften verweisen müsse – ganz ähnlich der Art, in der man in der Antike Inschriften, die unwürdigen oder in Ungnade gefallenen Personen gegolten hatten, sichtbar getilgt hatte.[162] Charlemont war damals schon mit Chambers befreundet und wurde später (neben George III.) dessen wichtigster Auftraggeber.[163] Es ist schwer zu sagen, welchen Anteil der Groll gegen Charlemont an Piranesis feindseliger Einstellung gegenüber Chambers hatte. Wie auch immer die Dinge lagen, Robert war sozusagen der lachende Dritte, denn eine der ursprünglich Charlemont zugedachten Widmungen ging nun an ihn; andere gingen an die Vorläufer, an die Tugend, an das römische Volk, an Mars als den Gott der Rache und sogar – seltsam genug, wenn man bedenkt, wie die Dinge sich weiterentwickelten – an den Maler Allan Ramsay.[164] Wenn man zwischen den Zeilen zu lesen versteht, sieht es in der Tat so aus, als sei Charlemont der Meinung gewesen, er könne Piranesi als sein Faktotum behandeln, so wie er dies mit einem britischen Künstler ja auch getan hätte.

Inzwischen ging das Leben in Rom für Robert seinen Gang. Er plante eine Reise entlang der Adriaküste. Zu diesem Zweck wurde eine neue Kutsche gekauft (oder zumindest aus zweiter Hand besorgt).[165] Wiederum in Begleitung Clérisseaus wollte er den Apennin überqueren, Terni und Spoleto besuchen und hier den aus Palladios Bericht bekannten Tempel des Clitumnus besichtigen. Anschließend wollte man nach Ravenna und Rimini weiterreisen und auf der Rückfahrt Loreto und Ancona aufsuchen. Venedig sollte bis zum Ende der Tour aufgespart und erst auf der Heimreise nach England besichtigt werden. Von dieser Reise haben sich zwar keine Briefe erhalten, wohl aber genügend Zeichnungen, aus denen hervorgeht, daß die geplante Route eingehalten wurde. Sehr interessant ist die Zeichnung von San Vitale in Ravenna, die zwar die Großartigkeit und Komplexität der Anlage würdigt, aus den Phantasien Serafino Barozzis vom Ende des Seicento aber eher solide Dekorationen *all'antica* macht, die Robert wiederum »verbesserte«, indem er sie aussehen ließ, als seien sie geformt oder sogar gebaut und keineswegs die flachen, mit Girlanden versehenen Ausblicke mit den fliegenden Figuren, die Barozzi gemalt hatte.[166]

Nach seiner Rückkehr besuchte Robert, obwohl es schon Mitte Oktober war, der Reihe nach die Schlösser um Rom (Albano, Ariccia, Castel Gandolfo, Palestrina), wo sowohl für den päpstlichen wie für den Hof des Prätendenten die sommerliche *villeggiatura* noch im Gang war. Nicht zuletzt als Ergebnis dieses Ausflugs richtete Robert die dringende Aufforderung an James, ihm nachzufolgen.[167] John, so schrieb er, sei zu alt, um den neuen Stil zu erlernen (klugerweise hatte er seinen Brief über einen gemeinsamen Freund adressiert) oder sich dem mühevollen Studium zu unterziehen, das Robert auf sich genommen hatte. James aber werde das können, und Clérisseau stehe noch immer in ihrem Sold und zu Diensten. Robert hatte diesen Plan mit dem gemeinsamen alten Freund Ramsay besprochen und drängte James, seinerseits mit Lord Hopetoun darüber zu reden, ihn der Familie gegenüber aber nicht zu erwähnen.

Aus Schottland war inzwischen, in Roberts warme Winterkleidung verpackt, das langerwartete Exemplar des Desgodetzschen Buches über die antiken Bauten angekommen, das in Rom nicht erhältlich war.[168]

Und damit begann das Überprüfen und Notieren der Abmessungen. Bald stellte sich heraus, daß es sich hier um ein ganz außergewöhnlich anspruchsvolles Vorhaben handelte. Clérisseau gab es zwar niemals ganz auf, aber Roberts Ehrgeiz ging jetzt in eine andere Richtung.[169] Am 1. November 1755 war Lissabon von einem Erdbeben verwüstet worden; zwei Drittel der Stadt waren völlig zerstört. Ganz Europa war erschreckt und bestürzt. Das Unglück hatte sich an einem Sonntagmorgen ereignet, und so waren die überfüllten Kirchen zu Massengräbern geworden. Ungläubigkeit herrschte überall. Robert allerdings sah darin »einen Spruch des Himmels, der mir gelegen kommt«.[170] Das ganze nächste Frühjahr über warb er um Unterstützung für sein Vorhaben: Er wollte der Architekt des Königs von Portugal sein. Dazu bedurfte es einer Empfehlung. Auf Lord Hopetoun und einen neuen römischen Freund, Sir William Stanhope (den Bruder jenes Chesterfield, der durch die Briefe an seinen Sohn berühmt geworden ist), konnte er zählen. Allan Ramsay würde an den Herzog von Argyll schreiben – und so fort. Erste Skizzen wurden angefertigt. Daß noch weitere potentielle Kandidaten (Vanvitelli, Fuga, Gabriel) ihre Ansprüche anmeldeten, wurde nicht erwähnt. Robert sah sich bereits in der Rolle des strahlenden Siegers, der mit einem portugiesischen Titel nach London zurückkehren würde, um »mit einem Schlag den Hochmut des anmaßenden Chambers zu zerschlagen«,[171] und von Rom aus betrachtet erschien dieser Gedanke beinahe plausibel.[172] Seine Familie allerdings war von dieser Aussicht nicht begeistert. Im Jahre 1758 schließlich war der Wiederaufbauplan fertig. Kein Architekt von Rang war dazu aufgefordert worden, von Robert gar nicht zu reden.[173] Zu diesem Zeitpunkt erschienen endlich Piranesis *Antichità* mit der geänderten Widmung, und Robert bestellte sogleich sechs Exemplare davon.

Es folgte eine weitere Exkursion in Richtung Süden. Sie führte in das ehemalige Gebiet der Volsker, in die Vorberge des Gran Sasso, und wieder war Clérisseau dabei. Aber sie fanden nur wenige antike Monumente. »Bob the Roman« mußte feststellen, daß seine Zeit in der Stadt, die ihm so sehr gefiel, zu Ende ging. Und zudem hatte er sich verliebt. Miss Molyneux, um eine kränkliche Schwester besorgt, war des Klimas wegen nach Italien gekommen. Es wurde nichts aus der Sache, aber Diana Molyneux verheiratete sich auch später nicht mehr. Soweit Roberts Briefe irgendein Zeugnis von dieser Episode ablegen, scheint ihn die Enttäuschung jedenfalls nicht umgeworfen zu haben. Noch immer war er im wesentlichen mit seiner Karriere und den möglichen Rivalen beschäftigt. Er hatte erfahren, daß Chambers sich in Schottland aufgehalten, also Adamsches Territorium betreten hatte.[174] Außerdem waren zwei Söhne von Thomas Mylne, Robert und William, zu Fuß von Livorno kommend, in Rom aufgetaucht. Sie besaßen »weder Geld noch Bildung, um sich fremden Personen bekanntzumachen ...«,[175] aber sie waren fleißig und talentiert und daher mögliche Konkurrenten.

Ein Büro in London

Robert beschloß, seinen Aufenthalt zu verlängern. Im Juli 1756 schrieb er erneut wegen einer Londoner Niederlassung an seinen Bruder, diesmal mit präziseren Vorschlägen: Clérisseau würde weiterhin beschäftigt und bezahlt werden, aber in Italien bleiben. Zwei der römischen Zeichner, der »Belgier« Laurent-Benoit Dewez und der Italiener Agostino Brunias, sollten mit nach London kommen.[176]

Im Herbst schließlich erkannte Robert, daß die geplante Neuauflage des Desgodetz seine Möglichkeiten überstieg, und dies trotz der Helfer, die er dafür angeworben hatte. Er beschloß, sich auf die beiden wichtigsten Bäder, die Thermen des Diokletian und des Caracalla, sowie die Hadriansvilla in Tivoli zu beschränken.[177] Aber obwohl er sich mit großem Einsatz an beide Vorhaben machte, wurde keine der vielen Zeichnungen, die er und seine Gehilfen anfertigten, jemals veröffentlicht. Noch immer genoß er das Leben in Rom in vollen Zügen – hin und wieder speiste er außerhalb, er sang – auf Italienisch –, und er tanzte sogar. Er warf einen italienischen Koch aus dem Haus und stellte einen Franzosen ein. Allmählich zahlten sich seine Spendierfreude, sein großartiger Lebensstil und sein Engagement für seine Arbeit aus – Adam wurde bekannt. Junge Adlige bemühten sich darum, ihn auszuführen. Man suchte ihn auf – als einen Mann von einer gewissen Berühmtheit, als Altertumskenner.[178] Aber das Geld ging ihm aus, und er mußte Wege finden, seinen römischen Haushalt zu verkleinern.

Er unternahm eine Reihe kleinerer Expeditionen. Mit der Unterstützung des Kardinals Albani fand er Aufnahme in die Accademia di San Luca. Seine Sammlung von alten Meistern und Antiken wurde verpackt und nach Livorno geschafft, von wo aus sie mit einem englischen Schiff die Heimreise antreten sollte. Miss Molyneux hatte ihre Schwester nach Neapel begleitet und »verschwand aus seinem Leben«. Die alten Freunde aber waren noch um ihn. Häufig sah er Gavin Hamilton, den er in London kennengelernt hatte und der nun zurückgekehrt war und eine Villa am Nordhang des Gianicolo bezogen hatte.[179] Gemeinsam erwogen sie eine Reise auf die griechischen Inseln, aber Robert wußte, daß sie sich nur mit der Hilfe von John oder James ermöglichen lassen könnte und die Brüder dazu nicht bereit sein würden. So begann er seine Abschiedsrunde. Er hatte Piranesi immer der Eifersucht verdächtigt und deshalb Kritik an ihm geübt – nun fand er ihn mit der Anfertigung eines Widmungsblattes beschäftigt, das dann dem *Campo Marzo* vorangestellt werden sollte; es zeigte die voneinander abgewandten Köpfe Piranesis und Roberts und erinnerte an den Janus auf den Münzen aus der frührepublikanischen Ära (der endgültige Stich sah dann etwas anders aus).[180] Robert bat Piranesi um eine weitere Zueignung im Vorwort, die er erhielt, und dann noch einmal um zwei Widmungen auf anderen Stichen.[181] Das war ein Passierschein für den Weg in die Berühmtheit: Das Buch erschien und war im gleichen Augenblick vergriffen. Wenige Tage nach seinem Erscheinen sandte der Direktor der Französischen Akademie ein Exemplar an den Marquis des Marigny.[182] Möglicherweise war die lateinisch abgefaßte Titelseite mit der Widmung an Robert Adam »Architetto Celeberrimo« selbst im Jahre 1762 ein wenig unbesonnen.

Aber man schrieb erst Mai 1758, als Robert aus Rom fortging. Außer der Dienerschaft nahm er die beiden Zeichner und Clérisseau mit auf die Reise. In einer anderen Kutsche reisten auch die Ramsays nach Norden. Um die Mitte des Monats waren sie in Florenz. Es ist bezeichnend für Roberts inzwischen veränderten Status, daß Sir Horace Mann, einst auf Distanz bedacht, sich jetzt mit *petites attentions* nicht genug tun konnte.[183] In Bologna trafen sie mit dem berühmten Grafen Algarotti zusammen, dem Liebling ganz Europas, der bei ihrer Ankunft seine Karte abgeben ließ.[184] In Padua wurde zu einer englischen Gesellschaft geladen, unter anderem mit John Murray, dem Vertreter der britischen Regierung in Venedig, seinem Kollegen (wenn man so sagen kann), dem Konsul Smith, dem berühmten *connoisseur* und Förderer Canalettos, und weiteren Damen und Herren.[185] Dann bestiegen Clérisseau und Robert den *burchiello,* ein Boot, das sie den Brenta-Kanal hinunter, vorbei an den berühmten Villen, bis nach Venedig brachte. Dort ging Robert den Engländern aus dem Wege, aber der großen Exzentrikerin Lady Mary Wortley Montagu machte er seine Aufwartung.[186]

37 *Der Diokletianspalast in Spalato von der See aus.*
Aus The Palace of the Emperor
Diocletian at Spalato in Dalmatia,
Venedig 1764

37

Spalato

Auch Venedig wurde zur Operationsbasis. Robert plante, nach Pola (dem heutigen Pula in Jugoslawien) zu gehen, um das Amphitheater und die Tempel zu vermessen. Aber er erfuhr, daß dies bereits von James Stuart und Nicholas Revett getan worden war;[187] eine Aufnahme wurde allerdings erst 1819 von Thomas Allasan veröffentlicht.[188] So wandten die vier sich unter den Versicherungen des Konsuls Smith, daß alle Genehmigungen erteilt werden würden, weiter nach Spalato (dem heutigen Split). Spalato war eine Gründung des spätrömischen Kaisers Diokletian, der in dem einstigen Fischerort einen riesigen Palast am Meer errichtet hatte. Der große Bau zog spätere Populationen an, und die Illyrer, die vor den Südslawen flohen, verwandelten ihn in eine Stadt. Spalato hatte die Altertumsforscher schon immer fasziniert, denn es gehörte seit 1420 nahezu ununterbrochen zu den Besitztümern Venedigs und war für Reisende verhältnismäßig einfach zu erreichen. Als Robert nach Spalato kam, wurden die dort stationierten venezianischen Truppen von einem schottischen Berufssoldaten befehligt, dem General William Graeme of Bucklivie (dem Robert und James schon in Tournai begegnet waren).[189] Er erleichterte Robert das Leben etwas, wenn auch die vom Konsul Smith zugesagte Genehmigung auf sich warten ließ und die Reisenden als potentielle Spione belästigt wurden, die sich anscheinend Notizen über die venezianischen Befestigungsanlagen machten, so daß britische Schiffe diese Anlagen bombardieren konnten.[190]

Fünf Wochen vergingen mit Messen und Zeichnen. Trotz der Schwierigkeiten – sie mußten beispielsweise bei der Arbeit von einem Offizier bewacht werden – kehrten sie mit einem ganzen Stoß von Maßaufnahmen und Ansichten nach Venedig zurück.

Robert beschloß, Clérisseau in Venedig zurückzulassen, bis John oder James auf *ihrer* Grand Tour hier eintreffen würden (was, wie sie meinten, eine Frage weniger Monate sei), um ihn auszuzahlen und die Arbeit selbst in die Hand zu nehmen. Jetzt stand es ihm frei, nach Vicenza zu gehen und seinen Palladio aus erster Hand zu studieren. Er fand ihn – was angesichts der geradezu religiösen Ehrfurcht, mit welcher der Name in England ausgesprochen wurde, vielleicht nicht zu vermeiden war – eher enttäuschend, ja er räumte gegenüber einem Veroneser Bekannten sogar ein, daß er dem weit weniger berühmten Sanmicheli den Vorzug gab.[191] Aber Robert mußte sich mit seiner Zeit auch auf die sich verschlechternde politische Situation einstellen. Graf Rosenberg, der kaiserliche Gesandte (der vor allem als der Ehemann der schönen Justina Wynne in der Erinnerung fortlebt), wurde umschmeichelt und überredet, vielleicht sogar bestochen, damit er ihm sicheres Geleit durch die kaiserlichen Territorien gewähre – ein Privileg, das der Graf ähnlich bedeutenden, sozial höherstehenden, dabei aber weniger gewandten Reisenden verwehrt hatte. Adam erhielt sein *laissez-passer,* obwohl es hieß, daß seine Zeichenexpedition nach Dalmatien Anlaß zu der Befürchtung gegeben habe, die britische Flotte könne Triest bombardieren, den einzigen sicheren südlichen Seehafen des Reiches.[192]

Roberts Heimweg führte durch Österreich; er war versucht, Wien einen Besuch abzustatten, glaubte aber nicht, dort irgend etwas über Architektur lernen zu können. Mit sehr wenigen Zwischenfällen – wenn man bedenkt, daß er sich in nächster Nähe mehrerer Schlachtfelder bewegte – erreichte er Antwerpen. Trotz der Schönheit der Stadt, des herrlichen Turms ihrer Kathedrale und der Werke von Rubens überkam ihn hier zum ersten Mal wirkliche Sehnsucht nach Italien.[193] Aber lange konnte er sich diesem Gefühl nicht überlassen. Eine Woche später schiffte er sich nach Harwich ein, und Anfang Januar 1758 war er wieder in London.[194]

Robert Adam reiste nicht sogleich weiter nach Norden, sondern schlug seiner Familie vor, nach London zu kommen, hier seinen Bericht entgegenzunehmen und seine Schätze und Erfolge zu begutachten. James folgte dieser Aufforderung sofort, er war möglicherweise bereits auf dem Weg nach London, als Robert landete. Sie machten sich gleich auf die Suche nach einem Haus und an die Gründung einer Niederlassung und eines Haushalts. Zunächst mieteten sie in Cleveland Court, in unmittelbarer Nähe des St. James' Place, ein Haus »zu einem verdammt hohen Preis"[195], und wenig später stießen der Bruder William und die Schwestern Jenny und Betty zu ihnen, die von nun an die Angelegenheiten der Brüder für den Rest ihres Lebens regelten. Über den Lebensstil und die Führung des Haushalts bestimmte Robert, der weiterhin ein Leben führte, wie er es sich als »Bob the Roman« angewöhnt hatte; dazu gehörten eine gute Adresse, ein behagliches Haus, eine Kutsche. Schon jetzt ließ er deutlich erkennen, daß er kein Lakaienleben führen würde.

Robert hatte aus Rom nicht nur die beiden Zeichner, seine Zeichnungen und Antiquitäten mitgebracht, sondern auch eine Art Reputation. Charles Hope sang sein Lob – ungeachtet all der unfreundlichen Dinge, die Robert aus Rom nach Hause geschrieben hatte – in ganz London, und Allan Ramsay, der etwa einen Monat vor Robert zurückgekommen war, schlug ihn zur Aufnahme in die *Society of Artists* (alias *Society of Arts*) vor,[196] die bereits einen Ausstellungsraum am *Strand* unterhielt. Zwar waren die Beziehungen dieser Gesellschaft zu der etwas später gegründeten *Royal Academy of Art* nicht die besten, aber die beiden wichtigsten Mitglieder jener späteren Gründung, Reynolds und Chambers, gehörten zu dieser Zeit bereits der älteren Gesellschaft an. Tatsächlich waren fast alle einflußreichen Persönlichkeiten und mit Sicherheit die meisten namhaften Künstler hier Mitglied. Da den Brüdern Adam der Zutritt zur *Royal Academy* von Chambers vom Augenblick ihrer Gründung im Jahre 1768[197] an verwehrt war, wurde die *Society of Artists* zum institutionellen Bezugspunkt ihrer Wahl.

Das Wichtigste, was Robert von seiner Reise mit nach Hause gebracht hatte, war eine neue Art der Architekturplanung. Er selbst zweifelte nicht daran, daß es Piranesi und Clérisseau gewesen waren, die ihm diese neue Methode vermittelt hatten. Der verächtliche Ton, in dem er sich über seine Altersgenossen an der Französischen Akademie in Rom äußerte, und seine Anhänglichkeit gegenüber Clérisseau zeigen deutlich, wer ihn »in diese Art eingeführt hatte«.[198] Natürlich wäre sie ohne ein eingehendes Studium der antiken Ruinen, besonders der römischen Thermen, nicht möglich gewesen. Auf dieser Grundlage baute er seine Kompositionstechnik – die schlichte Verkettung immer wieder anderer geometrischer Formen – auf. Zur Anlage eines *parti* dadurch, daß ein größerer Körper in dieser Weise variiert wird, tritt bei ihm noch ein weiteres Merkmal, das in England mit Sicherheit etwas Neues darstellte – die Verwendung der Säulenwand und, spezifischer, der durch eingestellte Säulen geschlossenen Apsis. Das kleine Architekturtraktat des Abbé Laugier mit dem Titel *Essay* war bereits in zweiter Auflage erschienen, als Robert auf seinem Weg nach Rom in Paris Station machte; es war zudem, wenn auch schlecht, ins Englische übersetzt worden.[199] Aber Robert und seine römischen Kontaktpersonen brachten Laugiers Anthropologismus keine Sympathie entgegen.[200] Zumindest für Robert – und vielleicht auch für John – lagen die »Ursprünge« im Gotischen, und dieses Interesse an der freistehenden Säule kennzeichnete die Adamschen Interieurs, auch wenn die Brüder sich weder das französische Vorurteil gegen Pilaster zu eigen machten noch wie Laugier darauf beharrten, daß Giebelfenster nur an den Schmalseiten eines Gebäudes erscheinen dürften.

Die beiden Gehilfen, die Robert aus Rom mitgebracht hatte, sollten – das war von Anfang an klar – nicht nur als ausführende Zeichner arbeiten, sondern ornamentale Elemente auch selbst entwerfen und ausführen. Das ornamentale Detail, wie Robert es vor seiner Romreise verwendet hatte, taucht – von seltenen Ausnahmen abgesehen – in seiner Arbeit nicht mehr auf. Das Ornament baut jetzt ausschließlich auf antiken Vorbildern auf. Das gleiche gilt für das *parti*. Aber wenn in der Malerei des 18. Jahrhunderts pseudo-antike Standardfiguren, Standardhaltungen und Standardattribute jedem Künstler geläufig waren, so entwickelten die Adams ein eigenständiges Repertoire von *parti*-Elementen, in dem die Permutationen ein formales Spiel waren, das ganz unabhängig von dem anderen Spiel mit dem ornamentalen Detail ablief. In gewisser Hinsicht stellte dies die Fortsetzung der alten Arbeitsweise dar. Das Versatzspiel mit den Standarddetails wurde ja durch die Flut der Bücher über Innenraumgestaltung, über Intarsien, über Metall- und Schlosserarbeiten usw. geradezu herausgefordert. Das Neuartige an der Adamschen Arbeitsweise bestand darin, daß dem Handwerker Grenzen gesetzt wurden. Inigo Jones hatte damit begonnen, die baukünstlerischen Disziplinen sozusagen auf eigene Füße zu stellen, die bis zum ersten Viertel des 17. Jahrhunderts – jedenfalls in England – immer mit aus der Antike entlehnten und aus Stichwerken kopierten Details gearbeitet hatten, so wie sie auch die »gotischen« Formen und Elemente verwendet hatten, ohne sich allzu viele Gedanken über deren Verhältnis zu einem neuen Kontext oder über die Frage der Maßstäblichkeit zu machen. Insoweit hatten Inigo Jones und nach ihm das Trio vom *Office of Works* – Wren, Hawksmoor und Vanbrugh – die Dinge bereits richtiggestellt, allerdings in der Weise, daß sie die neue Manier unmittelbar »an den (ausführenden) Mann« brachten. Kent schließlich hatte die Situation um ein neues Element bereichert – da er sich als Historienmaler nicht durchzusetzen vermochte, konzentrierte er seine Kräfte auf gemalte und geformte Dekorationen und auf das Entwerfen von Möbeln.

Kein anderer europäischer Architekt der Zeit legte so strenge Maßstäbe wie er an das Detail der Innenräume seiner Gebäude. Die übliche Praxis sah in England und anderswo so aus, daß Wandverkleidung und Paneel zur Dekoration zählten, während die Möbel wieder von einem anderen Handwerker nach dessen eigenem Entwurf geliefert wurden. Der Architekt mochte Steinarbeiten (Kamine etc.) oder bestenfalls Stuck entwerfen. Aber die vielen Möbelentwürfe, die das ganze 18. Jahrhundert hindurch veröffentlicht wurden, beweisen, daß im großen und ganzen die *cabinet makers* von den Architekten unabhängig blieben. Möbel wurden häufig nach einem vorhandenen Vorrat an Entwürfen bestellt, und dies auch im Fall sehr kostbarer Innenräume. Eine weitere Scheidung ergab sich immer deutlicher mit der zunehmenden Verfeinerung des Stucks und des Paneels zu Beginn des Jahrhunderts, während die Außengestaltung häufig erstaunlich nüchtern blieb. Das gilt besonders für das zweite Viertel des Jahrhunderts: Die »extremeren« *Rocaille*-Dekorateure wie zum Beispiel der Architekt und Goldschmied Meissonnier (ein Altersgenosse Kents) entwarfen buchstäblich kein Exterieur für ihre extravaganten Salons.[201]

Die Groteske

Kent hatte eine besondere Vorliebe für die Groteskendekoration. Diese war keineswegs etwa eine aufsehenerregende Neuheit: Groteskenmotive waren seit mehr als zweihundert Jahren bald mehr, bald weniger in Mode gewesen. Im fortgeschrittenen 17. Jahrhundert hatten sie durch den toskanischen Maler-Architekten Pietro da Cortona eine neuerliche starke Belebung erfahren. Seine spezielle Art der Groteskendekoration – im Palazzo Barberini in Rom und im Palazzo Pitti in Florenz – hatte zwar keine direkte Nachfolge, aber der Umstand, daß er diesem Dekorationselement überhaupt so große Aufmerksamkeit zuwandte, schlug sich in der weiteren Verwendung der Groteske nieder. Die zahlreichen Bedeutungsebenen, kompliziert durch formale Unsicherheiten und die Transparenz der Darstellung, verschmolzen mit den Launen und Verschleifungen der *Rocaille,* und so wurde die groteske *Rocaille* zum bevorzugten Dekorationselement des 18. Jahrhunderts. Wohl erwarben beide Brüder Adam Zeichnungen Pietros da Cortona[202], aber seine aufwallend-expansive Manier lag ihnen nicht. Obwohl sie Kent mit verhaltener Mißbilligung betrachteten, kam ihr Stil dessen Neuinterpretation der Manier Giulio Romanos und Giovannis da Udine an Kensington Palace, in Houghton und Rousham sehr viel näher.[203]

Beide Brüder hatten die antiken Vorläufer natürlich viel unmittelbarer kennengelernt als Kent oder sonst ein Rocaillist, und sie waren sich der Notwendigkeit der Wiederbelebung dieser Formen auch deutlicher bewußt. Aber wir sollten uns darüber im klaren sein, daß es ihnen in der Praxis darum zu tun war – und denken wir hier an die Bedeutung des »flowing rainceau«, von dem in der Einleitung zu ihren *Works* die Rede ist –, eine strengere Version der Rocaille zu produzieren, eine Rocaille *all'antica.* Ihr Büro sollte ein Unternehmen ähnlich dem Robert de Cottes werden, das vielerlei Innendekorationen – von Wandverkleidungen bis hin zu Teppichen – und zugleich den eigentlichen Bau lieferte. Das war ihre Reaktion auf die Empfehlung, die Robert in Rom von Sir William Stanhope erhalten hatte: Er solle sich nicht auf die fünf Prozent für die Bauaufsicht einlassen, die Anlaß ständiger Streitereien zwischen Architekt und Bauherrn war, sondern wie bisher Entwürfe gegen Bezahlung liefern. Ein solches Vorgehen »wird selbst im günstigsten Fall . . . niemals eine Equipage abwerfen“[204], hatte Robert damals gesagt.

Zusätzlich zu seinen üblichen Einnahmen als Bauunternehmer baute Robert Adam sich also ein ganz neues und einträgliches Tätigkeitsfeld auf. Und um dieses Vorhaben in Einklang mit seiner neuen Praxis zu bringen, war er dringend auf die aus Italien geholten Zeichner angewiesen. Er war der erste, der das erkannte, und es ärgerte ihn, daß seine Brüder ständig über Ausgaben klagten und kein Verständnis dafür aufbrachten, daß er neue Wege beschritt. Das Haus war nun auch deshalb unbedingt erforderlich, weil man hier Zeichnungen, antike Stücke und Abgüsse ausstellen mußte.

James sandte belustigte Schilderungen von Chambers' eher trübseligen Arbeitsräumen in der Russell Street (zwischen Covent Garden und Drury Lane) nach Hause und zeigte sich erstaunt über Roberts »gefällige Art« gegenüber dem älteren Mann, der inzwischen der Tutor des jungen Prinzen von Wales geworden war. Daß man ihn anderen Anwärtern vorgezogen hatte, war zum Teil auf die Fürsprache von Lord Bute zurückzuführen, aber auch auf seine alte Verbundenheit mit Frederick Lewis, dem 1751 verstorbenen Prinzen von Wales, für den er die ersten chinesischen Bauten in Kew errichtet hatte[205] und dessen Andenken er eine Reihe von Zeichnungen römischer Mausoleen widmete.[206] Als dessen Vater George II. am 25. Oktober 1760 starb, wurde Frederick Lewis' Sohn, ein noch recht unreifer Zweiundzwanzigjähriger, zum König George III. Beim Tode seines Vaters war er zum Prinzen von Wales ernannt worden, und seine verwitwete Mutter, Augusta von Sachsen-Coburg, hatte ihn erzogen. Die Prinzessinwitwe besaß einen starken Charakter und festgefügte Ansichten. Sie hatte (etwas ganz Ungewöhnliches für die damaligen Zeiten) ihren Mann geliebt und seine Abneigung gegenüber seinem ungehobelten Vater und seiner blaustrümpfigen und machthungrigen Mutter geerbt. (Georges II. bekannter Ausspruch über Hogarths »Marsch auf Finchley«: »I hate bainting and boetry too«[207] mag erfunden sein, aber er zeigt, wie der König auf seine Zeitgenossen wirkte.) Frederick Lewis hielt einen eigenen Hof in offener Opposition gegenüber dem seiner Eltern. Die Prinzessin Augusta folgte ihm darin, und ihr wichtigster Ratgeber war der dritte Earl of Bute, John Stuart, der nach seiner Überzeugung mit den Royal Stuarts verwandt war.

Lord Bute

Lord Bute war ein außergewöhnlich kultivierter Mann. Er hatte die einzige Tochter von Lady Mary Wortley Montagu geheiratet und während der ersten Jahre seiner Ehe ein idyllisches Leben auf dem eigenen Besitz, der vor der Mündung des Clyde gelegenen Isle of Bute, geführt, wo er sich der Lektüre hingab und seine Ländereien bestellte. Mit dem Prinzen von Wales war er zufällig bekannt geworden, als man ihn gebeten hatte, anläßlich der Rennen von Egham ein Whistspiel zu organisieren. Die beiden wurden vertraute Freunde. Die Prinzessin und Bute flößten dem jungen Prinzen die Lehre Lord Bolingbrokes vom »patriot king« ein, die dieser im Gedanken an Frederick Lewis formuliert hatte. Sie zielte auf einen Prinzen, der über den Parteien steht und die wahren Werte seines Landes verkörpert. Im Gegensatz zu seinem hannoverisch orientierten und ständig abwesenden Vorgänger war George III. entschlossen, dieses Ideal zu erfüllen. Es war unumgänglich, daß er Bute zum Premierminister berief. Aber Butes Patriotismus war ausgesprochen nordbritischer Natur: Er sorgte für die Seinen. Seine spätere Unbeliebtheit, die ihn zum vollständigen Rückzug aus dem politischen Leben veranlaßte, ging zum großen Teil auf die verbreitete Meinung zurück, daß er die Schotten ins öffentliche und politische Leben gedrängt habe. Seine Politik (als der bevorzugte Minister des Königs) der Verhandlungsbereitschaft, mit der er sich in Opposition zu dem aggressiven und häufig siegreichen Pitt brachte, war ebenfalls nicht gern gesehen. Die Schotten, die Bute förderte, waren zumeist Angehörige des kleinen Landadels der Lowlands, zu dem auch die Adams zählten. Die Mehrzahl von ihnen blieb auch nach Butes Rückzug auf ihrem Posten, und viele von ihnen waren Klienten der Adams. An diesem wichtigen Punkt ihrer Laufbahn standen den Brüdern in der Tat alle Möglichkeiten der Patronanz offen.

Inzwischen war John Home, ein vertrauter Freund, der bei Roberts Abreise nach Rom dessen Pferd gekauft hatte, nach London gekommen. Er hoffte, daß Garrick sein Schauspiel *(Douglas)* inszenieren würde; es wurde dann aber von John Rich für Covent Garden angenommen. Nach der Uraufführung in Schottland wurde Home von der presbyterianischen Synode verfolgt; er gab sein Amt auf und wurde Privatsekretär von Lord Bute und Tutor des jungen Prinzen. Seine Einführung war durch Sir Gilbert Elliot of Minto erfolgt. Home und die Adams, Alexander Wedderburn (als Earl of Rosslyn später Lord Chancellor), Sir John Dalrymple (ein schottischer Richter), William Robertson (der in London auf der Suche nach einem Verleger für seine Geschichte Schottlands war), Alexander Carlyle (ein presbyterianischer Geistlicher und Freund der Familie Adam, wegen seiner prachtvollen Mähne auch Jupiter genannt) und der politische Philosoph Adam Fergusson, der als *Librarian of the Advocates* Nachfolger von David Hume war, dann aber Tutor in Barnet wurde, gründeten einen Klub, der sich jeden Mittwoch zum Essen traf und sich danach zu Garrick in die Drury Lane begab. Alexander Carlyle berichtet, daß Garrick sie einmal alle zum Golfspiel nach Molesley Hurst bei Hampton und zum anschließenden Abendessen in seinem Haus bat.[208]

Während dieser ganzen Zeit wartete Robert darauf, bei Bute eingeführt zu werden. Inzwischen investierte er die hübsche Summe von 2000 Pfund – zum größten Teil ein mit vier Prozent zu verzinsendes Darlehen seines Bruders John – in ein neues Haus in der Lower Grosvenor Street, in dem er seine römischen Schätze ausstellte, die unter dem Schutz des Herzogs von Argyll sicher und mit relativ geringen Kosten in England gelandet waren.[209] Der erhofften Einführung bei Bute war ein Brief von Mary Wortley Montagu aus Venedig an ihre Tochter, Lady Bute, vorausgegangen, der Robert als ein Genie pries,[210] und auch Gilbert Elliot und John Home hatten den

38 *Entwurf für das Tor des Admiralitätsgebäudes in Whitehall, London,* 1750. Aus The Works, Vol. I, pt. iv, T. 1

39 *Hatchlands, Surrey; Wohnraum für Admiral Boscawen,* 1758–1761

38

39

Earl entsprechend vorbereitet. Als es dann endlich soweit war, wurde Robert brüsk empfangen. Bute trug Stiefel und Sporen, als wollte er das Haus soeben verlassen. Sein Gastgeschenk, ein Exemplar von Piranesis vierbändigen *Antichità,* wurde an Robert zurückgesandt. Er ärgerte sich über die Beleidigung (»Wie – war er allen Fürsten in Italien und Frankreich vorgestellt und mit großer Huld von ihnen empfangen worden, um nun vom zweitjüngsten Earl von ganz Schottland so kühl und hochmütig behandelt zu werden?«[211]). In einem Brief nach Hause malte er sich aus, wie er den Earl und die Prinzessin *in flagranti* töten würde, während sie den Fluß hinabsegelten: Er würde diesen Stein des Anstoßes, den vierbändigen Piranesi, auf ihre aneinandergeschmiegten Leiber fallen lassen.[212] Inzwischen zahlten sich aber die guten Beziehungen aus, die in Inveraray mit dem Herzog von Argyll geknüpft worden waren, und man bemühte sich um verschiedene schottische Ämter.

40 *Hatchlands, Surrey; Entwurf für den Deckenstuck des Wohnraumes,* 1759 (London, Soane Museum)

Lady Lindores' Salon

Dennoch kam Robert nur langsam voran. Er vertraute auf den gesellschaftlichen Verkehr, und in der Tat lernte er in dem vornehmen Salon der Lady Lindores (einer Verwandten von George Drummond und damit einer entfernteren Bekannten von Sir John Clerk) zwei seiner wichtigsten Klienten in jenem ersten Jahr kennen: Sir Nathaniel Curzon of Kedleston (der 1761 Lord Scarsdale wurde) und Edwin Lascelles (1790 Earl of Harewood)[213]. Der erste Auftraggeber, für den er anscheinend etwas fertigstellte, war Admiral Boscawen – oder eigentlich Mrs. Boscawen,[214] deren Haus in Hatchlands in Surrey er in den Jahren 1758/59 umbaute. Die Bedeutung dieses kleinen Auftrags lag nicht nur darin, daß hier bereits eine Abkehr von seiner früheren Manier und die neue Vorliebe für den Kentschen Stil sichtbar wurde. An diesem Umbau war vielmehr auch schon der neue Stil deutlich abzulesen, den er sich in Rom zu eigen gemacht hatte und von dem Mrs. Boscawen mit einer gewissen Befriedigung sagte, er zeichne sich aus durch »Schlichtheit, die durch Kunst und Sorgfalt aufgewertet ist«. Der ursprüngliche Bau war von einem anderen Architekten geplant worden, vermutlich von dem 1758 verstorbenen Thomas Ripley (den Pope als »Ripley the Carpenter« auf burleske Weise der Nachwelt für immer erhalten hatte).[215] Es ist nicht mit Sicherheit auszumachen, wann genau Adam in die Gestaltung des Innern eingriff. Das Treppenhaus war allem Anschein nach in einer älteren, französisierenden Kentschen Manier gehalten, aber schon die Decke zeigt eine Veränderung. Die Decke des Speisezimmers mit ihren Reliefs von Seepferden und *amorini,* die Delphinschwänze halten, stammt ebenso wie die ein wenig allegorische Decke der Bibliothek des Admirals mit Sicherheit von Adam. Admiral Boscawen befand sich während eines großen Teils jenes Jahres im Mittelmeer im Kampf gegen die Franzosen; die Arbeit muß also in Absprache mit Mrs. Boscawen ausge-

40

führt worden sein. Da der Admiral 1761 starb, nimmt man an, daß die Dekorationen zu diesem Zeitpunkt bereits fertiggestellt waren. Im Jahre 1770 wurde das Haus verkauft.[216]

Wichtiger aber ist, dieser Auftrag stand in einem Zusammenhang mit oder führte zu Adams erstem öffentlichen Auftrag, der Umgestaltung des Admiralitätsgebäudes in Whitehall. Es stammte ursprünglich ebenfalls von Ripley und besaß einen unannehmbar schmalen und hohen ionischen Portikus. Robert wirkte diesem Eindruck mit einer davorgesetzten niedrigen Wand entgegen und bediente sich dabei der dorischen Ordnung. (Im Gegensatz zu seinem Mentor Piranesi verabscheute er die toskanische Ordnung.[217]) Giebelverzierte Pavillons zu beiden Seiten korrespondieren mit den Flügeln des Ripleyschen Baus und sind verbunden durch das davorgesetzte Element, eine Reihe von Säulen vor einer flachen Wand. Die Mitte ist als kleiner Triumphbogen ausgebildet, der eine Balustrade zwischen zwei diese haltenden Seepferden trägt. Die einzigen weiteren dekorativen Reliefs zeigen zwei Knaben, welche die Schwänze symmetrisch angeordneter Delphine halten. Genau das gleiche Detail erscheint an der Decke des Speiseraumes in Hatchlands.[218]

Während Roberts Londoner Karriere einen hoffnungsvollen (wenn auch seiner Meinung nach nicht voll befriedigenden) Anfang nahm, war James nach Norden zurückgekehrt, um seine eigene *Grand Tour* vorzubereiten, vor allem in finanzieller Hinsicht. Robert vernachlässigte die Arbeit im Norden nicht. Für das *Royal College of Physicians* in Edinburgh wurde eine neue Bibliothek geplant, von der sich die Zeichnungen erhalten haben.[219] Über den Venustempel für die Vauxhall Gardens, den Paul Sandby (einst Peg Adams Verehrer) den Besitzer überredet hatte, dem eher unwilligen Adam in Auftrag zu geben, ist außer der Bestellung selbst nichts bekannt. Ein weiterer Auftrag für eine Reihe von Innenräumen in Isleworth für den General Bland (den Gouverneur von Edinburgh) folgte rasch. Robert war außerordentlich unzufrieden mit der »ungefälligen, steifen, harten Art« der englischen Arbeitskräfte.[220] Und es war ihm auch klar, daß es dringend notwendig war, weitere Zeichner anzulernen: Die beiden aus Italien mitgebrachten hatten genug zu tun. Tatsächlich lief ihm einer von ihnen, der Belgier Laurent Dewez, Ende 1758 davon, weil er, wie er sich beklagte, »wie ein Sklave ausgenutzt wurde«.[221] Wenig später entwarf und baute er das reizvolle Château in Seneffe in der Nähe von Nivelles, das eher an Boffrand und Gabriel erinnert als an Adam oder gar Piranesi.[222] George Richardson, der in Edinburgh für John zeichnete, sollte James nach Italien begleiten. Robert bat, er möge zunächst eine Zeitlang nach London kommen, um den korrekten Stil zu erlernen und um auszuhelfen.[223]

Inzwischen war John nach London gekommen, um zu sehen, was hier vorging, und sich unterwegs über das neue Bauen zu informieren. Es ist erstaunlich, wie sehr er sich für die gotische Architektur interessierte. Sein Augenmerk galt in der Hauptsache mittelalterlichen Bauten, aber auch die »gotischen« Innenräume, die James Paine in Alnwick für den Earl (und späteren Duke) of Northumberland ausgestattet hatte, fanden seine Bewunderung. Er besichtigte die Kathedrale von York und stattete Castle Howard erneut einen Besuch ab. In Cambridge übte er Kritik an Gibbs und an dem neuen Bibliotheksgebäude von Stephen Wright. King's College Chapel, so schrieb er, »übertrifft hier alles«. Von London aus ging er – vermutlich mit Robert – nach Wanstead und Holkham, die beide geschlossen waren (»zu viele Brechungen und Giebel, die eine große Sache in zu viele kleine Stücke teilen«, schrieb er über Holkham), und dann nach Houghton, Sir Robert Walpoles Haus, wo er auch die Gemälde und Skulpturen bewunderte.[224]

Inzwischen hatte der tragische Tod des Generals Wolfe auf den *Plains of Abraham* vor Quebec im September 1759 einiges Aufsehen verursacht. Die dankbare Nation beschloß, das Andenken des Helden durch ein Grabmal in Westminster Abbey zu ehren. Chambers und Adam machten sich sofort an die Arbeit, ebenso Joseph Wilton und Louis Roubilliac, möglicherweise auch noch andere.[225] Der Herzog von Devonshire (der Lord Burlingtons Tochter geheiratet hatte) war als Lord Chamberlain für das Vorhaben verantwortlich, aber eine Entscheidung wurde erst nach seinem Tod im Jahre 1771 getroffen und der Auftrag schließlich an Wilton vergeben. Während die Dinge sich noch hinzogen, bestellten die Adams (möglicherweise über Clérisseau) ein Relief von Luc-François Breton, einem begabten, aber unzuverlässigen Mitglied des Palazzo Mancini, der den Großteil seiner Arbeit in seiner Heimatstadt Besançon ausführen sollte.

James war Anfang Mai 1760 aufgebrochen und könnte rechtzeitig in Rom angekommen sein, um das Relief in Auftrag zu geben. Interessanter ist, daß ein klatschfreudiger Römer jener Tage berichtet, Breton habe sein Basrelief aus Ärger über James' Kritik zertrümmert. Der gleiche Mann spricht von dem römischen Haushalt als von einer »Manufactory of Virtu«, was Roberts Quartier in Rom sicher nicht gewesen war;[226] die Londoner Firma allerdings sollte sich dazu entwickeln. Es ist schwer zu sagen, ob James selbst das Unternehmen in Gang brachte oder ob er lediglich Roberts Pläne ausführte.

Aber zunächst mußte James nach Rom gelangen, und das war nicht einfach. Der Krieg war nun ernsthaft im Gang, und er beschloß, seinen Weg durch Frankreich zu nehmen und sich als jakobitischen Offizier auszugeben. Zufällig war General Graeme, der schon Robert das Leben in Tournai angenehmer und in Spalato leichter gemacht hatte, gerade in London und wiederum zur Hilfe bereit. In Den Haag geriet James sogleich in den Sog des gesellschaftlichen Lebens. In Paris wurde er als suspekt betrachtet, und überhaupt gefiel ihm die Stadt nicht. Zusammen mit dem General und seinem Zeichner George Richardson reiste er über Chambery und Mont Cenis nach Turin und von dort nach Venedig, wo er mit Clérisseau zusammentraf. Venedig war ihm anfangs zuwider, obwohl sein Auftritt dort noch großartiger war als derjenige seines Bruders.[227] Er wurde in der Regel mit »Exzellenz« angeredet; er besichtigte die Kirchen und lernte Italienisch. Es war Juli, und Clérisseau meinte, James werde die Hitze in Florenz und in Rom nicht ertragen können. Auf jeden Fall gab es noch viel Arbeit mit dem Diokletianspalast, der soeben von Francesco Bartolozzi, Antonio Zucchi und Paolo Santini gestochen wurde (die alle noch an anderer Stelle zu erwähnen sein werden). Das Stechen und das Zusammenstellen des Buches warf eine Reihe von Problemen für die Brüder auf. Die Veröffentlichung war als groß angelegte Werbemaßnahme gedacht, und Clérisseau, dem man immerhin einen Gehilfen bezahlt hatte, wurde nun recht anmaßend. Er hatte die Zeichnungen für die Stecher vorbereitet, und es war ihm gleichgültig gewesen, wer sie anschaute. Viele Engländer hatten sie inzwischen schon gesehen – konnte man sie also überhaupt noch mit *RA delint* signieren? Die Sache war inzwischen auch in England bekannt, und Robert fürchtete, daß Rivalen – etwa Chambers und Mylne – sich darüber mokieren könnten. Am Ende wurde beschlossen, daß die Platten nur von den Stechern signiert werden sollten.[228]

Während er sich unter den Ausländern in Venedig bewegte (es waren die gleichen, die auch Robert hier angetroffen hatte: der Vertreter der britischen Regierung, John Murray, der Konsul Smith und Lady Mary Wortley Montagu), richtete James seine Gedanken auf Griechenland und die griechischen Inseln. Mit griechischem Wein, so schien es, würde man angesichts der zu Hause grassierenden Griechenlandmode gute Geschäfte machen können. So entstand der Plan einer Expedition, die beiden Zwecken dienen sollte: Der Weinprobe und dem Interesse an der Antike. Neben James und Clérisseau sollte auch Antonio Zucchi daran teilnehmen.[229] Aber keine von James' Unternehmungen war von Erfolg gekrönt. Er nahm Clérisseau mit, als er den Abbé Farsetti in Sala besuchte, für den Clérisseau später, von Winckelmann zustimmend beraten, einen römischen Kaisergarten entwarf.[230] In Pola fühlte er sich vom Podestà gekränkt.[231] Vicenza vermochte ihn nicht zu beeindrukken – Palladio hatte keineswegs recht. Im Gegensatz zu Robert fand er Michele Sanmicheli nur wenig besser.[232] Er hatte inzwischen noch zwei Stecher angeworben (einer von ihnen, Domenico Cunego,[233] arbeitete später mit Piranesi zusammen) und reiste mit Clérisseau weiter nach Süden, in Richtung Rom.

In Bologna traf James, wie nicht anders zu erwarten, den Grafen Algarotti (»ein wahres Muster an französischer Höflichkeit«).[234] Er konnte die Aufnahme in die Clementinische Akademie nicht erreichen und reiste weiter nach Florenz. Dort logierte er bei dem seinerzeit schicksalhaft gewesenen Hugford, in dessen Haus Robert die Bekanntschaft Clérisseaus gemacht hatte. Sir Horace Mann zeigte entschieden mehr Interesse als damals bei Roberts Besuch, aber James mochte ihn nicht. Immerhin hielt er sich eine Zeitlang in Florenz auf und befaßte sich nicht nur mit den bekannten Meisterwerken des *Quattrocento,* des *Cinquecento* und des *Seicento,* sondern verwandte auch Zeit auf die gotischen Teile des Domes. In Pisa bewunderte er die prachtvolle kleine Kapelle der Madonna della Spina. Bei einem Abstecher nach Livorno inspizierte er Schiffe im Gedanken an seine levantinische Reise und verhandelte über Preise.[235]

Nach drei Monaten in Florenz, in denen er viel unterwegs gewesen war, gezeichnet und Bilder und Antiquitäten erworben hatte, reiste James über Siena nach Rom und quartierte sich an Roberts alter Adresse ein, in der Casa Guarnieri. Anders als Robert trat James hier von Anfang an als *Cavaliere Inglese* auf und ließ sich auch die Bezeichnung *Architetto Scozzese* gefallen, während Clérisseau zum *Segretario al Cavaliere* wurde.[236] Er beschäftigte fünf Zeichner und vier Bediente und war Robert darin voraus. Auch war ihm seine Identität längst nicht so wichtig: Das einzige Diner, an dem er teilnahm und bei dem ausschließlich Künstler anwesend waren (Gavin Hamilton, die beiden Dances und Richard Strange), war ihm unbehaglich, und in seinen Briefen nach Hause entschuldigte er sich dafür. Mit Piranesi traf er hin und wieder zusammen, aber eher um dessen Begeisterung für englische Freunde zu dämpfen als um sie erhöhen.[237] Sein Verhältnis zu anderen Künstlern sah ähnlich aus. Dagegen widmete er sich mit Eifer der großen Welt: Die Prinzessinnen Colonna, Borghese und Giustiniani, die Gräfinnen Bolognetti und Carpegna waren seine ständigen Begleiterinnen – er war ein sehr vornehmer junger Herr. Seine Studien nahmen ihn nicht sehr stark in Anspruch. Clérisseau, der zu Hause gelassen wurde, während Jamie herumzog, war verärgert und äußerte sich dem schottischen Personal gegenüber respektlos über James, was zur Abkühlung und dann wieder zur Versöhnung zwischen ihnen führte – wobei James sich vermutlich etwas emsiger um diese Versöhnung bemühen mußte.[238]

Für Robert hatten die Schwierigkeiten darin bestanden, daß er als Künstler arbeiten, aber als Gentleman erscheinen wollte. Sein Bruder hatte anderes im Sinn. Er sah sich als *connoisseur,* als Theoretiker und als *homme d'affaires,* wie aus einem Brief hervorgeht, den er an Lord Kames über das *je ne sais quoi* schrieb, das die antike Architektur der neuzeitlichen überlegen mache und das er nach seiner levantinischen Reise hoffentlich etwas konkreter werde benennen können. Es ist ein Brief, der sich in der Tat so liest, als sei er geschrieben worden, um publiziert zu werden.[239]

Der Plan einer Reise an die Levante wurde weiterverfolgt. Wohl scheint der Tod der Mutter, der um diese Zeit eintrat, James sehr nahegegangen zu sein. Aber der Kummer, den er äußerte, wich bald den üblichen Klatsch- und Tratschgeschichten. Ein Besuch in Neapel trug ihm die Bekanntschaft mit weiteren Vertretern der englischen Gesellschaft ein: dem Herzog von Roxburgh, der Herzoginwitwe von Bridgewater (der Mutter von Roberts drittem Herzog) und ihrem Mann, Sir Richard Lister, und den Lords Strathmore und Warkworth, die er alle im Haus von Sir Francis Eyles kennenlernte.[240] Ein Teil der Gruppe machte einen Ausflug zu dem noch unvollendeten Palast, den Vanvitelli soeben für König Karl III. in Caserta, etwa zwanzig Meilen landeinwärts, erbaute. James fand ihn solide gebaut, aber schlecht konzipiert, „was die Dekoration angeht ... man kann noch nicht darüber urteilen, denn noch ist kein Teil ... fertiggestellt. Aber nach dem, was man über das Modell und über Vanvitellis andere Bauten sagen kann, muß sie scheußlich sein ...«[241]

Der Ausflug nach Sizilien, der von Neapel aus stattfinden sollte, stand unter einem Unstern: Der Krieg erschwerte die Beschaffung der Passierscheine. James besuchte inzwischen Kampanien. In Baiae besichtigte er den »Tempel der Serapis«, in Benevent den Augustusbogen. In Paestum wurde es gefährlich, und zwar nicht nur wegen der üblichen Flöhe und Wanzen: Der Fluß Sele war so stark angestiegen, daß man ihn nicht überqueren konnte, sondern sich den Ruinen von See her nähern mußte. Nach all diesen Umständen fand James sie kaum der Besichtigung wert. Die dorische Ordnung sei »früh und unelegant«, und ein paar Ansichten seien das Beste, was man für das geplante »noble work« daraus machen könne, das unter dem Titel *Antiquities of Sicily and Grecia Major* einen Überblick über alle griechischen Bauten in Italien und im levantinischen Raum vermitteln sollte.[242]

Inzwischen wurde so heftig zur See gekämpft, daß James es für richtig hielt, für seine levantinische Reise ein neutrales Schiff zu benutzen. Aber das würde teuer werden. Er hatte alle möglichen Vorstellungen, wie er sich an den hohen Kosten beteiligten könnte, die er verursachte. Der Weinhandel hatte immer im Hintergrund seiner Überlegungen gestanden, aber natürlich empfahl sich in seinem Fall eher das Geschäft mit Antiquitäten und Kunstwerken, in das er erhebliche Summen investierte.

41 *Entwurf für das Royal College of Physicians, Edinburgh; Südfront,* um 1760 (London, Soane Museum)

42 *Entwurf für das Royal College of Physicians, Edinburgh; Schnitt nach Norden,* um 1760 (London, Soane Museum)

41

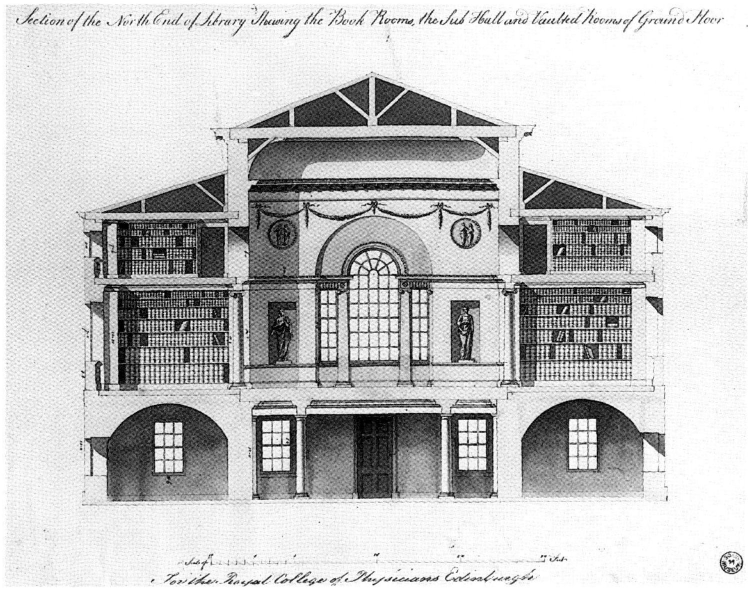

42

Die Albani-Zeichnungen

Dank seiner gewinnenden Art und Roberts Londoner Beziehungen konnte James einen der großen Kunstkäufe des Jahrhunderts tätigen. Er hatte erfahren, daß man den Kardinal Albani dazu bringen könne, sich von der umfangreichen Sammlung von Zeichnungen und Stichen zu trennen, die er von seinem Onkel, Papst Clemens XI., geerbt hatte. (Dieser hatte die Alben noch als Kardinal von Poussins Freund Cassiano del Pozzo erworben.) Für Papst Clemens hatte in Wahrheit Carlo Maratta gehandelt, und diese Erwerbung, die nach England ging, sowie die späteren Hinzufügungen machten die königliche Kollektion in Windsor zu einer der drei oder vier bedeutendsten Sammlungen von *Seicento*-Zeichnungen in der Welt.[243] Zu dem Verkauf kam es, weil die spezielle Freundin des Kardinals Alessandro, die Gräfin Cheroffini, auf einer angemessenen Mitgift für ihre Töchter bestand. Ihr Anteil belief sich auf 500 *Scudi,* der Verkaufspreis betrug 14 000 *Scudi* oder rund 3500 Pfund. Soviel Geld hatten nur wenige private Käufer übrig, und George III., der soeben den Thron bestiegen hatte, war entschlossen, sich als Förderer der Künste zu erweisen. Winckelmann, der Bibliothekar des Kardinals Alessandro und lammfromme Kunsthistoriker, schlug Alarm. Aber, wie er resigniert an Mengs schrieb, was konnte er gegen die blanke Not schon ausrichten?[244]

Am Tag der Transaktion charterte William Adam in London ein dänisches Schiff, das James in Civitavecchia aufnehmen und endlich auf seine levantinische Reise führen sollte. Aber trotz seiner Neutralität wurde das Schiff von den Spaniern aufgebracht und in Algeciras festgehalten. Und auch wenn James gute Miene machte, so kamen ihm doch von neuem Zweifel über seine geplanten Unternehmungen. Gerüchte sprachen davon, daß in der Türkei die Pest herrsche. Andererseits war auch vom Frieden die Rede, dem in England ein Bauboom folgen werde. James war in großer Verlegenheit, aber zugleich wußte er, welche Lösung ihm die liebste sein würde, und der alte Abbé Grant war der richtige Mann, diese Lösung herbeizuführen. Der Abbé faßte die Dinge kurz und klar zusammen: James sei kein armer Student, dem es zu Hause an Freunden oder an Einfluß mangelte. Hier winke eine große Chance, die sich kein zweites Mal bieten würde. War James daran gelegen, durch Reisen seine Kenntnisse auf dem Gebiet der Architektur zu erweitern? Auf diese Weise würde ihm das nicht gelingen. Oder ging es ihm eher um sein Ansehen (was James einräumte)? Ruhm und Ansehen aber werde er sich rascher durch diese großartige Chance erwerben, die zu nutzen die levantinische Reise ihm verwehren würde.[245]

43 *Entwurf für das Royal College of Physicians, Edinburgh; Längsschnitt,* um 1760
(London, Soane Museum)

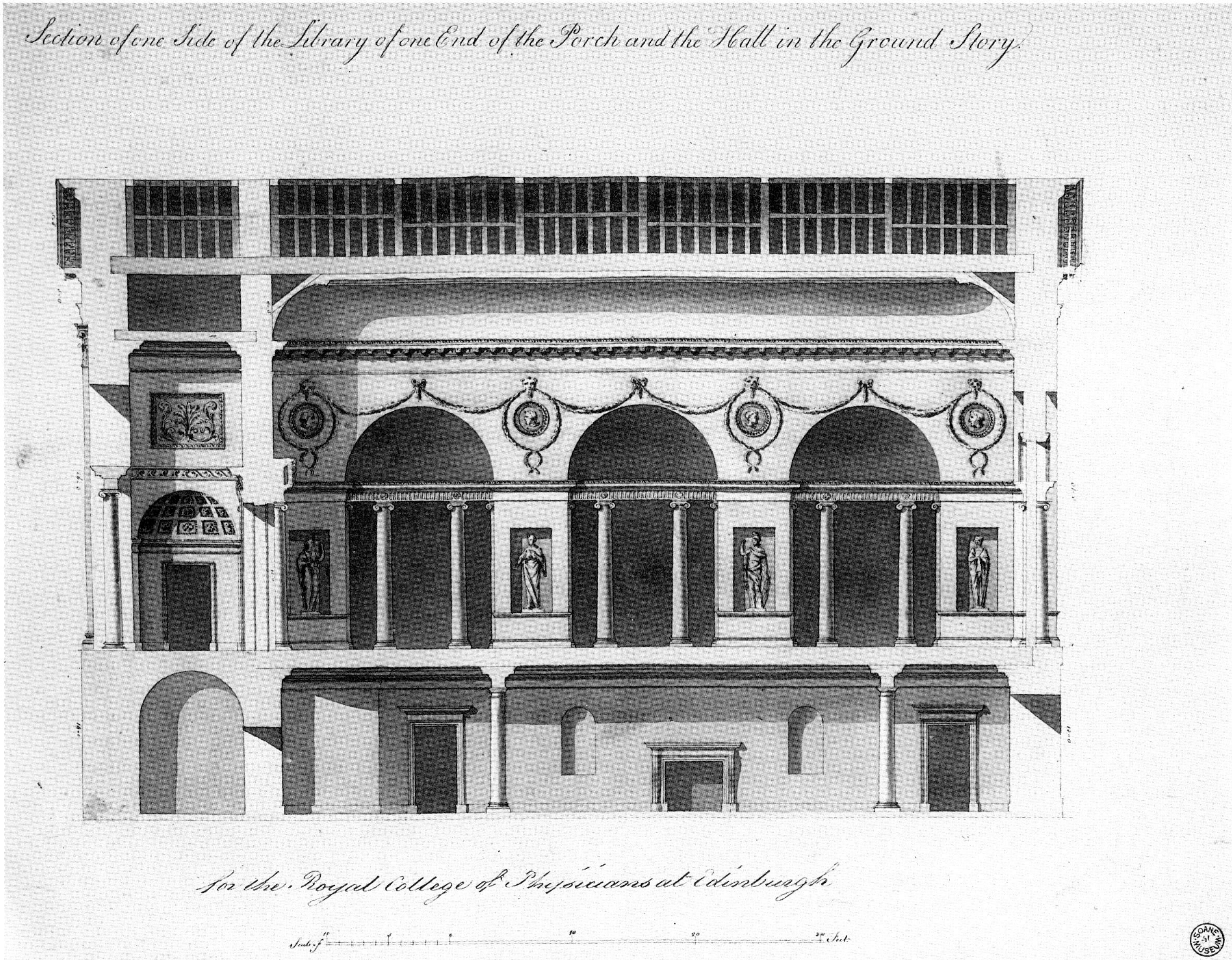

43

Das Parlamentsprojekt

All dies und noch viel mehr berichtete James seinem Bruder Robert zusammen mit der Erklärung, warum er jeden Gedanken an die Reise aufgegeben hatte. Tatsächlich waren seine Reisen trotz seines anspruchsvollen Auftretens, seiner extravaganten Equipage, des gecharterten Schiffs und aller übrigen Ausgaben weniger erfolgreich verlaufen als Roberts. Am Ende brachte er weniger Zeichnungen und Antiken mit nach Hause, und auf jeden Fall stellten sie nur eine Erweiterung dessen dar, was Robert zusammengetragen hatte. Wirklich eigene Beiträge waren nur eine oder zwei Ansichten wie die bereits erwähnte von Paestum, Zeichnungen von Ornamenten, besonders Grotesken, das nie vollendete Fragment eines Aufsatzes über Architektur und schließlich – in seinen Augen das Allerwichtigste – ein Projekt für ein britisches Parlamentsgebäude, für das er eine neue »britische« Ordnung entwickelt hatte.

Der Plan eines neuen Parlamentsgebäudes hatte zu Inigo Jones' Whitehall Palace gehört; Shaftesbury hatte es verlangt, und Kent war damit befaßt gewesen.[246] Der Westminster-Palast wurde erst nach dem Brand von 1835 ernsthaft umgestaltet. Was immer bis dahin unternommen wurde, um die baufälligen alten Gebäude zu verbessern – die Herausforderung blieb bestehen. Das Adamsche Projekt wurde niemals wirklich fertiggestellt (nicht einmal als Wettbewerbsarbeit), aber immerhin veranstaltete James eine Art private Vorführung, bevor er Rom verließ.[247] Andererseits war er auf die neue architektonische Ordnung außerordentlich stolz. Mehrere Zeichnungen davon haben sich erhalten, und noch in Rom wurde ein Wachsmodell angefertigt und mit Bronzepulver überzogen, um ihm das richtige antike Aussehen zu geben.[248] James ließ sich, eine Rolle mit seinen Parlamentsentwürfen in der Hand und gegen ein Kapitell »seiner« Ordnung gelehnt, in anmaßender Haltung malen.[249] Die Ordnung erschien als Stich in den *Works* der Brüder Adam, und zwar am Entwurf einer Zwischenwand für Carlton House.[250] Aber der ungeschickte und wenig ansprechende Parlamentsentwurf geriet in Vergessenheit, obwohl die Zeichnungen im Büro erhalten blieben und nach Williams Tod mit allen übrigen an Sir John Soane gelangten.

James' Rückkehr

James verließ Rom höchst ungern. Im Verlauf seines späteren Lebens hielt er es für das beste, über seine römischen Aktivitäten Stillschweigen zu bewahren. Die letzten sechs Monate, die er seinen Brüdern abgerungen hatte, um Clérisseaus Lehren ganz in sich aufzunehmen, waren von seinem üblichen glanzvollen gesellschaftlichen Leben bestimmt und brachten ihm auch einigen Erfolg: Er erwarb eine Anzahl antiker Marmorsäulen und Kopien nach antiken Vorbildern für Syon House.[251] Anfang April 1763 nahm er schließlich Abschied und machte sich auf den Weg nach Florenz, von dort nach Bologna und in die Provence, wo er gemeinsam mit Clérisseau Antiken zeichnen wollte.

Clérisseau sollte nach Rom zurückkehren und als Agent der Brüder fungieren.[252] Bartolozzi und Santini wurden inzwischen mit drei weiteren Zeichnern zu Schiff nach London geschickt (einer davon war wahrscheinlich Michelangelo Pergolesi, der Jahre später viele Arbeiten für die Adams übernahm). James traf in Bordeaux mit William zusammen, der in der Absicht, Geld in einen Weinberg in Granada zu investieren, nach Spanien reiste.[253] Im Oktober 1763 war James wieder in London. Er fand Hatchlands und das Admiralitätsgebäude bereits vollendet und im Büro viel Arbeit vor. Mit seiner Heimkehr trat er aus dem Licht zurück und in Roberts Schatten. Die silberbestickten Samtanzüge, die in Neapel ein derartiges Aufsehen erregt hatten, daß James ein morgendliches *lever* abhalten mußte, um damit zu prunken (nachdem er sie am Abend zuvor schon im Theater vorgeführt hatte), zeitigten im Londoner Alltag nicht mehr die gleiche Wirkung.[254] James geriet sogleich in den Sog eines florierenden Unternehmens, eines Büros in jeder Hinsicht.

Obwohl in London damals eine ganze Anzahl namhafter Architekten tätig war, galten Robert Adam und William Chambers fast unmittelbar nach Rückkehr von ihrer jeweiligen

Italienreise als die Neuerer und führenden Köpfe. Dies ging zu einem erheblichen Teil auf Bute zurück, der (nach der anfänglichen Abfuhr) Roberts Begabung und sein Engagement erkannte. Ende 1761 wurden Adam und Chambers gemeinsam zu *Architects to the Office of Works* ernannt.[255] Das »Office« war soviel wie ein Ministerium, es bestand bereits seit dem Mittelalter und war der wichtigste Vermittler öffentlicher Bauaufträge. Mit diesen Ernennungen beabsichtigte Bute, das *Office* zu professionalisieren; zum *Surveyor*, also zum Oberaufseher über das Bauwesen, wurde seine »Kreatur« Thomas Worsley berufen.[256] Trotz dieser höhnischen Bemerkung Horace Walpoles war Worsley nicht nur ein Pöstcheninhaber. Er hatte sich als Familiensitz ein ziemlich großes Haus im Burlingtonschen Stil in Hovingham in Yorkshire gebaut und lebte hier seinen beiden Leidenschaften – der Architektur und der Pferdezucht –, indem er die Reitschule zum wichtigsten Bestandteil des Gebäudes machte. Als *Surveyor of the Office of Works* war er dessen nomineller Leiter, betrachtete seine Berufung aber anders als Wren und dessen erste Whig-Nachfolger als Sinekure. Die übrigen *Officers* hatten damals noch ihre alten Titel: Henry Flitcroft (auch »Burlington Harry« genannt nach seinem großen Protektor, der ihn zum Nachfolger von William Kent gemacht hatte) war *Master-Mason to the Crown* und stellvertretender *Surveyor*. 1758 wurde er *Comptroller* und de facto Leiter des *Office,* auf welchem Posten ihm nach seinem Tode im Jahre 1769 Chambers folgte.[257] Stephen Wright (dessen Universitätsbibliothek in Cambridge John Adam auf einer Englandreise nicht besonders gefallen hatte) folgte Flitcroft als *Master Mason*.[258] Der *Carpenter* war William Oram, der eher als Vedutist und Landschaftsmaler bekannt geworden ist denn als Baumeister.[259]

Außerhalb des Bauamtes gab es selbstverständlich eine ganze Reihe von mehr oder weniger herausragenden Architekten, die entwarfen und bauten. Sir Robert Taylor (der in späteren Jahren in das Bauamt eintrat) war *Surveyor to the Bank of England* und leitete ein großes Büro, in dem er junge Architekten (darunter Samuel Pepys Cockerell und John Nash) ausbildete und jenes Schulungssystem entwikkelte, das die Architektenausbildung in England noch bis ins zwanzigste Jahrhundert hinein beherrschte. Er war etwa 15 Jahre älter als Robert Adam und hatte seine Laufbahn als Bildhauer begonnen. Sein bekanntestes Werk ist der völlig unbedeutende Giebel am Mansion House des älteren Dance in London, aber er schuf auch einige Grabmäler in der Kathedrale St. Paul's und war Adam zumindest als Zeichner ebenbürtig. Zudem war er Kosmopolit: Das Taylorian Institute in Oxford, die erste bedeutende Einrichtung für das Studium moderner Sprachen in England, trägt seinen Namen.[260] Auch John Vardy, ebenfalls Burlingtonianer, arbeitete zu jener Zeit noch. Sein Haus für Lord Spencer mit der Aussicht über den Green Park wurde gerade fertiggestellt. Vardy starb 1765.[261] Und wiederum ein Burlingtonianer, Isaac Ware (der heute vor allem als Autor einer umfangreichen Abhandlung mit dem Titel »A Complete Body of Architecture« bekannt ist), baute eine weitere große Residenz in London, Chesterfield House. Er folgte Vardy innerhalb nur eines Jahres in den Tod.[262] James Paine, ein weniger orthodoxer Palladianer, war Absolvent der St. Martin's Lane Academy, in deren Nähe er später auch lebte. Er stand in enger Verbindung mit der *Society of Artists,* deren Präsident er eine Zeitlang war. Seine wohl bekanntesten Bauten sind Wardour Castle und Nostell Priory.[263] Der bedeutendste Architekt außerhalb Londons war vermutlich John Carr aus York. Wie Ware und Paine begann er seine Laufbahn als fröhlicher Palladianer mit Sinn für das Rokoko und beendete sie als provinzieller Epigone der Adamschen Glanzleistungen.

44 George Willison zugeschr., *James Adam* (anonymer Sammler, London)

James Stuart

Von diesen Architekten hatten einige ebenfalls eine *Grand Tour* absolviert, aber sie alle gaben mehr oder weniger bereitwillig zu, daß nur Adam und Chambers etwas Neues nach England mitgebracht hatten.[264] Was dies genau war, läßt sich vielleicht am besten im negativen Sinne aufzeigen: Robert Adam und Chambers hatten beide eine Aversion gegen den neu aufkommenden *goût grec*[265] (mit dem ein wenig herumzuspielen James durchaus bereit gewesen war). Schon seit vielen Jahren war die griechische Architektur als Vorbild interessant gewesen, und zumal im 18. Jahrhundert war das Interesse an genauen Berichten über griechische Bauwerke – in Rivalität zu dem, was über die römischen Bauten bekannt war – niemals abgerissen.[266] Der erste, der sich bemühte, diese Nachfrage zu befriedigen, war David LeRoy gewesen[267], ein Palazzo-Mancini-Student. Wie James Stuart und Nicholas Revett, zwei junge englische Künstler-Architekten, war auch LeRoy nach Griechenland gegangen. Die beiden Engländer waren finanziell unabhängig und hatten beide als Maler begonnen. Sie hatten sich Mitte der vierziger Jahre in Rom kennengelernt und waren mit Gavin Hamilton und einem weiteren englischen Architekten, Matthew Brettingham, übereingekommen, nach Griechenland zu reisen und die Kennzeichen und Maße der wichtigsten Bauten aufzunehmen und zu veröffentlichen. Ein Prospekt, der zur Subskription aufforderte, erschien 1748.[268] Möglicherweise war es dieser Prospekt, der LeRoy zu sehr viel energischeren Maßnahmen veranlaßte. Sein Folioband erschien 1758, während Stuart und Revett (Brettingham und Hamilton waren inzwischen zurückgetreten) ihren ersten Band schließlich 1762 herausbrachten, nach »ebenso vielen Jahren, wie LeRoy Monate (in Athen) verbracht hatte« und zwei Jahre vor Erscheinen von Adams *Diokletianspalast.* Das gebildete Europa bereitete dem Werk einen kühlenttäuschten Empfang, denn die Gebäude der

44

45 James Stuart, *Spencer House, Green Park, London; Inneres des Gemalten Zimmers,* 1759

45

Akropolis, auf deren Maßaufnahmen man so begierig gewartet hatte, sollten in einem zweiten Band folgen, der dann erst nach Stuarts Tod im Jahre 1789 herauskam.[269]

Revett hatte zwar 1764 bis 1766, unterstützt durch die *Society of Dilettanti* und eine weitere Gruppe, die Reise zu den griechischen Monumenten tatsächlich unternommen, die James während seines römischen Aufenthalts geplant hatte, und die Ergebnisse 1769 veröffentlicht. (Der zweite Band erschien erst 1797.) Aber schließlich war es Stuart, der Revetts Rechte an dem Athener Unternehmen aufkaufte, der den Ruhm für ihrer beider Anstrengung einheimste und den Adam daher ganz folgerichtig als ernstzunehmenden Rivalen betrachtete. Nicht daß er in Stuart – etwa wie in Chambers – einen Architekten sah, dessen Talent seinem eigenen vergleichbar gewesen wäre, aber er fürchtete das Ansehen (und vielleicht den raffinierteren Geschmack und das umfangreichere Wissen), das Stuart sich durch seine Griechenlandreise erworben hatte. Mit unverhüllter Schadenfreude zitierte er Lord de la Warrs grob-zackige Bemerkungen zur Tätigkeit des »archipelagischen« Architekten an Lord Harcourts (damals noch Lord Nunehams) Haus: »Gott verdamm'mich, ach du meine Güte – ist das eure griechische Architektur? Was für ein Schurkenstreich! Welche Absurdität! Wenn das griechisch sein soll, dann gebt mir chinesische, gebt mir gotische! Alles ist besser als das!«[270] Die schonungslose Verachtung, die Adam dem Rivalen gegenüber an den Tag legte, war etwas zu dick aufgetragen, und der begüterte Stuart, der sich gerne in trinkfreudiger Gesellschaft bewegte und selbst nicht eben rührig war, verfolgte seinen anfänglichen Vorteil nicht mit Roberts Beharrlichkeit. Immerhin aber hatte er eine Menge Arbeit: für Lord Lyttelton in Hagley,[271] für Lord Harcourt (was von Lord de la Warr so sehr verdammt worden war), für Lord Spencer (im Innern des Vardy-Hauses; in einem Brief Roberts an James heißt es dazu: »pitifulissimo«),[272] für Mrs. Montagu, die »Königin der

Blaustrümpfe«, für die er das Haus Nr. 22 am Portman Square entwarf,[273] für das Parlamentsmitglied Thomas Anson, für den er die Nr. 15 am St. James's Square baute.[274] Am Portman Square wie auch am St. James's Square waren Adam und Stuart in enger Nachbarschaft tätig, und die Eifersucht und die Befürchtungen der Adams bestanden in den frühen siebziger Jahren wohl zu Recht. Die ablehnende Haltung der Adams gegenüber Stuart und seinem Werk war – wenn ein Vergleich überhaupt möglich ist – um eine Spur geringer als ihre Abneigung gegenüber Chambers. Die scharfen Kanten und glatten Oberflächen, das unvermeidliche Gebälk – kurz, was die griechische Architektur kennzeichnete und was die Griechenlandfahrer in Wort und Werk mitgebracht hatten – war nicht recht zu vereinbaren mit der eher gerundeten, romanisierenden Art, die sowohl die Adams als auch Chambers vertraten. Stuart war sich dieser Diskrepanz bewußt. Dabei waren seine frühen Entwürfe längst nicht so griechisch, wie es angesichts dieser Polemik vielleicht den Anschein hat. Man hatte damals keine Vorstellung davon, wie griechische Innenräume ausgesehen hatten und wie sie möbliert gewesen waren. Stuarts Arbeit im Spencer House (und übrigens auch anderswo) ist viel eher römisch, und die Grotesken des Gemalten Zimmers am St. James's Square hätten gegenüber den römischen jener Tage wohl »chinesisch« gewirkt.[275] Eine etwas trockene und lieblose Gestaltung von Pilaster, Decke und Wand dient als Einfassung für pseudo-antike Paneele. Das Ganze erinnert stark an Carlo Marchionnis gleichzeitige, etwas vollere und stärker gegliederte Version der gleichen antiken Motive in der Villa Albani, dort allerdings in Bronze und Marmor und zur Einfassung echter Antiken.[276] Stuarts Stil der fünfziger und frühen sechziger Jahre sieht erstaunlich nach einem Derivat – weil trockener und dürftiger – der gleichzeitigen Arbeiten Marchionnis aus. Das Interesse an der Groteske war zu neuem Leben erwacht, nachdem einige zu Beginn des 18. Jahrhunderts in der Umgebung von Rom gemachte Funde publiziert worden waren, und es sollte nach Bekanntwerden der Ausgrabungen von Pompeji und Herkulaneum noch weiter zunehmen, wenngleich dies Adam und seine Zeitgenossen nur am Rande berührte.[278]

Stuart war von Sir Nathaniel Curzon mit dem Entwurf der Innenräume von dessen neuem, großartigem Wohnsitz beauftragt worden, den Curzon in Kedleston in Derbyshire errichten ließ (wo die Familie seit der normannischen Eroberung gelebt hatte) und der nicht nur den Bauherrn und seine Angehörigen, sondern auch die prachtvolle, auf seinen Reisen erworbene Gemäldesammlung aufnehmen sollte. Der ursprüngliche Plan eines zentralen, annähernd quadratischen Blocks, welcher durch viertelkreisförmige Kolonnaden mit vier weiter außen liegenden Pavillons verbunden war und insoweit Holkham und Houghton kopierte, war vor 1758 von Matthew Brettingham angefertigt worden (dessen Sohn, ebenfalls Matthew genannt, Stuart nicht nach Griechenland begleitet hatte). Etwas später wurden die Pläne an James Paine weitergegeben, der sie neu und leichter gestalten und sich dabei an Kent anlehnen sollte. Die Innenräume waren James Stuart bereits in Auftrag gegeben. Es ist nicht bekannt, wie die beiden Entwerfer ihre Arbeiten koordinierten.[279] Auf jeden Fall hatte Nathaniel Curzon, dem Stuarts Entwürfe vorgelegt wurden, »sogleich deren Verrücktheit erkannt«, wie Robert seinem Bruder James schrieb. Wenn man Robert glauben will, so war Curzon von seinen, Roberts, Zeichnungen begeistert, bedauerte, sich bereits an Brettingham gebunden zu haben, und gab auf der Stelle eine Anzahl von Gartenhäusern und Tempeln in Auftrag. Robert gewann sein Vertrauen und seine Freundschaft, so daß 1761 von Brettingham mit keinem Wort mehr die Rede war und James Paine, der die Entwürfe übernommen hatte, sich mit allzu vielen anderweitigen Verpflichtungen entschuldigte und die ganze Arbeit an Robert übergab.[280]

John Linnell, ein *cabinet-maker* und Vergolder, scheint ebenfalls beauftragt gewesen zu sein, bevor Robert für eine Sinnesänderung bei Curzon sorgte. Linnell erbte 1762 die Londoner Werkstatt seines Vaters, arbeitete aber vorher selbständig.[281] Es gibt Zeichnungen von Sofas sowohl von Adams als auch von Linnells Hand, die einander in auffälliger Weise gleichen. Sie zeigen bei Adam Hermen und Meerjungfrauen; in Linnells Zeichnungen werden die Hermen zu muschelblasenden Tritonen, und Tritonen zeigen auch die erhalten gebliebenen Sofas, die allem unähnlich sind, was Adam später schuf. Tritonen und Meerjungfrauen waren seit dem 15. Jahrhundert gängige dekorative Figuren gewesen. Bernini hatte sie in seinen römischen Brunnen populär gemacht, und sie waren befrachtet mit Anspielungen auf die Macht auf dem Wasser, insbesondere auf dem Meer. Der gekreuzte Delphin bezieht sich möglicherweise ebenfalls auf die Freiheit der See und des Handels, obgleich das Sofa eigentlich ein zu banales Objekt ist, um soviel allegorische Bedeutung zu übernehmen.[282] Aber es geht in der gleichen Weise weiter: Palmen sind ein bekanntes Sinnbild des Sieges und manchmal auch der Fruchtbarkeit. Auch das Palmenschlafzimmer in Kedleston ist Ergebnis der Zusammenarbeit oder der parallelen Tätigkeit von Adam und Linnell. Die Möbel sind äußerst realistisch geschnitzt. Von einigen Spiegelrahmen abgesehen, die dieses Thema in einem anderen Raum wieder aufnehmen, taucht das Palmenmotiv nur noch einmal in Adams Werk auf: im Teezimmer von Moor Park, das er für Sir Laurence Dundas gestaltete.[283]

Während diese Möbel angefertigt wurden, arbeitete John Linnell mit dem königlichen Wagenbauer Samuel Butler an der Zeichnung für eine neue Staatskarosse, die er dann nach den Plänen von William Chambers ausführte. Sie ist gerahmt von außergewöhnlich naturalistischen Palmbäumen und wird von muschelblasenden Tritonen gehalten. All dies war mit Sicherheit allegorisch gemeint, und John Linnells Stich, der sein und Butlers Werk zeigt und den er Lord Scarsdale widmete, enthält auch eine Erklärung der Allegorie.[284]

Diese Verwendung des Palmenmotivs wird häufig auf John Webbs Entwurf eines Prunkschlafzimmers für Charles II. in Greenwich zurückgeführt.[285] Die Palme war allerdings ein sehr verbreitetes Dekorationselement der Zeit. Sie trieb hinter Bouchers Kartuschen hervor, wucherte üppig auf Tiepolos Stichen von der Flucht nach Ägypten, rahmte Paneele von Oppenordt, Pineau und Blondel. In Shardeloes und in den frühen Teilen von Kedleston war die Dekoration allerdings vielfach geschnitzt und vergoldet und enthielt große menschliche Figuren, so zum Beispiel an dem nicht ausgeführten Orgelgehäuse; später wurde all dies zurückgenommen. Adam hütete sich, die naturalistische Darstellung zu weit zu treiben, und vermied vor allem die aufdringlichen dreidimensionalen menschlichen Figuren, es sei denn, sie waren antik. In Kedleston allerdings brachte Michael Spang, der dänische Bildhauer, der die Figuren des Admiralitätsgebäudes für Adam hergestellt[286] (und am Spencer House auch für Stuart gearbeitet) hatte, große Karyatiden am Kamin des Wohnraumes an, während er sich im Speiseraum für eher abstrakte Hermen entschied. Einige Jahre zuvor hatte Michael Rysbrack in Hopetoun und Hatchlands ähnliche karyatiden- und hermengeschmückte Kamine für die Adams gearbeitet.

Das Speisezimmer in Kedleston markiert offenbar eine endgültige Wende in der dekorativen Manier. Wohnraum und Speisezimmer entstanden beide um 1760/61, aber während die relativ fade Farbigkeit des Wohnraums und seine mitunter übertriebenen Formen noch etwas altmodisch anmuten, ziehen die Dekorationen im Speiseraum die Fläche sichtbar zusammen. Die Veränderung erfolgt abrupt: Die Gestaltung der Apsiswand scheint, ebenso wie die kassettierte Decke (in der gemalte Paneele die Reliefs des Wohnraumes ersetzen), einer anderen dekorativen Sprache zu folgen als der übrige Raum. In die Apsis plazierte Adam geschwungene Sideboards als Träger für das zur Schau gestellte Silber und Porzellan. Diese Art des Arrangements war keineswegs neu, aber Adam war der erste Architekt, der sie zu einem integrierenden Bestandteil seines Dekorationssystems machte.[287]

46 *Kedleston Hall, Derbyshire; Grundriß des Hauptgeschosses*. Aus Vitruvius Britannicus, Vol. IV, T. 46

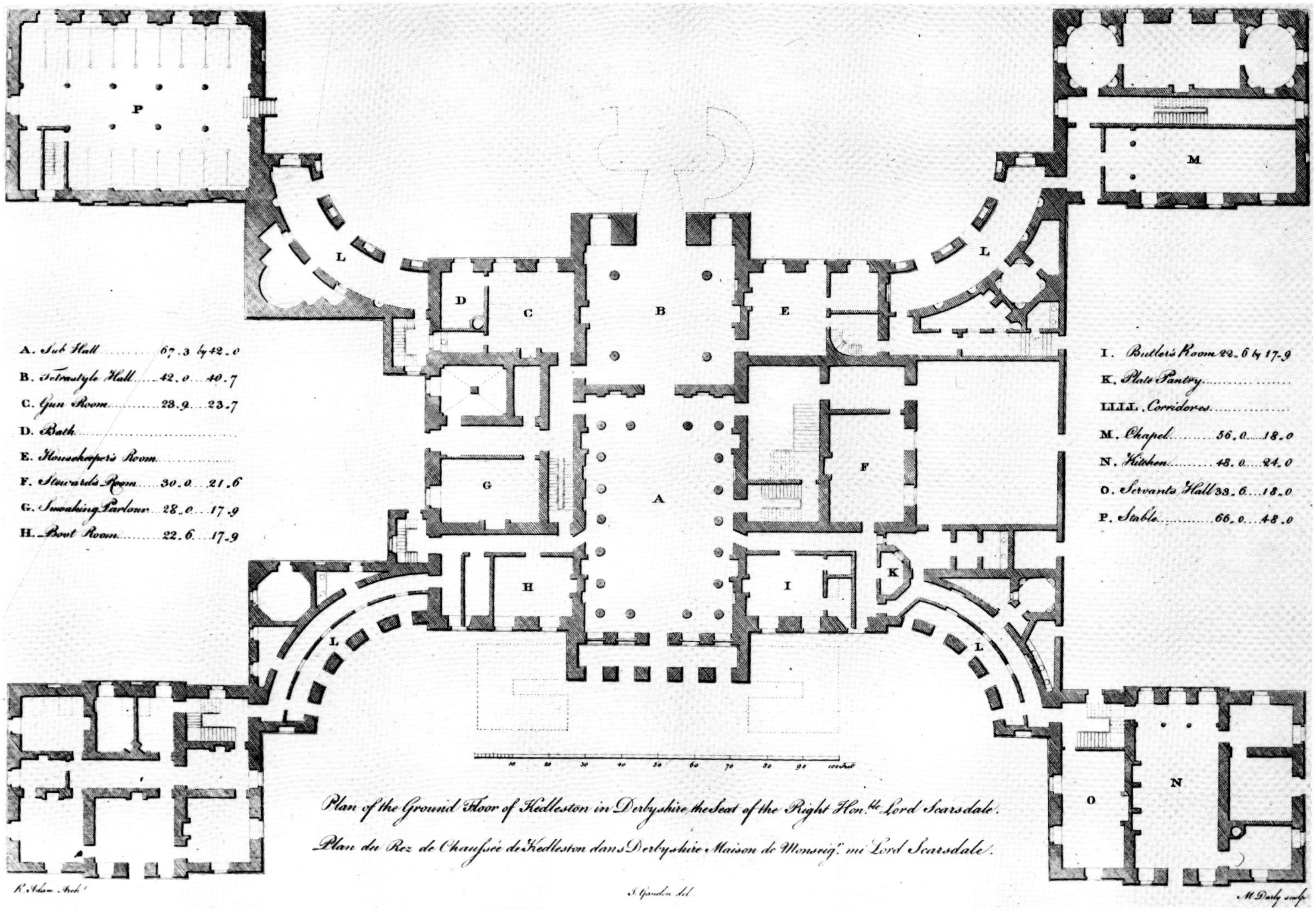

46

47 *Kedleston Hall, Nordfront.* Aus Vitruvius Britannicus, Vol. IV, T. 49–50

48 *Kedleston Hall, Südfront.* Aus Vitruvius Britannicus, Vol. IV, T. 47–48

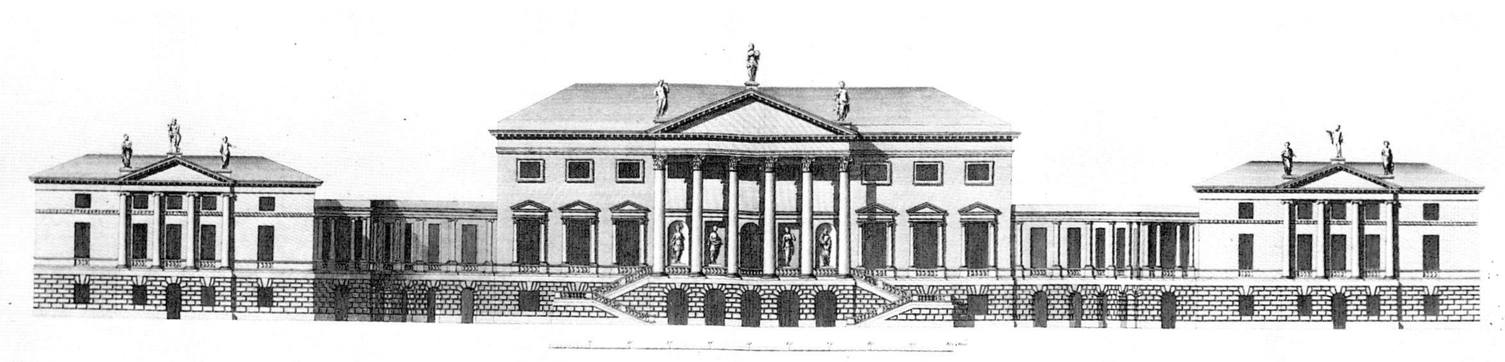

47

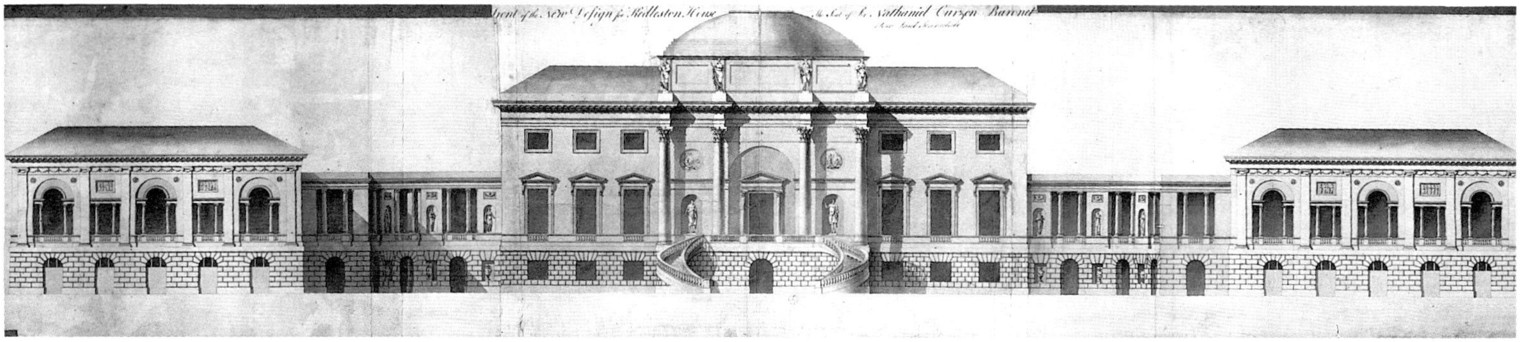

48

49 *Kedleston Hall, Schnitt durch Marmorhalle und Salon.* Aus Vitruvius Britannicus, Vol. IV, T. 51

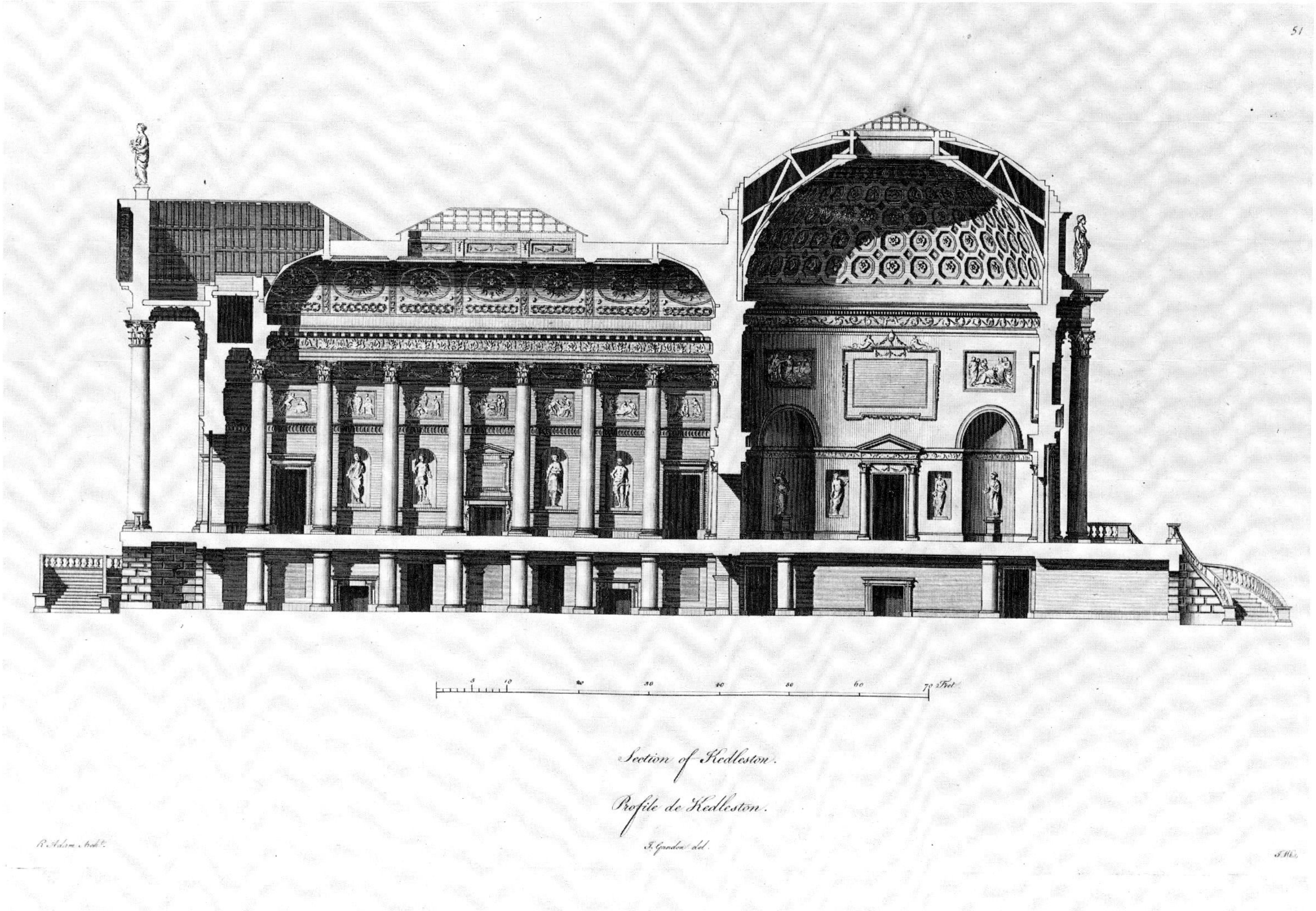

49

50 *Kedleston Hall, Ansicht der Südfront vom Garten*

50

51 *Kedleston Hall, das Prunkboudoir*

52 *Kedleston Hall, Entwurf für die Decke des Prunkwohnraumes* (London, Soane Museum)

Aber nicht die einzelnen Räume machen Adams Meisterleistung in Kedleston aus, sondern ihre Abfolge im Verhältnis zu den großen Prunkräumen, der Halle und dem Salon. Die Halle öffnet sich wie schon in Brettinghams Projekt hinter der mit einem Portikus versehenen Nordfassade, von Adam nur in dem undurchbrochenen oberen Teil der Portikuswand angedeutet. Palladianische Vorgängerbauten hätten hier eine durchgehende Folge kleinerer Oberstockfenster präsentiert, wie dies auch in James Paines ursprünglichem Entwurf der Fall war.[288] Adams Halle war ein antikes Atrium, das sein Licht nur von oben empfing. Die Dimensionen waren vermutlich durch Brettinghams Fundamente vorgegeben, und man hat sogar vermutet, daß einige der rotadrigen monolithischen Alabastersäulen bereits für Paines Halle angefertigt worden seien.[289] Auf jeden Fall wurde die Anlage von Adam radikal verändert. Die Halle sollte zum Salon in einem ähnlichen Verhältnis stehen wie das Atrium zum Vestibül des Diokletianspalasts. Das erklärt zum Teil die exzentrische Verteilung der Alabastersäulen innerhalb der von Brettingham und Paine vorgegebenen Hülle, die den Raum mit der Öffnung über dem Gesims zum doppelten Kubus macht. (Das diokletianische Atrium war im Grundriß ein doppeltes Quadrat – die Höhe war von Adam nicht ermittelt worden –, das aber einen schmalen Narthex zwischen der Nordwand und der inneren Kolonnade zuließ.) Am Südende der Halle sind die Halbsäulen in die Wand eingebunden – wie dies vermutlich auch in Spalato der Fall war.

Die Raumfolge vom Hexastylportikus am Nordende (den man über eine zweiläufige Treppe erreicht) durch den schmalen Narthex in die den doppelten Kubus umfassende Halle und schließlich unvermittelt in den runden Salon gehört zu den großartigsten im Land. Die an die Halle anschließenden seitlichen Appartements plante Adam neu, um sie so eher dem vermuteten Aussehen der *alae* (Flügel) in Spalato anzugleichen, wobei er die Treppen,

51

52

53 *Kedleston Hall, das Bett im Prunkschlafzimmer*

53

die Paine zwischen Halle und Salon vorgeschwebt hatten, in schwungvoller Gebärde in sie einfügte. Verglichen mit dem diokletianischen Vestibül ist der Salon in Kedleston schmaler und höher. So beträgt die Differenz zwischen äußerer und innerer Höhe in Spalato zum Beispiel 2:3 und 1:Wurzel aus 2 oder rund 4 Fuß, während das Verhältnis in Kedleston umgekehrt ist: Die innere Höhe (bei vollendeter Kuppelkrümmung) entspricht zwei Dritteln des Radius, die äußere Höhe verhält sich zum Durchmesser wie 1:Wurzel aus 2. In beiden Fällen beträgt der Durchmesser des Okulus ein Viertel des Durchmessers des inneren Kreises.[290]

Aus dem Salon trat man durch die Südfassade hinaus und stieg die halbrunde Treppe hinunter, um auf diese Fassade mit ihren plastisch hervortretenden Säulen und dem Echo eines Triumphbogens – und vermutlich auch des Mittelelements der zum Meer hin gelegenen Fassade des Diokletianspalasts – zurückzuschauen. Der ebenerdige Eingang in über Krypten gelegene Hallen nahm unter Umständen sogar den seeseitigen Zugang in Spalato wieder auf. Die Ordnungen an beiden Fassaden sind genau gleich hoch: Die innere Ordnung entspricht der Höhe der äußeren Säule. Die Gestaltung der Halle ist nahezu so problematisch wie die der kleineren Räume. Die Decke ist nicht die von den Adams entworfene, die eine große Öffnung aufwies wie ein römisches Atrium (und im *Vitruvius Britannicus* als Stich erschien), sondern das Werk ihres Schülers George Richardson. Sie besitzt drei ovale Dachöffnungen.[291] Die Kamine stammen zwar eindeutig von Adam, wurden aber erst viel später hinzugefügt. Der Salon dagegen scheint, wenn auch erst mit der Zeit fertiggestellt, als Ganzes geplant zu sein. Beherrscht wird das Schema von dem zylindrischen Volumen. Die Wände sind durch vier Türen in fein gearbeiteten ionischen Scagliolagewänden und durch vier mit ihnen alternierende Nischen ausgehöhlt. Über den Türen befinden sich gerahmte Ruinendarstellungen

54 *Moor Park, Hertfordshire;*
Schnitt und Grundriß des Teehauses,
1763–1765 (London, Soane Museum)

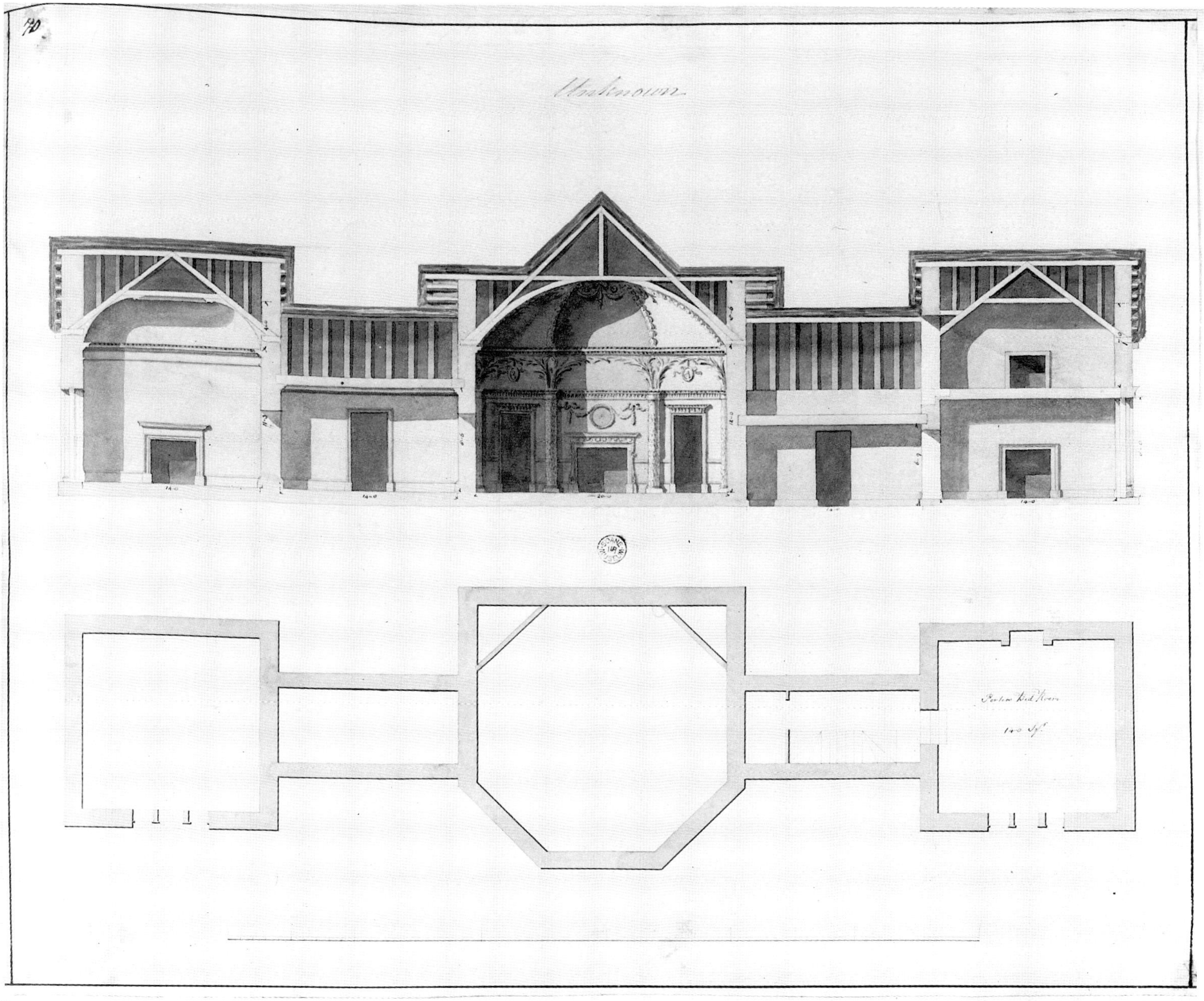

54

55 *Kedleston Hall, Entwurf für die Bibliothek* (unausgeführt), 1768 (London, Soane Museum)

55

56 *Kedleston Hall, das Prunkspeisezimmer*

57 *Kedleston Hall, Entwurf der Nische im Prunkspeisezimmer* (London, Soane Museum)

58 *Kedleston Hall, die Marmorhalle*

56

57

58

59 *Kedleston Hall, Ausblick aus dem Salon in die Marmorhalle*

59

von William Hamilton, über den Nischen *Grisaillen* mythologischen Inhalts von Biagio Rebecca; die Wände zieren Girandolen mit Kameen, die der wenig späteren *Jasperware* aus Wedgwood nicht unähnlich sind.[292] Die halbkuppeligen Nischen besitzen eine Rautenkassettierung (wie der Venus- und Roma-Tempel auf dem Forum[293], der viel kopiert wurde, so von Kent am Burlington House). Darunter stehen gußeiserne dreieckige Podien, die Vasen tragen, wie antike Altäre. In Wahrheit handelt es sich um den Auslaß eines von Adam erdachten Heißluft-Heizsystems.

Im Haus der Lady Lindores war Robert außer mit Curzon auch mit dem jungen Edwin Lascelles bekannt geworden, der Roberts Rat ebenfalls demjenigen eines Rivalen vorzog – in diesem Fall dem von Chambers selbst. Wohl war John Carr der beauftragte Architekt von Harewood House, aber Robert äußerte Ratschläge und lieferte Zeichnungen, die offensichtlich Eindruck machten, und dies so sehr, daß das Gebäude zumindest zur Hälfte Roberts Werk wurde.[294] Unglücklicherweise wurde es um 1850 von Sir Charles Barry übel zugerichtet. Das betraf auch das Innere, das auf jeden Fall erst nach 1765 in Angriff genommen wurde und an anderer Stelle behandelt werden soll.[295]

60 *Harewood House, Yorkshire;*
Entwurf für die Decke des Ankleidezimmers,
1767 (?) (London, Soane Museum)

60

61 *Harewood House, Yorkshire; Grundriß des Hauptgeschosses,* um 1761 (London, Soane Museum)

62 *Harewood House, Yorkshire; Aufriß der Nordseite,* um 1761 (London, Soane Museum)

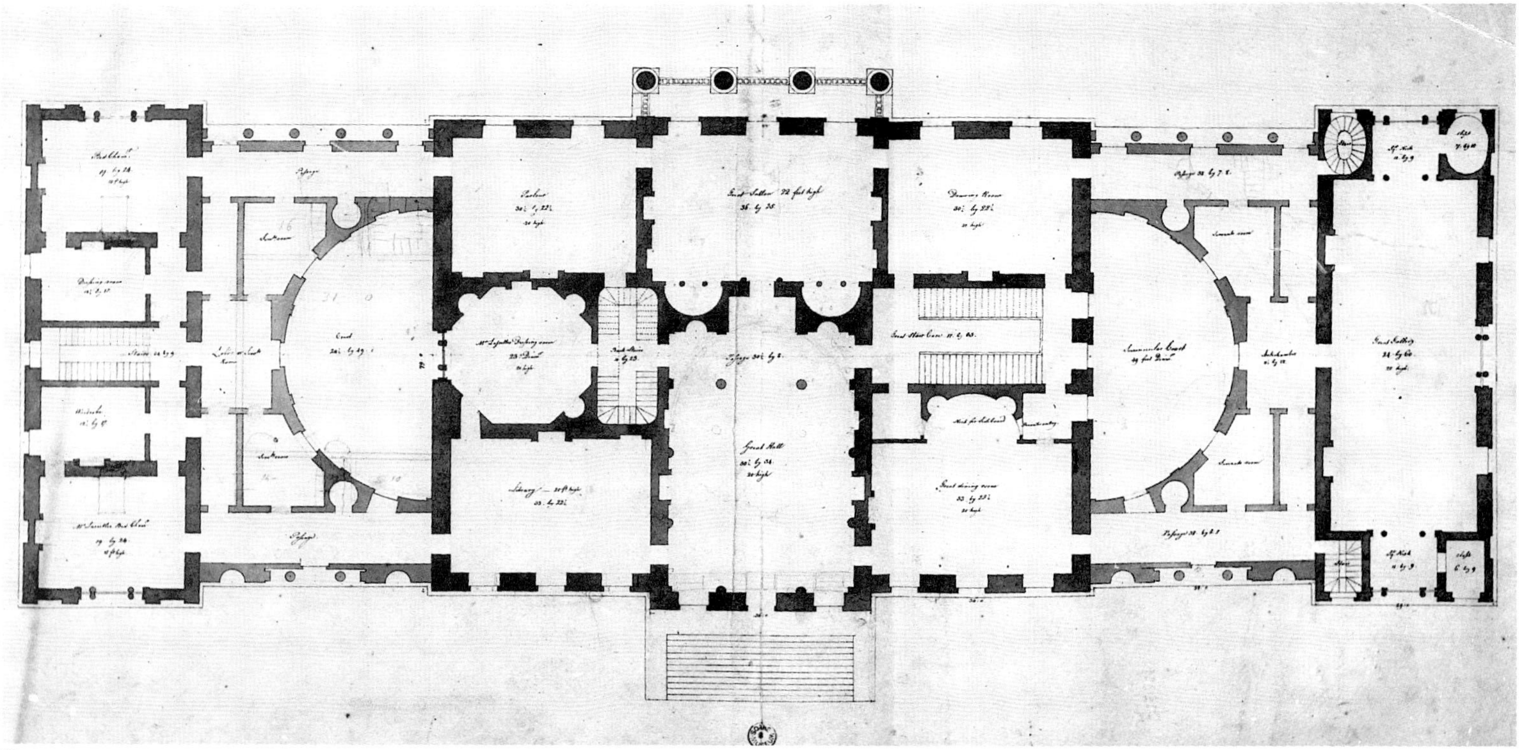

61

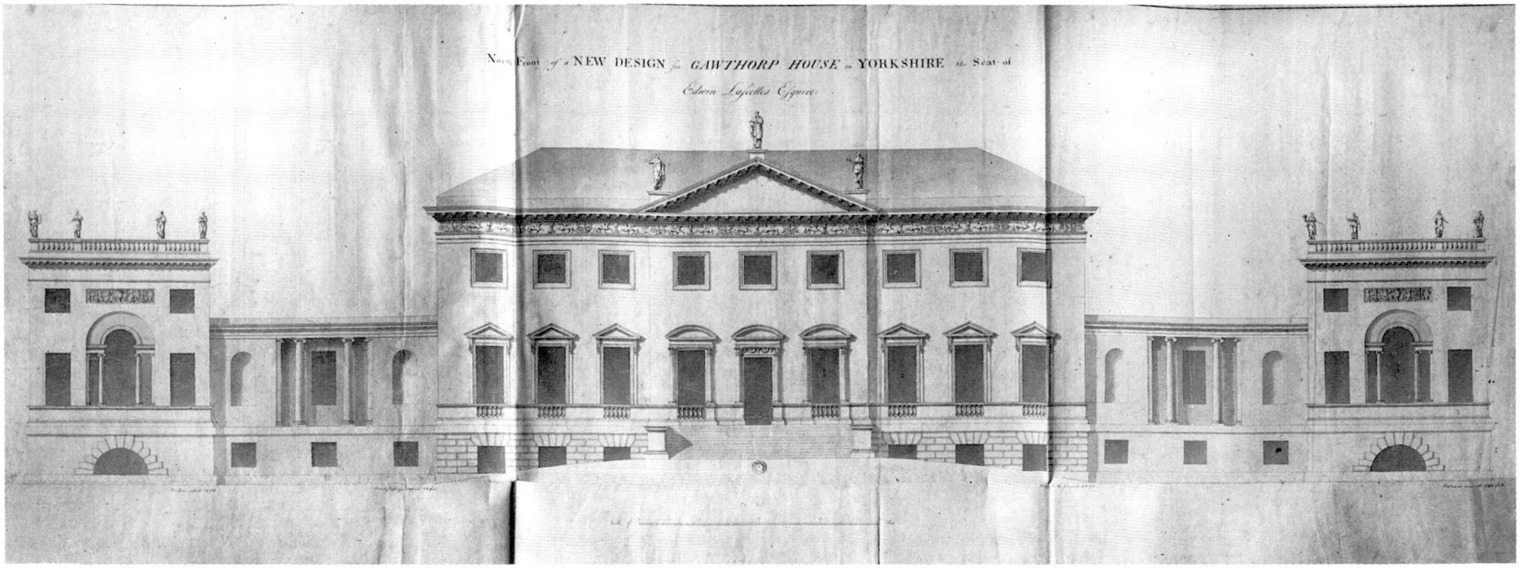

62

63 *Harewood House, Yorkshire; Eingangshalle*

63

64 *Shardeloes, Buckinghamshire; Hauptportikus,* 1759–1761

Mit einem anderen Gemeinschaftswerk war Robert auch 1759 oder 1760 beschäftigt: mit Shardeloes in Buckinghamshire. Der eigentliche Architekt-Unternehmer Stiff Ledbetter (vielleicht auch Stiff-Leadbetter), den William Drake (der örtliche Parlamentsabgeordnete) ursprünglich engagiert hatte, war ein später Palladianer, der zumeist im Westen des Landes tätig war, aber auch die Bauleitung von St. Paul's von Henry Flitcroft übernahm.[296] Adams Hauptbeitrag zum Außenbau dürfte der zweistöckige, freistehende korinthische Portikus sein, dessen Säulenbasen direkt auf dem Boden und nicht auf den üblichen Piedestalen aufsitzen. Diese Idee entstand unter Umständen genau zu dem Zeitpunkt, in dem Chambers die Villa mit dem gigantischen Portikus entwickelte.[297] Die »adamesk« wirkenden, flach zurücktretenden Fenster des Erdgeschosses wurden allerdings um 1775 von James Wyatt hinzugefügt.[298] Die Innenräume ähneln in ihrer Manier eher den frühesten Arbeiten in Kedleston, und in der Tat arbeitete Linnell auch in Shardeloes, wo noch viel geschnitzt und vergoldet wurde (im Gegensatz zum späteren Gießen und Antragen von Stuck).[299] Nach 1775 wurde Wyatt dann beauftragt, das Innere »zeitgemäß« auszustatten.[300]

Adams überzeugendste Leistung – und zugleich diejenige, die ihn dem Londoner Publikum bekannt machte – wurde ihm ebenfalls um diese Zeit in Auftrag gegeben: die Innengestaltung von Syon House für den Earl (und späteren Duke) of Northumberland.

64

Sir Hugh Smithson erwarb den Zunamen Percy, den Titel eines Earl (1740) und schließlich die Herzogswürde (1766) durch seine Heirat mit Elizabeth Seymour, der Erbin eines Großteils des Percyschen Besitzes, zu dem Syon House gehörte. Das Anwesen liegt unterhalb von Burlingtons Chiswick House an der Themse, durch den Fluß von Kew getrennt. Der Earl war eine der glanzvollsten Gestalten im England des 18. Jahrhunderts. Politisch spielte er nur eine Nebenrolle, aber er war ein gutaussehender und kultivierter Mann, ungeheuer reich und ein guter Manager, der ein sehr aufwendiges Leben führte. Die Percys of Northumberland waren das letzte englische Adelshaus, das auf die Dienste eines Hofnarren mit Kappe und Schellen verzichtete – dies aber erst im Jahre 1789.[301]

Der Earl war von jeher ein überzeugter Anhänger Butes gewesen. Wie die Bekanntschaft mit den Adams zustande kam, ist unklar, aber jedenfalls arbeiteten sie an seinem Hauptwohnsitz im Norden, Alnwick Castle, und in seiner Londoner Residenz, Northumberland House am *Strand,* für ihn.[302] Ende 1760 waren die Entwürfe für Syon House in Arbeit. Das Haus präsentierte besondere Probleme. Es war ein altes Brigittenkloster, das von Heinrich V. gegründet und von James I. einem früheren Percy of Northumberland zum Geschenk gemacht worden war. In diese »verfallene und unbequeme Hülle« (wie der Earl das Anwesen beschrieb)[303] fügte Adam eine Folge von Räumen ein, die als Beispiel für seine Arbeitsweise dienen können. Ein großes Hindernis für den Einbau einer Prunksuite in Syon war der Umstand, daß die Eingangshalle um ein halbes Geschoß tiefer lag als die übrigen Haupträume. Adam brachte den langrechteckigen Raum in die Form eines doppelten Quadrats und machte dies durch die Gestaltung von Fußboden und Decke deutlich. Die Ordnung ist römisch-dorisch, das heißt, sie nimmt mit Säulenschaft und Gesims die halbe Raumhöhe ein. Der Besucher tritt (entweder von außen oder über den längsseitig angeordneten Hof) durch einen Bogen zwischen zwei Säulen ein. An einer der Schmalseiten des Raumes befindet sich eine Apsis, deren Halbkuppel wie der Salon in Kedleston oktogonal kassettiert ist. Für diese Apsis war ein Abguß des Laokoon vorgesehen, der dann aber durch den Apoll von Belvedere ersetzt wurde. Die beiden Türen hinter der Statue bilden den Zugang zu den Privaträumen. Die andere Schmalseite schließt mit einer Bogenstellung ab; von hier laden Treppen zum Betreten der offiziellen Raumfolge ein. Die Interkolumnien dieser abschließenden Wand, die der Besucher passiert, weisen das Verhältnis von zwei (für die schmalen Öffnungen) zu drei (für die mittlere Öffnung) auf. Zum Aufstieg lädt der Umstand ein, daß die Basen der dorischen Ordnung sich auf der Höhe der oberen Räume befinden. Dieses zentrale Interkolumnium wiederholt sich in dem anschließenden Vorraum, einem der bemerkenswertesten Räume, die Robert überhaupt entworfen hat. Er liegt an einer Ecke des Gebäudes und hat einen rechteckigen Grundriß, der aber durch die Aufstellung von zwölf *breccia*-Säulen in ein Quadrat umgewandelt wurde. (Dieses Vorgehen erinnert lebhaft an den doppelten Kubus in Kedleston.) Einen Teil der Säulen hatte James in Rom erworben, kurz nachdem sie aus dem Tiber geborgen worden waren. Die übrigen Säulen wurden – wie natürlich auch die Pilaster – in Scagliola nachgearbeitet.[304] Aus Scagliola in verschiedenen satten Farben (grün, terrakotta, gelb) ist auch der kunstvolle Fußboden, der wiederum das Motiv der Decke übernimmt und abwandelt: ein großes zentrales Oktogon, abwechselnd umgeben von Polygonen und Rechtecken. Die Säulenschäfte sind von ionischen Hälsen und Kapitellen gekrönt, die zum Teil auf LeRoys Erechtheion-Stiche und zum Teil auf Kapitelldarstellungen von Piranesi zurückgehen.[305] Was an diesem Vorraum aber besonders auffällt, vor allem nach der in Schwarz, Weiß und Grau gehaltenen Halle, sind der Reichtum der Oberflächengestaltung und ihre Farbigkeit: zartes goldenes Ornament auf türkisfarbenem Grund. Die Ordnung trägt vergoldete Gipsabgüsse antiker Statuen. Durch die Einstellung des Säulenquadrats in den ursprünglich nicht quadratischen Raum wird die eine Seite zur transparenten Wand und der Raumteil dahinter zu einer Art Verbindungsgang zu einem Abort, der sich hinter der Nische des Speiseraumes befindet. Das ist eine Anordnung der »Kommoditäten«, die Adam zu seinen besonderen Anliegen zählte, auch wenn er sich allem Anschein nach auf den großartigen Eindruck und die Dekoration konzentrierte.

Das Speisezimmer hat als Grundriß wiederum das doppelte Quadrat, das sich zu zwei Apsiden mit eingestellten korinthischen Säulen erweitert. Das mittlere Interkolumnium wiederholt das kleinere der dorischen Ordnung in der Halle, die seitlichen Intervalle sind hier gegenüber dem mittleren im gleichen Verhältnis reduziert wie das kleinere dorische Intervall gegenüber dem größeren. Als erster von Adam in Syon House fertiggestellter Raum ist das Speisezimmer etwas schwer und erinnert im Bereich um den Kamin an Kent: Über dem Sims befindet sich ein Relief der drei Grazien, das Breton in Rom gearbeitet hatte, und zu seiten des Kamins befinden sich je drei Nischen mit Gipsabgüssen, die James aus Rom mitgebracht hatte.[306] Auch dieser Raum ist nahezu einfarbig gehalten, aber das goldene Spinnennetz der Grotesken, das Adam in die Schmalseiten, die Decke und die Apsiden hinübernahm, der Fries und die vergoldeten Kapitelle verleihen ihm eine Kostbarkeit und einen Reichtum, die ihn von der kalten, auftrumpfenden Halle deutlich abheben.

Die Arbeit wurde zwar nicht in dieser Reihenfolge ausgeführt, aber für den Besucher ergibt sich eine klare Abfolge der vier Räume: von der auf dem doppelten Quadrat aufgebauten Dorica mit der grisaillierten Apsis zur grüngoldenen Ionica auf quadratischem Grundriß zur doppeltquadratischen korinthischen Ordnung mit der in Weiß und Gold gehaltenen Apsis bis hin zum rot-goldenen, schlichten und

65 *Syon House, Middlesex; Ansicht von den Gärten*

65

säulenlosen doppelten Quadrat, durch das man die lange Galerie betritt.

Dieser Wohnraum mit den mit gemusterter hochroter Seide bespannten Wänden[307] und der medaillonverzierten Decke wurde später als die übrigen Räume fertiggestellt, und der Teppich nimmt das Motiv der Decke nicht auf. Der Raum ist interessant als ein frühes Beispiel dafür, daß Adam für die ornamentalen Details an Kamin und Türen Metallegierungen verwendete.[308] Er ist noch ganz dem ursprünglichen Plan verhaftet, der den Raum, in den die Damen sich nach dem Essen zurückzogen (hier die lange Galerie), vom Speisezimmer isolierte, in dem die lärmige Männergesellschaft zurückblieb.[309]

Die lange Galerie stellte Adam vor ein schwieriges Problem. Der sehr schmale Raum (14 Fuß, also rund 4,25 m breit) besaß auf der einen Seite eine Reihe von Fenstern, die nur in der Mitte durch eine Nische unterbrochen war; auf der anderen Seite drei Türen und dazwischen zwei Kamine. Robert ordnete seitlich der Kamine jeweils rundbogige Nischen an und sah oberhalb der Nischen runde Öffnungen vor, die Antiken aufnehmen sollten. Das die Spiegel abschließende Gesims wurde von halbkreisförmigen Lünetten gekrönt. Da die Türrahmen mit ihrer Höhe eine Art unterer Ordnung markieren sollten und ihre Gesimse ein starkes horizontales Band rund um den ganzen Raum abgaben (das über den Kaminen zwischen dem Spiegel und der halbkreisförmigen Lünette verlief), erhielt das ganze Arrangement mit seinen Nischen und Rundfeldern eine eigentümliche, triumphbogenartige Wirkung und einen ausgeprägten Rhythmus schmal-breit-schmal; die Wand allerdings war eben, ohne Säulen oder Pilaster. Alle Türen waren von rechteckigen Nischen flankiert; darüber befanden sich rechteckig gerahmte Landschaftsdarstellungen. Zwischen der Nische und dem Landschaftsbild verlief das untere Gesims. Ein Gegenstück zu diesem Arrangement bildet der Kamin: Das untere Gesims verläuft hier zwischen dem mit dem Spiegel

66 *Syon House, Grundriß des Hauptgeschosses.*
Aus THE WORKS, Vol. I, pt. i, T. 5

geschmückten Kaminsims und der gebogenen Lünette darüber. Auch die Nischen sind rundbogig, und über ihnen ersetzen konkave Rundfelder die rechteckigen Landschaftsbilder, so daß sich der Gedanke an den Triumphbogen erst recht einstellt. Jeweils drei Bücherregale rechts und links im gleichen Rhythmus – schmal-breit-schmal –, aber durch korinthische Pilaster gegliedert, vervollständigen das Triumphthema.

Die lebhafte Deckendekoration – einander überlagernde Oktogone, durchsetzt mit Hexagonen und Rechtecken – ist unmittelbar vom Rhythmus der Pilaster abgeleitet, welche die Bücherregale säumen. Diese Pilaster sind mithin die wichtigsten Gliederungselemente der neuen – dem alten Raum aufgesetzten – Ordnung. Die Fensterwand weist nur Pilaster zu seiten der einzelnen Öffnungen und Reliefs und Grotesken in den Intervallen auf. In die Paneele unter den Bücherregalen sind jene S-förmigen Kanneluren geschnitzt, die häufig auf römischen Sarkophagen auftauchen und die sowohl Adam als auch Piranesi sehr liebten.

Von zwei winzigen Boudoirs abgesehen, die von der großen Galerie zu erreichen sind und von denen das eine einen quadratischen, das andere einen kreisförmigen Grundriß besitzt[310], wurden Adams weitergehende Pläne für Syon House nicht ausgeführt: Die beiden anderen Flügel des quadratischen Klosterbaus sollten zu Privaträumen ausgebaut werden und eine höchst sinnreiche zweite Enfilade bilden. Auch ein »großes Treppenhaus« war vorgesehen, und – das Wichtigste – der Innenhof sollte einen riesigen kreisrunden Salon aufnehmen, der zu den anspruchsvollsten Privaträumen in ganz England gehört hätte.

Unvollständig wie es nun einmal war, erschien Syon House den Adams doch als eine ihrer besten Leistungen. Zugleich war es das erste Beispiel ihrer Arbeit, das veröffentlicht wurde. Noch heute gilt die lange Galerie zu Recht als derjenige Raum, in dem der Adam-Stil sich entschieden Bahn brach.[311] Überdies

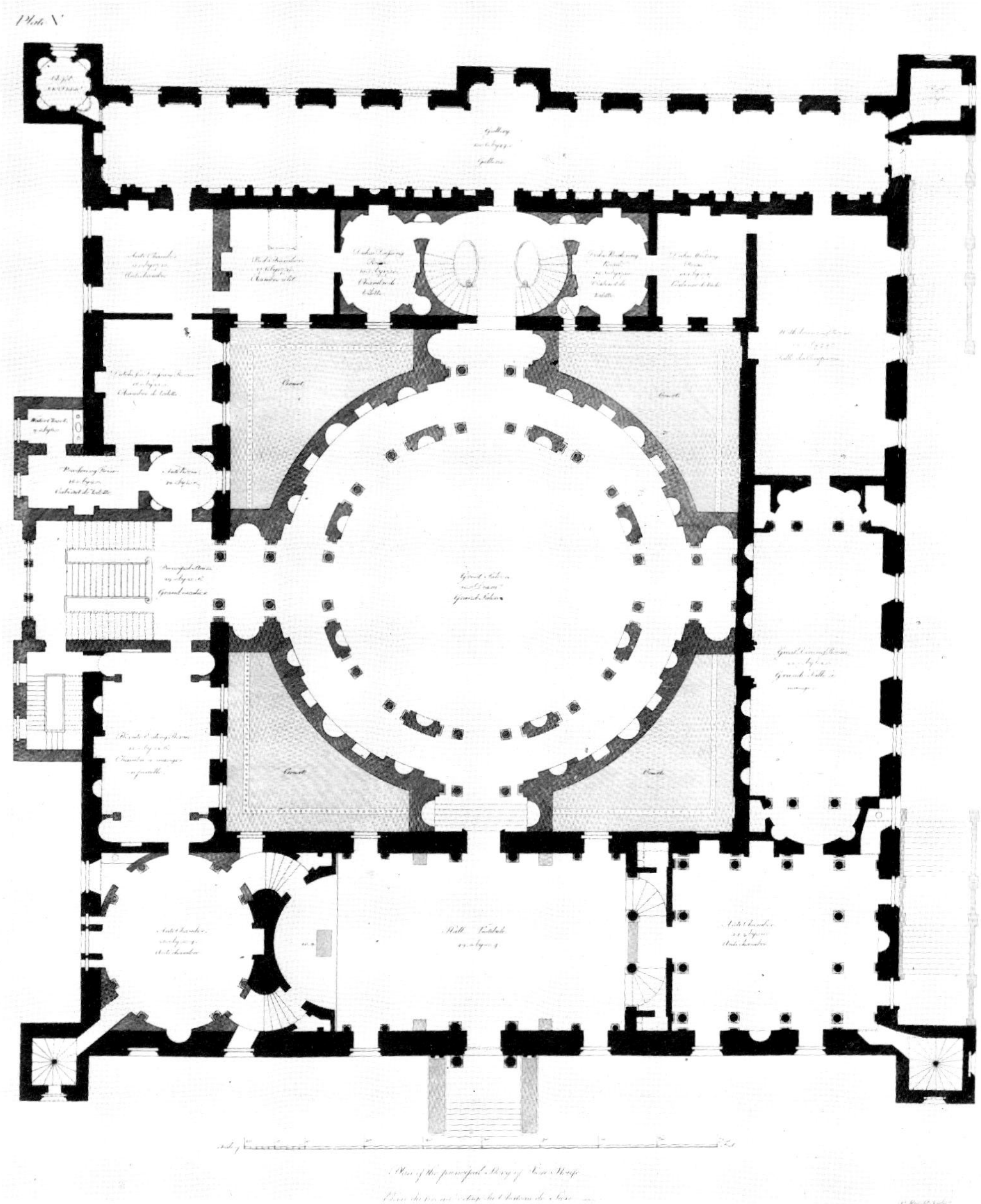

66

67 *Syon House, der Vorraum*

67

68 *Syon House; Schnitte durch den Vorraum mit den Fenstern und dem Eingang von der Großen Halle.* Aus The Works, Vol. II, pt. iv, T. 4; gestochen von Giovanni Battista Piranesi

69 *Syon House; Ansicht und Schnitt durch den Kamin im Vorraum.* Aus The Works, Vol. II, pt. iv, T. 6; gestochen von Domenico Cunego

68

69

70 *Syon House, die Große Halle*

71 *Syon House, Schnitt durch die Große Halle.* Aus The Works, Vol. II, pt. iv, T. 1; gestochen von Giovanni Battista Piranesi

72 *Syon House, Details der Großen Halle.* Aus The Works, Vol. II, pt. iv, T. 2

70

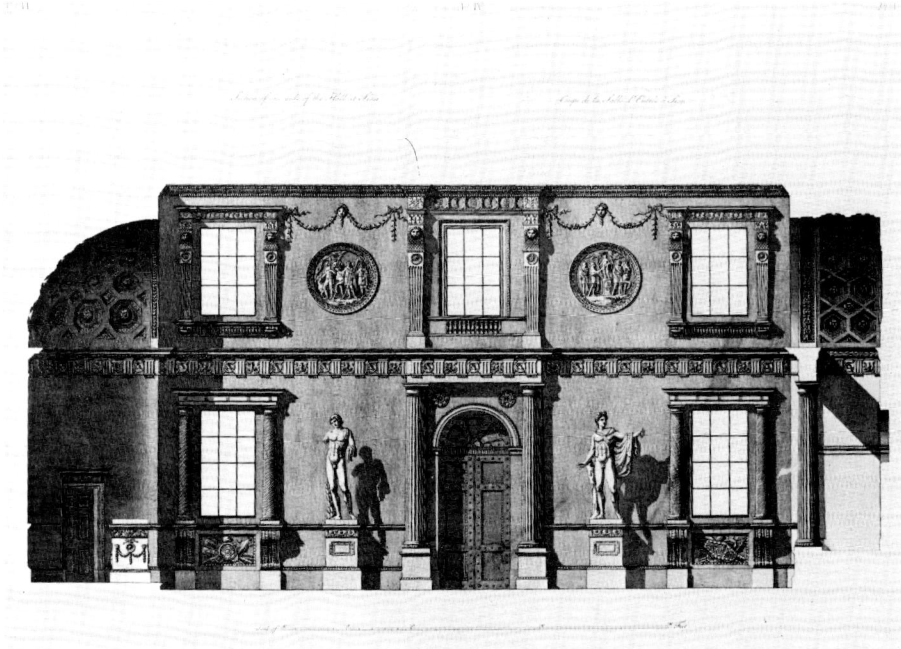

71

72

73 *Syon House, Entwürfe für die Decke der Großen Halle* (London, Courtauld Institute)

74 *Syon House, vorläufiger Entwurf für den Fußboden der Großen Halle* (London, Courtauld Institute)

75 *Syon House, das Speisezimmer*

73

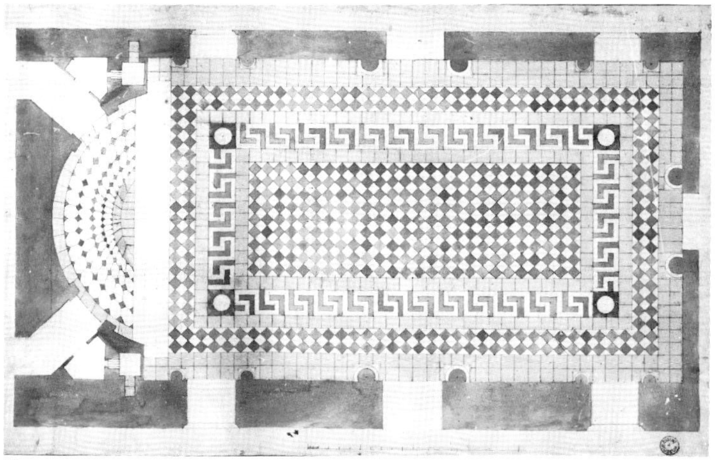

74

75

76 *Syon House, Detail der Nische des Prunkspeisezimmers*

77 *Syon House, Entwurf für den Kamin im Wohnraum* (London, Soane Museum)

78 *Syon House, perspektivische Ansicht der langen Galerie/Bibliothek*. Aus THE WORKS, Vol. III, T. 2

76

77

78

79 *Syon House, der Rote Wohnraum*

79

wurde sie in relativ kurzer Zeit fertiggestellt, zumal wenn man sie mit der nächsten wichtigen Arbeit der Brüder vergleicht, die fast noch berühmter wurde.

80

81 *Syon House, Teil des Entwurfs für die Decke der langen Galerie/Bibliothek.* Aus The Works, Vol. III, T. 4

82 *Syon House, Detail der Decke der langen Galerie/Bibliothek*

83 *Syon House, Detail der Wand der langen Galerie/Bibliothek*

81

82

83

Lansdowne House

84 *Lansdowne House, Berkeley Square, London; Grundriß des Erdgeschosses,* 1762.
Aus Vitruvius Britannicus, Vol. V, T. 9

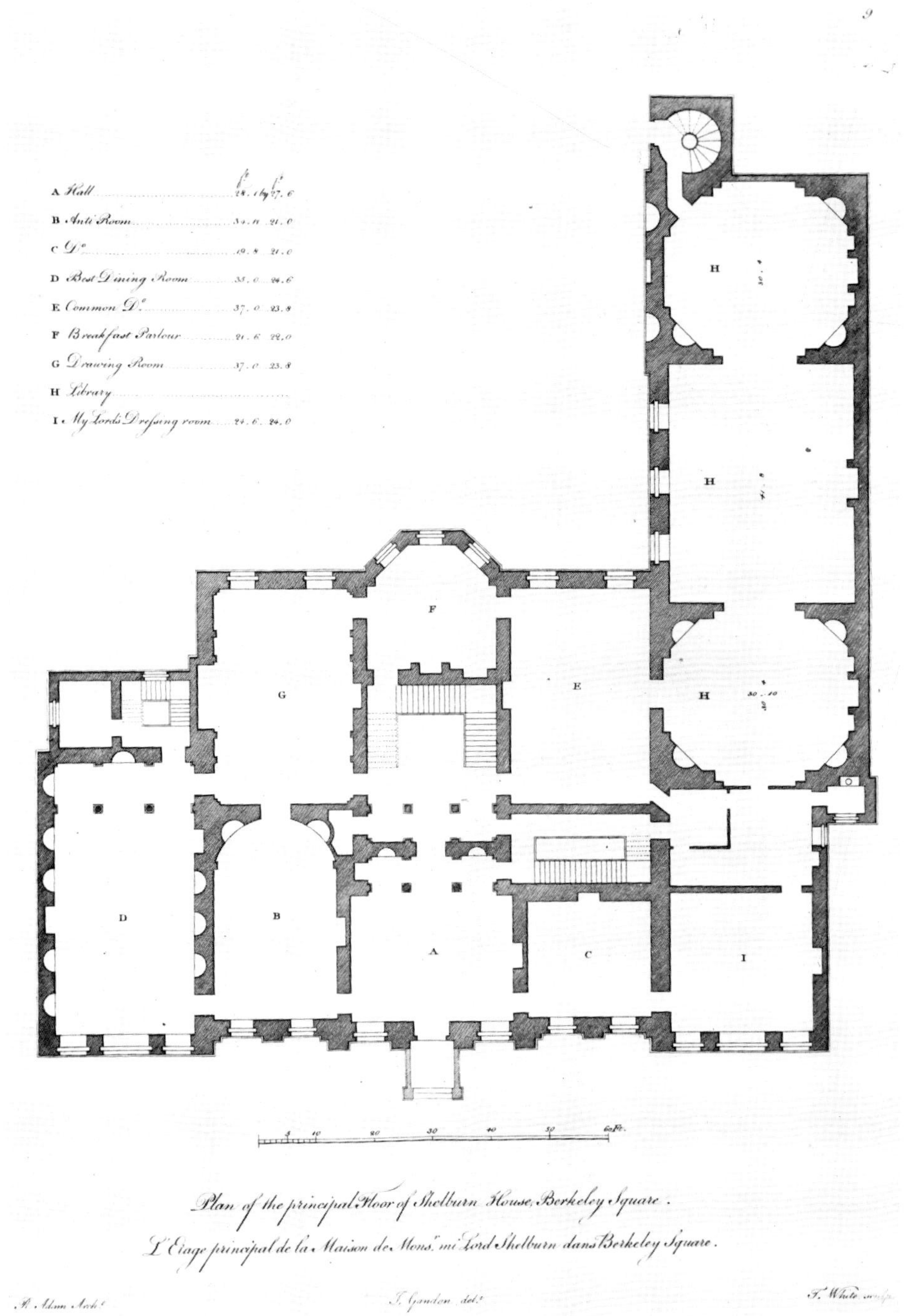

84

Lansdowne House sollte das neue Stadthaus für Lord Bute werden, die Residenz des bevorzugten Ministers des Königs. Der Bauplatz lag an der Südseite von Berkeley Square. Es sollte ein Palast werden, nicht vom Pariser Typ, also nicht das *hôtel particulier,* das man über einen Hofabschluß und einen Ehrenhof betrat, mit einem *corps de logis* zwischen dem Hof und den dahinterliegenden Gärten (wie Burlington oder Devonshire House), sondern eher ein Landhaus vom palladianischen Typ, das in ein städtisches Umfeld gesetzt war. Der Vorhof, zwischen Berkeley Square und der Rückseite der Gärten von Devonshire House (Devonshire House, von William Kent zu einem früheren Zeitpunkt im 18. Jahrhundert erbaut, stand an Piccadilly und blickte auf Green Park[312]), ermöglichte es, das Haus, wie im Kaufvertrag verlangt, rechtwinklig zum Platz anzulegen.[313] Es ist nicht ganz klar, wann Robert den Auftrag erhielt, aber zu Beginn des Jahres 1762 war der Bauplatz erworben und mit dem Bau bereits begonnen worden. Lord Bute sollte allerdings keine Freude daran haben. Im April 1763 zog er sich, verletzt durch die Angriffe im Zusammenhang mit der Apfelmoststeuer und aufgrund seiner Unbeliebtheit durch seine Rolle bei der Beendigung des Siebenjährigen Krieges, aus dem Amt zurück. Beim König rief dieser Schritt »nichts weniger als Panik« hervor, wie Horace Walpole bemerkte. Dennoch galt Butes Einfluß auf den König als so stark, daß sein Nachfolger, George Grenville, der (wiederum nach Horace Walpole) »unversöhnlichste Mensch«, mit dem man »überhaupt nicht auskommen« konnte, auf der Vertreibung des Favoriten nicht nur vom Hof, sondern sogar aus London bestand.[314]

Daraufhin verkaufte Bute im September 1765 Haus und Grundstück an Lord Shelburne, und zwar unter der Bedingung, das Haus auf seine Kosten nach den Adamschen Plänen fertigzustellen. Der Käufer, Sir William Petty[315], war Adjutant Georges V. gewesen. Als einer der wenigen gemäßigten Tory-Poli-

85 *Lansdowne House, Ostansicht.*
Aus Vitruvius Britannicus, Vol. V, T. 8

86 *Lansdowne House, Schnitt durch die Bibliothek*
(London, Soane Museum)

85

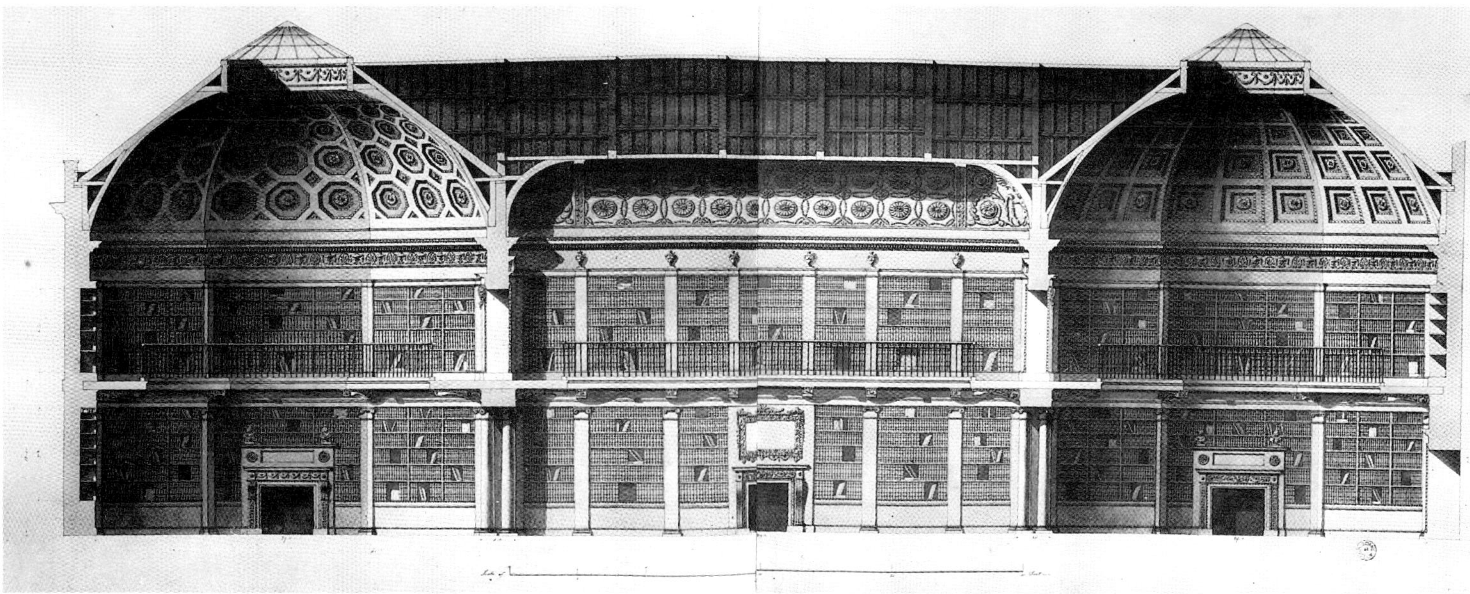

86

87 *Lansdowne House, Schnitt durch das Treppenhaus*
(London, Courtauld Institute)

87

tiker schloß Lord Shelburne, der 1792/93 Premierminister war, den Vertrag, welcher den Unabhängigkeitskrieg beendete und den Vereinigten Staaten die Souveränität verlieh. Danach zog auch er sich aus dem öffentlichen Leben zurück und erhielt den Titel eines Marquis von Lansdowne, nach dem das Haus benannt ist.

Was von dem Bau noch steht, beherbergt heute einen Klub. Die Fassade ist etwas nach Westen verschoben und aus den ursprünglichen Portland-Steinen des Adamschen Gebäudes wieder zusammengefügt, wenn auch in den Proportionen reduziert. Der Hauptwohnraum befindet sich im Museum of Art in Philadelphia, das Speisezimmer im Metropolitan Museum in New York.

Shelburne kannte Adam schon gut, als er das Haus kaufte. Für seine Mutter, die unlängst verwitwete Gräfin, hatte Adam das Mausoleum in Bowood entworfen, sein erstes wirklich eigenständiges Werk nach seiner Rückkehr nach England. Der erste Earl starb im Mai 1761, und das Mausoleum wurde kurz danach in Auftrag gegeben.[316] Es ist ein nüchternes Gebäude auf kreuzförmigem Grundriß, dessen einer Arm zum römisch-dorischen Tetrastylportikus gestaltet ist, der mit seinem Giebel die Gebäudehöhe insgesamt bestimmt. Darüber erhebt sich eine leichte Kuppel, die nicht wie üblich von Pendentifs gehalten wird, sondern von Stützbogen, die so flach sind, daß die Kuppel wie aus der Decke herausgeschnitten erscheint. Die Kreuzarme haben ein Tonnengewölbe und eingestellte toskanische Säulen, deren Gesims das Innere – so wie die Dorica den Außenbau – gliedern. Für einen frühen Versuch eines großen Dekorationskünstlers ist der Bau erschreckend nackt. Und doch sind die schlüssige Festlegung der Höhen innen wie außen, die hierarchische Gliederung jedes Volumens so explizit, wie sie in irgendeinem seiner üppig dekorierten Räume nur sein könnten, und erweisen Adams Überlegenheit gegenüber James Stuart, dessen etwa ein Jahr später entstandene Kirche von Nuneham Park

88 *Lansdowne House, der Speiseraum vor seiner Verbringung ins Metropolitan Museum of Art, New York*

89 *Lansdowne House, der Wohnraum in der Rekonstruktion im Philadelphia Museum of Art*

in Oxfordshire ebenfalls einen Versuch mit reduzierten Ordnungen und schlichter Geometrie darstellt.[317]

Der zweite Earl hatte die Absicht zu bauen, und zwar im großen Stil. Zunächst entschied er sich dafür, sein Haus an eben jener Stelle an der Südseite des Berkeley Square zu errichten, die er zu guter Letzt dann wirklich bebaute.[318] Aber da Bute ihm um Haaresbreite zuvorkam, hielt er nach einem anderen Platz Ausschau. Schließlich kaufte er ein Terrain am Westende von Piccadilly mit Blick auf Green Park, für das Adam ihm ein riesiges Haus mit einem Ehrenhof plante, der so imposant gewesen wäre wie nur irgendeiner der Pariser *cours d'honneur*.[319] Aber man riet ihm davon ab, unter anderem deshalb, weil der Bauplatz als allzu exponiert und eher für eine Dame von zweifelhaftem gesellschaftlichen Rang geeignet angesehen wurde. Shelburnes Freund und Berater, General Clerk, der später ebenfalls zu Adams Klienten zählte, riet ihm, das Haus und das Grundstück zu erwerben, das Lord Bute nun, da er endgültig in Ungnade gefallen war, gerade verkaufen wollte.

Das Projekt von 1765 für Shelburne House, das in den *Works* veröffentlicht wurde und weitgehend dem ausgeführten Gebäude entspricht, übertrifft Butes Haus in seinem Umfang noch um ein Drittel. Da in dem Kaufpreis, den Shelburne zahlte, aber auch der Entwurf und die Arbeit Adams enthalten waren, muß das, was bereits stand, ziemlich genau dem entsprochen haben, was dann fertiggestellt wurde,[320] zumal die Shelburnes im August 1766 einzogen, als der Kauf noch nicht einmal ein Jahr zurücklag. Die Arbeiten waren allerdings noch rund zehn Jahre im Gang, selbst nachdem es zwischen dem Earl und seinem Architekten zum Streit gekommen war.[321]

So wie es veröffentlicht und ausgeführt wurde, besitzt Shelburne House alle Merkmale des »großen Stils«. Die Hauptansicht ist noch ganz palladianisch: Ein rustiziertes Erdgeschoß, welches das Gebäude in seiner Längs-

88

89

90 und 91 *Lansdowne House, Deckenpaneele von Giovanni Battista Cipriani im Wohnraum* (Philadelphia, Museum of Art)

90

91

92 *Bowood House, Wiltshire; Mausoleum*

93 *Bowood House, Inneres des Mausoleums*

92

93

ausdehnung streckt, trägt einen zentralen giebelbekrönten Tetrastyl aus ionischen Halbsäulen, der sich über zwei Stockwerke erhebt. Auf beiden Seiten hat jedes Stockwerk drei Fenster, und die niedrigeren Seitenflügel besitzen ebenfalls drei Fenster. Das Verhältnis der Seitenflügel zum Mittelblock geht stärker auf Roger Morris als auf irgendeinen anderen Architekten der vorangegangenen Generation zurück, deren Vertreter wohl in der Mehrheit – so wie die meisten Zeitgenossen Roberts auch – ein die Gebäudeenden betonendes Merkmal gefordert haben würden, um der Konzentration auf den Tetrastyl entgegenzuwirken.

Die Innenräume sind in Form und Abfolge genial konzipiert. Man betritt das Haus über eine – wiederum dorische – Halle auf nahezu quadratischem Grundriß, in die gegenüber der Eingangswand zwei Säulen eingestellt sind. Eine Tür zwischen den Säulen gewährt Zutritt in das monumentale Treppenhaus, während der Raum zwischen der abschließenden Wand und den Säulen – wie im Syon House – dazu dient, die »Kommoditäten« aufzunehmen.[322]

Aber zuallererst fällt dem Eintretenden die Enfilade zu beiden Seiten der Halle auf: rechts ein quadratischer Vorraum und ein größeres, ebenfalls quadratisches Prunkschlafzimmer, wie es in einem französischen Haus zum Garten hin angeordnet worden wäre; links der lange, mit einer Apsis versehene Vorraum und ein noch längeres Speisezimmer mit eingestellten korinthischen Säulen.[323] An der Gartenseite des Hauses befindet sich eine weitere (aber nicht enfilierte) Raumfolge. Die beiden Wohnräume sind durch eine flach überkuppelte Rotunde verbunden.[324]

In diesem Raum, mit dem die Umrundung des monumentalen Treppenhauses abgeschlossen ist, soll Shelburne das Ende des amerikanischen Unabhängigkeitskrieges ausgehandelt und vereinbart haben. Von einem der Wohnräume gelangte man in eine daran anschließende Galerie. Sie bestand aus einem zentralen rechteckigen Raum, der zwei Rotunden miteinander verband. Diese Anlage wurde von George Dance und Robert Smirke für einen späteren Earl zu einem langen Ballsaal mit zwei Apsiden umgebaut.[325]

Beim Lansdowne House fanden die Brüder Adam mit Sicherheit alles so vor, wie sie es sich wünschten – nicht nur den Innen- und Außenbau nach ihrem Entwurf, sondern auch einen wohlhabenden, einflußreichen und kultivierten Auftraggeber, dessen Frau seine Interessen und Vorlieben teilte. Einen Hinweis darauf haben wir in der Rechnung für eine Taschenuhr für Lady Shelburne, für diamantenbesetzte ovale Fassungen für Miniaturen und für einen Anhänger mit einem Einhorn (Shelburnes Wappenträger).[326]

Im Jahre 1762 erhielt Robert einen höchst bedeutsamen Auftrag – bedeutsam vielleicht deshalb, weil er sich am Ende als so belanglos herausstellte: die Umbauarbeiten an Buckingham House. In diesem Zusammenhang müssen wir zurückkehren zu der Zeit, als Lansdowne House noch Bute House hieß und Kedleston gerade im Bau war.

Buckingham House

Der junge George III. war als Sammler bekannt und stand im Ruf, ein Kenner zu sein; allerdings interessierte er sich mehr für Bücher als für Gemälde, Statuen oder Bauwerke. Gepränge war ihm zunehmend zuwider, und auf jeden Fall stand er unter dem Einfluß seines alten Tutors Chambers. Aber als Robert dem König im November 1761 anläßlich seiner Berufung in das *Office of Works* die Hand küßte, sah es so aus, als würde die königliche Gönnerschaft ihm erhebliche Vorteile eintragen.[327] Zur gleichen Zeit begann James in Rom seine sechsmonatigen Verhandlungen, die damit endeten, daß die Albani-Zeichnungen der königlichen Sammlung einverleibt wurden.[328]

Sowohl Robert als auch Chambers fertigten Entwürfe an, um die alte Fassade des Buckingham House dem Zeitgeschmack anzupassen.[329] Es konnte nicht ausbleiben, daß das schlichtere Projekt von Chambers dem Adamschen vorgezogen wurde. Im Innern des Palasts hat sich von Roberts Arbeiten außer einem Kamin und einem Bett kaum etwas erhalten. Queen Charlotte Sophia heiratete George III. am 8. September 1761, und das Bett muß etwa um diese Zeit entworfen und wenig später angefertigt worden sein. Mit seinen Akroterien und schlichten Formen, der sparsamen Stickerei und den Balusterpfosten muß es hochmodern ausgesehen haben, als es von dem Polsterer Samuel Norman hergestellt wurde (der viele der frühen Möbelstücke für Adam anfertigte). Auf jeden Fall scheint es sich um jenes Bett zu handeln, das Horace Walpole widerwillig als »großartig und (wie man sagt) nach der Mode« beschrieb. Das war im September 1762.[330] Im Juni des gleichen Jahres hatte Robert als Geburtstagsüberraschung für den König eine Illumination entworfen, die von den Fenstern der Königin aus verfolgt werden sollte. Sie hat die Form eines »Fortunatempels«, eines Halbrundes, das in der Mitte von einem kleinen Rundpavillon gekrönt ist. Dieser hat zwar antike Säulen, und dahinter erscheinen Pyramiden. Aber der Aufbau aus Doppelsäulen, in der Mitte und an den Seiten durchbrochen von schwerfälligen Triumphbögen, welche die Transparente enthalten, ist dennoch ein recht ungeschicktes Arrangement, das nichts von der Anmut und Leichtigkeit zeitgleicher römischer Feuerwerke besitzt wie etwa der Chinea-Illuminationen, die Robert in Rom mit Sicherheit gesehen hatte.[331]

Feuerwerke und Illuminationen waren nicht Roberts Metier. Trotz seiner zum Teil weit ausgreifenden römischen Projekte war er kein Mann der schwungvollen Geste und des großartigen Auftretens. Was er dagegen auffallend gut beherrschte, war die Kunst des Managements: Er verstand es, mit seinen Kunden, mit seinen Ressourcen und mit seinen Handwerkern umzugehen. Der Ausspruch eines römischen Bekannten von der *Manufactory of Virtu* (der »Manufaktur für Kunstgegenstände«) kennzeichnet am besten, was die Adams von Anbeginn in ihrem Londoner Büro aufbauten. Es war natürlich nicht so, daß andere Architekten etwa nicht mit Handwerkern zusammengearbeitet hätten – im Gegenteil, es war allgemein üblich, daß Architekten als Unternehmer und sogar als Unter-Lieferanten tätig waren. In Frankreich und Italien war die Situation die gleiche. Es war auch üblich, daß Architekten die Details für ein Gebäude planten, und zwar in voller Größe: zum Beispiel Steinformen oder auch Zimmererarbeit. Höchst ungewöhnlich aber war es, daß sie sich in nennenswertem Umfang mit der Ausmalung und Ausstattung der Innenräume abgaben. Natürlich wurden sie oft um Rat gefragt und waren möglicherweise rasch bereit, Änderungen vorzuschlagen. Modellbücher waren bei den meisten Gewerben die Regel, so daß Architekt und Handwerker sich auf ein bestimmtes Muster einigen, ja es sogar gemeinsam abwandeln konnten. Das Problem, das sich den Brüdern stellte, erinnerte eher an eine Schwierigkeit, der sich so mancher *Rocaille*-Künstler eine Generation zuvor gegenübergesehen hatte: daß nämlich Musterbücher für modische Objekte von der Art, wie sie sie in ihre Innenräume einfügen mußten, nicht rasch genug zur Verfügung standen. Robert war sich schon immer darüber im klaren gewesen, daß die üblichen fünf Prozent für den Architekten nicht einmal ausreichten, um sich eine Kutsche zu leisten, wie er aus Rom nach Hause schrieb. Aber die bewußte Überlegung, durch den Aufbau einer Manufaktur zu Geld zu kommen, spielte unserer Meinung nach bei diesem Unternehmen keine größere Rolle als der Gedanke, auf diesem Wege einen Stil fest etablieren zu können. Und genau das wurde damit auch erreicht.

Die Brüder Adam waren keine angenehmen Leute, und dieser Umstand prägte ihr Verhältnis zu Clérisseau von Anfang an. Wie Robert nach ihrer ersten Begegnung noch von Florenz aus nach Hause schrieb, war Clérisseau »ein Nathaniel, an dem kein Falsch ist, wohl aber das denkbar größte Wissen über Architektur, über Perspektive, Entwurf und Farbgebung, das ich je gesehen oder mir je vorgestellt habe ... Ich wünschte vor allen anderen Dingen, seine Manier zu erlernen ... Was ich mir wünschte, habe ich bekommen. Er hat Zuneigung zu mir gefaßt ...«[332] Wortlaut und Ton dieser Mitteilung lassen erkennen, daß Robert in Clérisseau einen Lehrer sah. Und tatsächlich war Clérisseau mehr als das, denn er führte Robert bei den interessantesten Künstlern Roms ein. Schäbig von Erscheinung, arbeitsam, bescheiden und gelegentlich streitsüchtig, fand Clérisseau sich rasch in einer untergeordneten Position im Adamschen Haushalt. Das galt nicht so sehr im Falle Roberts, dem es selbst in Spalato gelang, dem anderen seine offensichtliche Ausnutzung so zu versüßen, daß Clérisseau sich willig fügte. Aber James überzog die Dinge; er ließ Clérisseau seinen Dienerstatus allzu deutlich spüren.[333] James scheint im Umgang mit Abhängigen insgesamt ungeschickt gewesen zu sein, vor allem in jenen frühen Tagen. George Richardson, der lange Zeit bei den Brüdern arbeitete und sich ihnen durchaus verpflichtet fühlte, beklagte sich sehr deutlich über James.[334] Auch Dewez fühlte sich schlecht behandelt. Aber mit der Zeit, als das Unternehmen größer wurde, erlernte James die Kunst der Menschenführung, und solche Klagen waren später nicht mehr so häufig zu hören.

Dennoch arbeiteten die Brüder anfangs mit einer ganzen Reihe unabhängiger und allgemein geachteter Künstler zusammen, ohne daß es zu derartigen Spannungen kam. Michael Rysbrack hatte den Höhepunkt seiner Laufbahn zwar bereits überschritten, aber er war noch immer einer der zwei oder drei besten Bildhauer Englands (und dabei der bekannteste von allen), als er die Kamine in Hopetoun und später in Hatchlands anfertigte. Noch 1763 schuf er die Denkmäler Boscawens und Curzons für die Adams. Wenig später zog er sich aus dem Arbeitsleben zurück. Joseph Nollekens, der zehn Jahre später gemeinsam mit Adam das Denkmal für den Bischof Johnson in der Kathedrale von Worcester schuf, war der führende Bildhauer seiner Generation und arbeitete häufig als Dekorationskünstler für Adam. Michael Spang, der an der Fassade des Admiralitätsgebäudes, in Hatchlands und in Kedleston tätig war, galt als vielversprechender Künstler, aber er starb jung. Es gibt darüber hinaus eine glaubwürdige Liste von Malern, die für die Adams arbeiteten, sowohl als Dekorateure, die Grotesken zeichneten, als auch als Künstler-Maler (wenn wir diese unpopuläre Unterscheidung treffen dürfen), die Landschaften und mythologische Szenen für die Wandfelder und Lünetten lieferten. Der Kreis der engsten Mitarbeiter bestand aber selbstverständlich aus Architekturzeichnern.

Das Büro: die Zeichner

Der Begründer war Agostino Brunias, der mit Robert vom Kontinent herübergekommen war, lange bei den Brüdern Adam blieb (anders als Dewez) und dann eine eigene Karriere als Landschafts- und Botanikdarsteller begann, als der er viel Zeit in Westindien verbrachte. In Rom, wo Clérisseau und Robert ihn »zum Architekten bekehrt« hatten, fertigte er »Ornamente und Figuren ungemein gut« an.[335] Außer ihm gab es noch weitere italienische Mitarbeiter. James brachte Agostino Scara, einen Toskaner,[336] und Giuseppe Sacco[337] mit, der dann nach Polen ging, wo er Offizier der litauischen Armee und großherzoglicher Architekt wurde. Giuseppe Manocchi[338] blieb mehrere Jahre bei den Adams, aber es ist kaum etwas darüber bekannt, wie er dazu kam, für sie zu arbeiten. Giusepppe Bonomi könnte auf ausdrückliche Aufforderung der Brüder nach England gekommen sein. Es ist nicht ganz klar, wie sie ihn kennenlernten, aber höchstwahrscheinlich war die Bekanntschaft durch Clérisseau zustande gekommen. Bonomi ließ sich in England nieder, und obwohl er einige italienische Ämter innehatte, war er im Grunde doch ein englischer Architekt, und dazu sehr in Mode.[339] Unter den Gehilfen der Adams war er zwar wohl die herausragende Figur, aber auf so etwas wie eine förmliche Ausbildung konnte man im Büro der Adams nicht zählen. Viele von den englischen Zeichnern machten später selbst Karriere, so wie George Richardson, aber die meisten verblieben in der Anonymität. Einige schafften den Durchbruch, zwei von ihnen in den Vereinigten Staaten.[340] Diejenigen Architekten, welche die Adamsche Manier mit großem Erfolg weitergaben – Wyatt, Leverton und Cameron –, waren niemals bei ihnen beschäftigt.

Die Maler

Das eigentliche Büro scheint mit untergeordneten Hilfskräften besetzt gewesen zu sein, aber die Maler, die für die Adams arbeiteten, waren gute und erfolgreiche Leute, die ihre Karriere zum Teil als Angestellte bei ihnen begonnen hatten. Antonio Zucchi, der bekanntlich Robert nach Spalato begleitet hatte, arbeitete in Venedig an den Stichen und kam im oder um das Jahr 1767 nach London. Zucchi erhielt viele Aufträge von den Brüdern Adam und erwarb sich in London einen Namen. Er heiratete Angelika Kauffmann, eine der liebenswertesten Künstlerfiguren ihrer Zeit, und kehrte mit ihr nach Rom zurück.[341] Giambattista Cipriani lernte Robert vermutlich in Florenz kennen, wo er einen regen Verkehr mit dem Kreis um Wilton und Hugford pflegte. Cipriani kam dann aber mit Wilton und Chambers nach London und gehörte hier zu den ersten Mitgliedern der Akademie. Zu einem frühen Zeitpunkt seiner Laufbahn malte er die Decken zweier nebeneinanderliegender Räume im Buckingham House, die eine für Robert, die andere für Chambers.[342] Von Michelangelo Pergolesi gibt es nur ein einziges Werk, das sich mit Sicherheit einem Adamschen Innenraum zuordnen läßt: die Arabesken an den Pilastern der langen Galerie im Syon House. Allerdings war die Nachfrage nach einer Folge von Stichen, die er zwischen 1777 und 1792 veröffentlichte und die Interieurs im Adam-Stil – teils mit Dekorationen von Cipriani – zeigten, sehr groß und führte zur Zuschreibung vieler anonymer Werke an Pergolesi.[343]

Biagio Rebecca scheint Spezialist für *Grisaille*-Imitationen von Basreliefs gewesen zu sein und sowohl für Chambers als auch für Stuart gearbeitet zu haben. Er kam sehr jung nach England und wurde im gleichen Jahr wie John Flaxman, Richard Cosway und Joseph Farrington als Student der Akademie angenommen, wenn er auch eher wegen seiner Streiche als wegen seiner Bilder in Erinnerung geblieben ist.[344] Sein Altersgenosse William Hamilton, Sohn eines der schottischen Gehilfen der Adams, wurde ein bekannter Ruinenmaler.[345] Der berühmteste von allen diesen Künstlern war jedoch Francesco Bartolozzi, der mit Zucchi und Paolo Santini an den Spalato-Stichen gearbeitet hatte. (Santini wiederum stach später einige Platten für Bertotti-Scamozzis *Palladio*.) Bartolozzi kam 1764 nach England, um eine Reihe von Zeichnungen Guercinos zu stechen. Er blieb und wurde zu einem der bekanntesten Künstler des Landes. Noch heute verwendet die Royal Academy jenes Diplom, das von Cipriani gezeichnet und von Bartolozzi gestochen wurde. Wir wissen nur von einem einzigen dekorativen Gemälde für Lord Shelburne, an dem Bartolozzi arbeitete, aber er stach mit Sicherheit das kunstvoll-allegorische Vorsatzblatt der Adamschen *Works* nach der Zeichnung Zucchis.[346]

94 *Harewood House, Yorkshire, Kommode und Spiegel in den Privaträumen*

94

Die Stukkateure

Diejenigen Handwerker, auf die sich die Brüder am meisten verließen und mit denen sie die beständigste Zusammenarbeit unterhielten, waren aber ihre Stukkateure, die den Großteil der Adamschen Details ausführten. Die Roses gelangten schon frühzeitig in den Umkreis der Adams. Joseph Rose der Ältere arbeitete schon in Shardeloes und blieb bis zu seinem Tod ihr wichtigster Stukkateur. Sein Neffe, der den gleichen Namen trug, trat bei ihm ein und erbte das Geschäft im Jahre 1780.[347] Ungeachtet ihrer engen Beziehung zu den Adams arbeiteten die Roses auch für andere Architekten, darunter für Chambers. Der jüngere Rose fungierte zumindest einmal auch als sein eigener Entwerfer und vielleicht sogar als Architekt.[348] Obgleich sie offenbar von den Brüdern direkt angestellt wurden, unterhielten die Roses – Onkel wie Neffe – ein von Gleichwertigkeit geprägtes Verhältnis zu ihnen, ebenso wie viele unabhängige Handwerker, darunter so bedeutende und erfolgreiche wie Thomas Chippendale.[349] Sie alle arbeiteten zu verschiedenen Zeiten nach Entwürfen, die das Büro Adam lieferte, aber viele von ihnen verstanden sich mit der Zeit darauf, mehr oder weniger geschickt in der Adamschen Manier zu improvisieren. Das war mit Sicherheit nach 1763/64 der Fall, als der Stil imitierbar formuliert war. Das bedeutet, daß ein im Adam-Stil gearbeitetes Möbelstück in einem Adamschen Interieur nicht zwangsläufig auch im Büro der Adams entworfen worden sein muß.

95 *Croome Court, Worcestershire; Sideboard im Bankettsaal,* um 1760

96 *Osterley Park, Middlesex; Entwurf für einen Lehnstuhl im Schlafzimmer* (London, Soane Museum)

97 *Osterley Park, Entwurf für einen Kamin im Wohnraum* (London, Soane Museum)

Die Metallarbeiter

Mit der Zeit gewann das Ornament aus Metallguß für die Adams eine immer größere Bedeutung. Ihr Hauptlieferant war Matthew Boulton, der 1759 die Metallwerkstatt seines Vaters (in der Spielzeug, Knöpfe und Spangen hergestellt wurden) geerbt hatte und wenig später daranging, in Soho/Birmingham einen neuen Betrieb aufzubauen, der berühmt wurde, weil er als einer der ersten mit Dampfantrieb arbeitete. Boulton hatte nämlich einen Zweidrittel-Anteil an James Watts epochemachendem Patent gekauft (oder vielmehr als Zahlung einer zweifelhaften Forderung akzeptiert). Etruria Wedgwood nannte ihn »den ersten englischen Fabrikanten«, und Lord Shelburne sprach von dem »in mehrfacher Hinsicht unternehmensfreudigsten Mann in Birmingham«.[350] All dies ist von mehr als nur anekdotischem Interesse. Im Gegensatz zu Chambers knüpften die Adams eine gute und dauerhafte Beziehung zu Boulton an und betrachteten ihre eigenen Unternehmungen vermutlich als den seinen gleichwertig. Sie waren stets sehr daran interessiert, neue technische Verfahren zu erproben (was sie mehrfach in die allergrößten Schwierigkeiten brachte) und lebten in der Vorstellung, mit ihren Methoden das Baugewerbe zu industrialisieren. Das galt natürlich für einen späteren Zeitpunkt. Ihre frühen Produktionen, zumal die Möbel, waren zum größten Teil noch die Frucht der überkommenen handwerklichen Methoden.

95

96

97

98 *Syon House, Entwürfe für einen Spiegel, Kandelaber und ein Sideboard.* Aus The Works, Vol. III, T. 8

98

Die Möbel

Es gibt frühe Interieurs, in denen die Möbel, auch wenn sie angeblich von Robert Adam entworfen worden waren, doch das Ergebnis eines Kompromisses zwischen ihm und dem ausführenden Handwerker gewesen sein müssen. Das gilt zum Beispiel für die Sofas im Wohnraum oder das Palmen-Schlafzimmer von Kedleston. John Cobb und William Vile, denen der Ruf vorausging, die besten *cabinetmakers* des Königreichs zu sein, lieferten ebenso wie William Ince und John Mayhew, Samuel Norman oder William France gelegentlich ein Möbelstück[351]; Thomas Chippendale fertigte Nachahmungen und lieferte auch Stücke nach Entwurf.[352] Die Werkstatt von Robert Gillow arbeitete bald nach ihrer Verlegung von Lancaster nach London im Jahre 1760 für die Brüder Adam[353]; die Nachfolger, Messrs. Gillow, fertigten für die Pariser Weltausstellung von 1880 ein Boudoir im Adam-Stil an.[354]

99 *Derby House, Grosvenor Square, London; Entwürfe für Möbel, Türen, Kandelaber und Behänge.* Aus THE WORKS, Vol. II, pt. i; T. 8

William Adam und Co.

Die vielfältigen Beziehungen zu unabhängigen Handwerkern setzten ein festes Kommandozentrum voraus, das die große Zahl der übernommenen und immer wieder anders gelagerten Aufträge überwachte. Und in der Tat schien die Zahl der Gehilfen und Handwerker seit dem Tag von Roberts Firmengründung täglich größer zu werden, ebenso wie die Aktivitäten sich immer weiter verzweigten. Entsprechend wurden auch die Ansprüche ständig größer. Mit der fünfprozentigen Provision für Architekten hätten die Adams ihre berühmte Equipage mit Sicherheit nicht finanzieren können. Und auch die »Manufactory of Virtu« war zu knapp kalkuliert, als daß sie befriedigende Einnahmen erbracht hätte, wenngleich sie das unerläßliche öffentliche Aushängeschild des Büros war. Der finanzielle Gewinn spielte nur eine Nebenrolle; wichtig war, daß die Existenz des Unternehmens und die von ihm betriebene »Revolution des Geschmacks« sich dem öffentlichen Bewußtsein einprägten. Andererseits konnte man die finanzielle Frage nicht vernachlässigen, und die Adams vervielfachten ihr Engagement im Baugeschäft und im Baugewerbe. Ihre Unternehmungen waren schließlich so vielfältig und so einträglich, daß die Londoner Adams ihrem in Edinburgh tätigen Bruder John, der dort im Jahre 1764 wegen des Bankrotts seiner Bank in finanzielle Schwierigkeiten geraten war, den Posten eines Direktors ihrer zu diesem Zweck gegründeten Baugesellschaft antrugen, in der James als Bevollmächtiger von John auftreten sollte.[355]

Alle vier Brüder waren Direktoren der Firma William Adam und Co. Der Baufirma William Adam und Co. unterstand ein Tochterunternehmen, die Firma Adams, Campbell und Co., die in der Hauptsache Fußböden legte und die Produktion eines Granitsteinbruchs abnahm, der zum Teil John Adam gehörte. Ferner gehörten William Adam und Co. auch eine Ziegelei in der Nähe von Lon-

99

100 *Osterley Park, Entwurf für das Prunkbett* (London, Soane Museum)

100

don und ein Holzplatz. In allen diesen Unternehmungen waren rund 3000 Leute beschäftigt. David Hume schrieb später, als es zur finanziellen Krise kam, in großer Besorgnis an Adam Smith, die Adams würden aus wirtschaftlichen Gründen wohl einige von diesen Arbeitskräften entlassen müssen.[356] Aber es waren nicht die Löhne ihrer Angestellten, die den Ruin herbeiführten. Die Bauspekulation war in Zeiten eines noch ungesicherten Bankgewerbes ein höchst riskantes Geschäft. Das bedeutendste Spekulationsobjekt der Adams, das Adelphi, bereitete ihnen die ersten Schwierigkeiten, von denen sie sich nie wieder erholten. Es folgten weitere Fehlschläge. Eine patentierte Stuckformel verursachte einen kostspieligen Rechtsstreit[357], und ein als »sand works« bezeichnetes »chemisches Experiment« erwies sich als fataler Schwindel. Aber der Name und die Firma überlebten.[358]

Allem Anschein nach hielten die Brüder sich an eine bestimmte – wenn auch in mancher Hinsicht verhängnisvolle – Arbeitsteilung. Es kann kaum ein Zweifel daran bestehen, daß Robert der Hauptentwerfer (»he makes plans much faster than I can make cornishes«, schrieb James an Peggy)[359], das Kraftzentrum und der Begründer des Markenzeichens Adam war, um den das ganze Unternehmen sich drehte. James war der Mann an der Front, der Charmeur, der dem die Geschäfte der Familie führenden William auch einige von dessen Aufgaben abnahm. William zeichnete für die meisten Schwierigkeiten der Familie verantwortlich, wenn seine unglückliche Art der Geschäftsführung auch durchaus der Naivität seines Bruders James ähnelte.

Man kann sich kaum erklären, wie Robert es unter den geschilderten schwierigen Umständen überhaupt fertigbrachte, einen Entwurf nach dem anderen zu produzieren. Aber er hatte auch von jeher gerne gezeichnet, und offensichtlich hat ihm diese Tätigkeit bis ans Ende seines Lebens Freude bereitet. Sein glückliches Temperament ließ ihn nie im Stich.[360]

101 *Luton Park, Bedfordshire; Möbelentwürfe für den Earl of Bute.*
Aus The Works, Vol. III, T. 11

101

102 *Royal Terrace, Adelphi, London; Deckenentwurf für David Garrick*, 1769 (London, Soane Museum)

102

103 *20, St. James's Square, Decke für den zweiten Wohnraum,* 1772 (London, Soane Museum)

103

104 *Croome Court, Worcestershire; Gobelins-Tapisserie-Paneel* (New York, Metropolitan Museum of Art)

104

Das Zeichenbüro

Im Büro herrschte allerdings eine gewisse wohl zwangsläufig festgelegte Routine. Den Zeichnern wurden von einem der Brüder Skizzen ausgehändigt. Wie dies im einzelnen vor sich ging, kann man in den Dossiers verfolgen, die im Soane Museum aufbewahrt werden und zu den vollständigsten Unterlagen aus einem vorindustriellen Architekturbüro gehören. Beispielsweise kam es (wie schon an anderer Stelle erwähnt) häufig vor, daß die Muster von Decke und Teppich einander mit gewissen Variationen reproduzierten und reflektierten. Im Soane Museum befinden sich etwa 680 solcher Entwürfe, die entweder für den Kunden oder für den Handwerker erstellt wurden, und rund hundert von ihnen lassen sich nach Damie Stillman vorläufigen Skizzen von Adamscher Hand zuordnen.[361] Darunter sind große, sorgfältig mit Bleistift angefertigte Vorzeichnungen, ferner Kohleskizzen oder auch kleinere, auf dem Rand anderer Skizzenblätter angebrachte Zeichnungen und schließlich sogar Fußboden- und Deckenmuster, die in einen präzise gezeichneten Plan hineinskizziert sind. Häufig ist nur ein Viertel oder die Hälfte eines solchen Musters gezeichnet. Die Farbe ist in manchen Fällen mit ein paar Pinselstrichen eingefügt, auf anderen Skizzen ist dagegen nur schriftlich angegeben, welche Farbe verwendet werden soll. Der Zeichner hat sich in jedem Fall sehr eng an die Vorzeichnung gehalten, und die Weber und Stukkateure hielten sich ihrerseits ebenso getreu an die ihnen überlassenen Zeichnungen.

Anhand einer erst vor kurzem aufgefundenen Mappe läßt sich dieser Prozeß von der ersten Skizze bis zu den voll ausgezeichneten Entwürfen für den Kunden mit einer realisierten Anlage vergleichen: mit Headfort House in der Grafschaft Meath. Die Ausführungspläne, die sich im Besitz des Auftraggebers (Lord Bective) befanden, und eine Anzahl von Detailzeichnungen haben sich erhalten.[362] An Headfort House arbeiteten einheimische Handwerker ab 1770 etwa fünf Jahre lang, ohne daß sich eine von den Adams bestellte Aufsichtsperson feststellen ließe. Es ist klar, daß auch dort von den Handwerkern erwartet wurde, daß sie sich gewissenhaft an die Zeichnungen hielten. Abweichungen gehen wohl in jedem Fall auf ein schlichtes Versäumnis zurück, wie bei den Wanddekorationen der Halle oder den gemalten Paneelen im Empfangsraum. Auch in Headfort erlebten die Adams die Genugtuung, die Nachfolge von Chambers anzutreten, der einige Jahre zuvor einen recht ehrgeizigen Plan für den Umbau des Hauses entwickelt hatte.[363]

105 *Derby House, Grosvenor Square, London; Deckenentwurf für den Hauptwohnraum*, 1773 (London, Soane Museum)

105

106 *Croome Court, Gobelins-Tapisserie-*alentours; *die Medaillons stellen Cephalus und Aurora (links) und Vertumnus und Pomona (rechts) dar; die Fotografie ist vom unteren Ende der Wandverkleidung aus aufgenommen, und daher ist nur der obere Teil des Adamschen Kamins zu sehen,* um 1764/65 (New York, Metropolitan Museum of Art)

106

Die Tapetenzimmer

Es gibt ein einziges Element der Innenausstattung, über das die Brüder die im übrigen in ihrer gesamten Praxis durchweg geübte Kontrolle nicht innehatten und das sie nichtsdestoweniger in ihren Interieurs akzeptierten, ja das ihnen willkommen war: das Tapetenzimmer. In Adamschen Häusern gab es vier solche Räume. Eine weitere Garnitur war nicht in ein Adamsches Interieur »integriert«. Die erste derartige Raumdekoration (für Lord Coventry) wurde 1763 gekauft, die letzte (für Robert Childs Osterley Park) im Jahre 1775.[364]

Die Tapisserien waren selbstverständlich nicht identisch, aber sie folgten dem gleichen Schema, für das sich auch andere Auftraggeber in Europa entschieden, und zwar die berühmtesten. Diese textilen Interieurs wurden zusammengestellt aus Teilen einer Serie von Tapisserien mit einem zentralen Gemäldemedaillon. Die Medaillons mit den Gemälden waren von sehr viel größeren Flächen gerahmt, den sogenannten *alentours,* so daß es schien, als ob jede Tapisserie die Wand eines Raumes sei oder zumindest eine Wandverkleidung mit allen üblichen Profilen. Der erste größere Zyklus, der sich an dieses Schema hielt, verwendete Charles Coypels wohlbekannte Illustrationen zum *Don Quichote.* Von diesem Motiv, das 1723 zum erstenmal gewebt wurde, entstanden bis zur Französischen Revolution noch zahlreiche weitere Kollektionen.[365] Mit der Zeit wurden die *alentours* reicher, sie imitierten Vergoldungen und Glanzlichter, so daß es schien, als seien sie aus Damast in Goldrahmen, girlandenbehängt, mit Blüten, die an den passenden Stellen hervortrieben, buntfarbenen Vögeln, die darüber hinwegflatterten, und einem in der Mitte aufgehängten Bild. Die Garnitur, die nach dem Frieden von Paris 1763 auf den Markt kam, folgte den Motiven von Bouchers Kartons der »Liebschaften der Götter« in *alentours,* die der Pariser Gobelin-Entwerfer Maurice Jacques »sur l'idee de M. Soufflot« schuf.[366] Germain Soufflot war zu dieser Zeit der Favorit des Marquis de Marigny, des Direktors der königlichen Bauten, und seiner Schwester, der Madame Pompadour. Er war zugleich kraft eines seiner Ämter auch offiziell verantwortlich für die Organisation und die Produktion der königlichen Gobelinwerkstätten, die den größten Teil der in Frankreich gearbeiteten Teppiche herstellten und die sich, teils durch den Krieg bedingt, teils aufgrund von Veränderungen des Zeitgeschmacks und der Nachfrage, in sehr schlechter finanzieller Lage befanden.[367]

Soufflot, Marigny und Cochin – die Robert bei seinem Aufenthalt in Paris einige Jahre zuvor brüskiert hatte[368] – waren jenes Triumvirat, das dem französischen Geschmack eine neue Bedeutung verleihen sollte. Aber 1763 waren Soufflot und der Schotte Jacques Neilson – verantwortlicher Webermeister der Werkstätte, in der die erste Garnitur dieser Tapisserien hergestellt wurde – in erster Linie daran interessiert, sie auf den neu erschlossenen englischen Markt zu bringen. In England, wo die Tapisserieherstellung nicht jene systematische staatliche Unterstützung genoß wie in Frankreich, war die Lage noch schlechter, und die englischen Tapisserien waren erheblich teurer. Nicht zuletzt das machte die französische Produktion interessant.[369] Maurice Jacques wurde angewiesen, einen Modellraum anzufertigen, der anschaulich machen sollte, wie die Tapisserien zusammengehörten, wie sie einen Kamin oder Türöffnungen umschlossen und wie die dazugehörigen Tapisserie-Möbel in dem Raum wirkten. Der junge Earl of Coventry scheint von alldem begeistert gewesen zu sein.[370] Robert Adam war es weniger. Er modifizierte die Entwürfe, aber die Tapisserien, die dann angefertigt wurden, zeigen keine Spur von diesen Veränderungen. Die drei anderen Garnituren wurden im Verlauf der nächsten zwei Jahre ebenfalls bestellt – für Newby Hall von Sir William Weddell, für Weston Park von Sir Henry Bridgeman und für Moor Park von Sir Laurence Dundas. Ihre Herstellung nahm in jedem Fall einige Jahre in Anspruch. Eine weitere Garnitur für Robert Child war 1775 fertiggestellt. Diese letztere war zwar hochrot wie die übrigen (nur Weddells Garnitur war gelb), aber sie hatte ganz andere *alentours:* viel eher *à la grècque* und – wie ich nur vermuten kann – mehr nach Roberts Geschmack. Auf jeden Fall zeigte der Teppich, den er im gleichen Jahr für Osterley Park entwarf, freier arrangierte Blumenkörbe und -zweige als alle seine übrigen Arbeiten aus diesem Zeitraum.[371]

Ein Rätsel gibt bis heute die Möblierung dieser Räume auf. Die Sitze und Rücken für Sofas und Stühle wurden zugleich mit den Wandbehängen bestellt, in unterschiedlicher Anzahl entsprechend den Wünschen des Kunden und aus genau dem gleichen flach gewebtem Material. Sie haben in jedem der Tapetenräume mehr oder weniger die gleiche neuartige und ungewöhnliche Form: ovale Rücken – geschwungen wie in Moor Park und Osterley oder gerade wie in Croome Court –, flacher Sitz und gerade Beine. Bei den Stühlen von Croome Court, den frühesten dieser Art, hat die Zarge die Form der konventionellen Hüllblätter-Girlande, die Adam sehr liebte, und die Beine sind Baluster, wiederum von einer Art, wie man sie von ihm erwarten könnte. Zehn Jahre später, als er diesen Stuhltyp für das Prunkschlafzimmer von Osterley dann tatsächlich entwarf, fügte er Sphingen zwischen Sitz und Rücken ein.[372]

Wer also entwarf diese Stühle als erster? Es ist so gut wie sicher, daß sie nicht von Adam oder einem seiner Möbelmacher stammen. Ince und Mayhew arbeiteten für Lord Coventry; die Tapisserienstücke wurden in Croome Court auf die Stühle gebracht. Dagegen könnte man annehmen, daß sie die Stücke in ihrer Londoner Werkstätte gehabt hätten, wenn dieser Auftrag von Anfang bis Ende in eigener Regie ausgeführt worden wäre.[373] Außerdem waren Stühle mit ovalem Rücken in Frankreich schon vor Anfertigung dieser Garnitur aufgetaucht – und die französischen sind viel formvollendeter. Wir möchten daher die Hypothese aufstellen, daß eine Art Rohentwurf für diese Stühle entweder von Soufflot selbst oder von Jacques geliefert worden war und daß diese Idee dann, als sie nach London kam, sozusagen durch den Adamschen Wolf gedreht und damit adaptiert wurde.

Croome Court zeigt mit seinem Tapisserienraum also, daß die Adams in ihren Interieurs eine ihnen bis dahin nicht geläufige und bereits völlig ausgereifte Oberflächengestaltung akzeptierten – fremd sowohl in ihrer Art als auch in ihrer Farbe. Der Umstand ist es wert, betont zu werden, eben weil diese Räume im Adamschen Gesamtschema ein so ungewohntes Element und dabei diesem Schema doch ähnlich genug sind, um nach Integration zu verlangen. Die Raumausstattung im *goût grec,* die zwischen 1755 und 1760 zögernd und schwerfällig in Lyon und Paris auftaucht, wird durch den gleichen Mechanismus eingeführt, der sich für die Raumausstattung in *Rocaille* herausgebildet hatte: Für ihr Zustandekommen waren die gleiche umfassende Kontrolle der Details im Interesse eines übergreifenden Schemas, die gleiche Koordination gewerblicher Tätigkeiten wesentlich. Hatte der Rocaille-Stil alles in fließende Rundung und harmonische Farbe gebracht, so verlangte der neue Geschmack – der in Frankreich mit Ludwig XVI. ebenso assoziiert ist wie in England mit den Brüdern Adam –, daß die Rundungen zu begradigen seien. Er brach das Fließen zu klarer Geometrie, blockierte alle Verbindungen, verschärfte alle Formen. Der Streit darüber, ob dies zuerst in England oder in Frankreich geschah, ist für die Realität dieses Wandels ohne Belang. Die Nachfrage machte sich in beiden Ländern gleichzeitig bemerkbar, aber sie ging ungeordnete und indirekte Wege. Servandoni kam 1749 von Frankreich herüber und schuf die Skulpturengalerie für Bubb Dodington (der 1761, im letzten Jahr seines Lebens, Lord Melcombe wurde). Sie war, wie ein Historiker schrieb, für England ganz konventionell, während sie in Frankreich als revolutionär angesehen worden wäre.[374] Wir sind nicht davon überzeugt, daß man Servandonis Werk in England für so konventionell hielt. Es ist so gut wie sicher, daß Robert Adam, der Dodington durch den Herzog von Argyll kennengelernt hatte, die Galerie 1762 sah, als er einen Gartenpavillon für Argyll entwarf.[375] Er hat sich nie darüber geäußert, wie er auch niemals über die Tapisserienräume sprach und keinen Hinweis darauf hinterlassen hat, daß er mit ihrer Ausstattung zu tun hatte. Aber zwischen dem Besuch Servandonis 1749/50 und der Gestaltung dieser Tapetenräume vollzieht sich der Übergang vom Rocaille zu der neuen, nüchternen und antiken Manier. Dank der Kontinuität der Produktionsmethode, der Beziehung zwischen dem Gestalter und dem Ausführenden, der allmählich straffer werdenden Kontrolle des Raumes von einem Entwurf zum anderen – also dank all jener Merkmale, welche die Adamsche Arbeitsweise zu einer kontinuierlichen Fortentwicklung des Rokokostils werden ließen, obwohl Adams Geschmack ein ganz anderer war – bleibt der Bruch verborgen. Vor allem diese Art der Kontrolle des Innenraumes leitete sich ganz offensichtlich vom Vorgänger Rokoko ab. Und die Methode dieser Kontrolle – die lineare Gliederung der Oberfläche – scheint bei Adam und Meissonnier die gleiche gewesen zu sein, unabhängig von den fraglos zwischen ihnen bestehenden Unterschieden. Bei Adam wirkte die Methode sich außerdem in der gleichen Weise aus, ob er nun »gotisch« oder »antik« arbeitete.

Croome Court

107 Richard Wilson, *Croome Court,* 1758/59 (Trustees of the Croome Estate). Das Haus ist von dem von Capability Brown angelegten Park aus gesehen: möglicherweise eine idealisierte Ansicht.

108 *Croome Court, die Galerie*

Beim Bau von Croome Court machte Adam eine Reihe weiterer Bekanntschaften. Das Haus scheint rund zehn Jahre vor seinem Auftreten von Lancelot (»Capability«) Brown errichtet worden zu sein, und zwar nach Vorschlägen des Gentleman-Architekten Sanderson Miller, der mehr durch seine gotischen Übungen in Lacock Abbey und Hagley bekannt geworden ist als durch seine »normaleren« klassizistischen Projekte, zu denen auch Croome Court gehörte. Es ist kein sehr bemerkenswertes Gebäude und verdankt seine Bekanntheit der Brownschen Landschaftsgestaltung und den Adamschen Innenräumen.[376] Aber in den das Haus umgebenden Parkanlagen wurde eine gotische Kirche nach einem unbekannten Entwurf erbaut – möglicherweise auch in Zusammenarbeit zwischen Brown und Sanderson Miller –, zu der Adam genaue Angaben für einen Teil der Stuckarbeiten und der Ausstattung beisteuerte, vor allem für das Taufbecken und die kunstvoll gearbeitete Kanzel.[377] Zu dieser Zeit beschäftigten ihn größere gotische Projekte: Aus der Zeit vor 1764 existieren zwei Entwürfe für Häuser, die in einem merkwürdig modifizierten Batty-Langley-Stil gehalten sind, so als ob Langley die Außenform von Syon House zum Landhaus herabgestuft hätte.[378] Für Horace Walpoles Strawberry Hill hatten die Adams zwei Details entworfen und sich dabei an Stiche gehalten, die Walpole ihnen als Vorlagen zur Verfügung gestellt hatte. Es handelte sich um eine als »Rosenfenster« bezeichnete flach reliefierte Stuckdecke und um einen für den gleichen Raum bestimmten Kamin. Dieser lehnte sich nach beider – Walpoles und Adams – Meinung an das Grabmal Edwards des Bekenners an,[379] aber der Zusammenhang zwischen diesem Produkt aus *Scagliola* und der prachtvollen Kosmatenarbeit in Westminster Abbey ist nicht so ohne weiteres zu erkennen.

107

108

Ugbrooke Park

Inzwischen waren die Brüder 1764 von einem von der anglikanischen Kirche abgefallenen, aber loyalen Peer, Lord Clifford, mit dem Umbau und der Erweiterung von dessen Familiensitz Ugbrooke Park in Devonshire beauftragt worden. Es ist ein tief gelegenes, weitläufiges Haus, dem die vertikale Orientierung späterer Schlösser ebenso abgeht wie deren bewegte und schroffe Gestaltung. Und obgleich Ugbrooke in Art eines Kastells angelegt ist und der Hofblock Ecktürme besitzt, hat es nichts Scharfes an sich. Die (im 19. Jahrhundert veränderten) Fenster sind normale Schiebefenster, rechteckig in den oberen Geschossen, rundbogig im unteren. Der früheste Entwurf stammte wahrscheinlich von James Paine und scheint von den Adams allmählich gotisiert worden zu sein, wobei er zunächst eine gezierte palladianisch-gotische Phase durchlief. Ugbrooke weist eine Besonderheit auf: eine »papistische« Kapelle, die von ihrer Größe her auch eine Pfarrkirche sein könnte. Sie durfte nach dem damals geltenden Recht kein eigenes Gebäude sein und wurde daher in den sogenannten Bibliotheksblock eingefügt, der, außerhalb des Hauptbaus gelegen, dessen Umrisse erweiterte. Die Kapelle war ein nüchterner Raum und enthielt ein großes korinthisches Familiengestühl. Im 19. Jahrhundert wurde sie leider durch eine marmorne Ausstattung bis zur Unkenntlichkeit »bereichert«. Im ganzen Haus aber wurden die Adamschen Anweisungen wörtlich ausgeführt, wie wir an einigen originalmaßstäblichen Entwürfen für Details von Kaminen und Türumrandungen auf braunem Papier erkennen können, die sich in der Bibliothek befinden. Sie gehören zu den wenigen Entwürfen im Maßstab 1:1, die sich aus dem Adamschen Büro erhalten haben.[380]

In Ugbrooke ist – wie in Croome – nicht sicher, wieviel vom Außenbau von Capability Brown stammt. Über das Innere gibt es aber auch hier keinen Zweifel.[381] Brown hat allem Anschein nach mit jener Pseudo-Gotik geliebäugelt, die dem späteren Adamschen Kastellstil ganz unähnlich ist. Andererseits arbeitete Robert zu dieser Zeit auch an seinem ersten Projekt für ein Landhaus, ein Schloß für Lord Bute in Luton Park in Bedfordshire, und die frühesten Zeichnungen dafür aus dem Jahre 1764 zeigen ein Haus in genau dieser pseudogotischen Manier von Ugbrooke.[382] Es sollte sich zu einer der bedeutendsten und stolzesten Leistungen der Adams entwickeln.

109

Luton Hoo

Luton Hoo (benannt nach der nächstgelegenen Stadt und nach der Familie, die es seit Urzeiten besaß) war vermutlich das anspruchvollste Haus von den vollständig von den Brüdern gestalteten Einzelbauten. Um so bedauerlicher ist es, daß es eine Reihe von Unglücksfällen erlebte: einen Brand im Jahre 1771, einen Umbau durch Robert Smirke um 1820 und schließlich ein alles zerstörendes Feuer im Jahre 1843. Daraufhin verkaufte der zweite Marquis den Besitz, um seine riesigen Ländereien zu konsolidieren. Das Haus wurde von Charles Mewes, der vor allem als Erbauer des Hotels Ritz in London bekannt ist, für einen südafrikanischen Diamantenmillionär im verschwommenen französischen »Mansart«-Stil völlig neu errichtet.[383]

Der erste Brand kam Adam in der Tat nicht ungelegen, denn er zerstörte den alten Backsteinbau und legte den neuen uneingeschränkt für die Ansicht von den Gärten her frei. Diese wurden mit einem riesigen Aufwand an Geld und Energie von Capability Brown angelegt, und die Adams scheinen dabei keine aktive Rolle innegehabt zu haben. (Tatsächlich gibt es keine Notiz darüber, daß Brown und die Adams sich je getroffen haben, obwohl sie doch mehrfach zusammenarbeiteten – so in Croome, in Ugbrooke und in Luton.) Wie es zunächst geplant wurde – und sogar noch nach den späteren Modifikationen des Entwurfs –, sollte Luton Hoo der größte Wohnsitz im Lande werden. Für den Eingangsbereich waren zwölf Säulen vorgesehen, von denen die mittleren vier hervortreten und einen übergiebelten Portikus bilden sollten. Hinter der Säulenstellung war eine geschlossene Wand vorgesehen, in der sich – entsprechend jedem Interkolumnium – eine Skulpturennische mit einem Medaillon darüber befinden sollte. Die Tür in der Mitte führte durch einen Vorraum in einen säulengeschmückten, überkuppelten Zentralraum, an dessen Seiten offene Höfe vorgesehen waren. Im ausgeführten Bau wurde dieser Plan modifiziert: Der Eingang erfolgte durch eine ovale Halle in eine kreisförmige, mit Kolonnaden versehene und überkuppelte Tribüne, so daß die Vorderansicht des Hauses die Abfolge von Portikus und flacher Kuppel aus dem ursprünglichen Plan bewahrte – wie Kedleston eine Wiedergabe des Diokletianspalasts. Von der Tribüne gelangt der Besucher direkt in den großen Salon mit seinen riesigen zentralen Bogenfenstern, die durch eine weitere kolossale korinthische Säulenstellung auf den Garten orientiert sind. Diese Säulen unterscheiden sich von denjenigen an der Eingangsseite.[384] Die Querverbindung, die zunächst – als langer Korridor, der sich über die gesamte Länge des Hauses erstreckte – den Haupteingangsbereich schnitt, erhielt in der Tribüne ein Zentrum, und die verkürzten Korridore, die im revidierten Plan in Nischen endeten, wurden zu zierlichen, gegliederten Räumen.[385] An beiden Enden öffneten sie sich in eine Säulenstellung, durch die der Besucher einen der beiden großen Treppenläufe erreichte. Diesen Effekt hielt Lord Bute, der Besitzer, für sehr wichtig.[386] Der Stolz des Hauses aber scheint die Bibliothek gewesen zu sein, die den ganzen Südflügel einnahm. Ihr zentraler Raum erhielt sein Licht durch ein Thermenfenster. Der Nordflügel wies an seiner Front einen Giebel über vier – an dieser Schmalseite ionischen – Säulen auf, über denen sich Statuen erhoben. In den an der Nordseite gelegenen Teil des Gartens gelangte man über zwei halbrunde Treppen von einem runden Vestibül her, das sich hinter der Säulenstellung befand. Dieses räumliche Arrangement scheint ein bewußtes Echo der gelungenen Lösung in Kedleston gewesen zu sein.

Obwohl die Planung sich bis in die frühen siebziger Jahre hinzog, war der Rohbau am Ende der sechziger Jahre fertiggestellt, und in einer Reihe von Räumen konnten bereits Besucher empfangen werden.[387] Als Dr. Johnson das Haus 1781 zusammen mit James Boswell besichtigte, war die Bibliothek fertig eingerichtet und mit Büchern bestückt und machte großen Eindruck auf ihn, ja sie schien ihm sehr viel besser zu gefallen als Kedleston, obwohl er mit seiner Verachtung sowohl für Säulen als auch für das, was er als dekorativen »Flitter« bezeichnete, nicht hinter dem Berg hielt.[388] Der Außenbau ist zwar schlicht und zurückhaltend, und manches an ihm – etwa die Bogenfenster – ist im Verhältnis nicht völlig geglückt, aber dafür zeichnen die Innenräume sich durch eine kunstvolle Gestaltung und einen Einfallsreichtum aus, wie die Adams sie in dieser Form nie wieder erreichten.

Diese Vollkommenheit nimmt ihren Ausgang von der sinnreichen Abwandlung eines schlichten formalen Mittels: einer Kolonnadenwand mit einer großen mittleren und zwei kleinen seitlichen Spannweiten. Es ist das Grundschema des Triumphbogens und der Serliana oder des palladianischen Fensters, das von Burlington und Kent viel verwendet wurde, gewöhnlich mit einem Entlastungsbogen, so daß das Ganze zur einheitlichen Fenster-Umrahmung wird. Es gibt noch eine weitere Ableitung davon, das sogenannte Thermenfenster, eine halbrunde Öffnung mit zwei gemauerten Mittelpfosten. Es war durch die Diokletiansthermen in Rom, die heutige Kirche Santa Maria degli Angeli oder schlicht die *Thermen*, wohlbekannt. Palladio rekonstruierte in enger Nachbarschaft zueinander sowohl eine »Serliana«-Öffnung als auch eine Säulenstellung mit einem Gesims in seiner Zeichnung der Titus-Thermen, deren Ruinen als *grotte* bekannt waren, woher die Groteske ihren Namen erhielt.[389] Die Adams verwendeten sowohl die *Serliana* mit dem Bogen als auch die Säulenstellung mit dem Gebälk, deren Interkolumnien schmal-weit-schmal waren. Wie bereits erwähnt, arbeiteten sie schon in Syon House und in Kedleston mit diesem Element. Sie übernahmen diese Art der Dreiteilung auch im Zusammenhang mit viel kleineren Maßstäben: bei Konsoltischen und Spiegeln zum Beispiel, und bei beiden wurde manchmal auch das Motiv des Entlastungsbogens in der gleichen Weise verwendet.

In Luton wird die Dreiteilung allerdings zum dominierenden formalen Thema auch des

110 *Luton Hoo, Bedfordshire; ursprünglicher Grundriß des Erdgeschosses.*
Aus The Works, Vol. I, pt. iii, T. 1

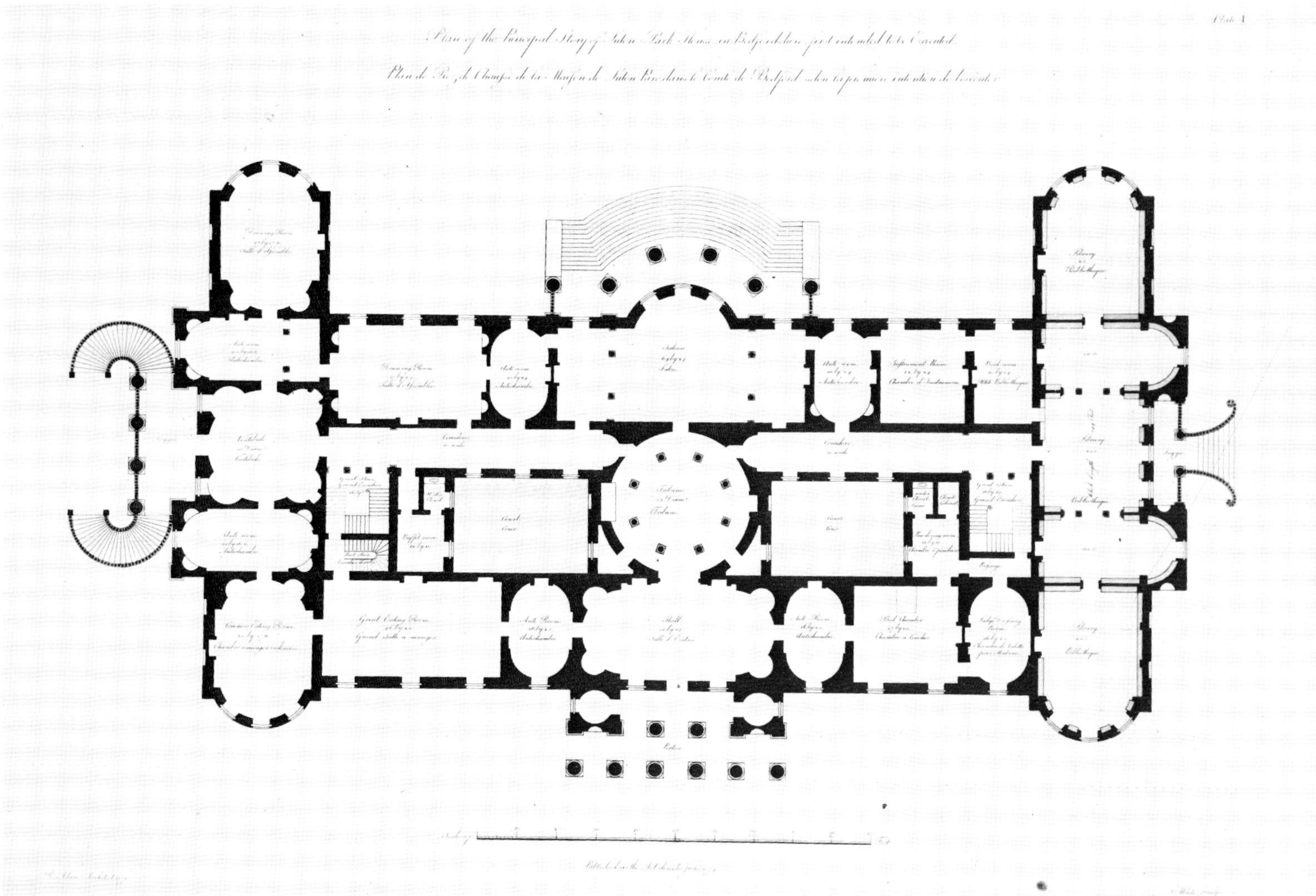

110

111 *Luton Hoo, Ostfassade, wie ausgeführt.* Aus The Works, Vol. I, pt. iii, T. 4

112 *Luton Hoo, Westfassade, wie ausgeführt.* Aus The Works, Vol. I, pt. iii, T. 3

111

112

Raumes. Sie findet sich im großen Salon, in der Bibliothek und in einer Reihe von Vorzimmern. Als »Wand« erscheint sie sowohl an der Nord- als auch an der Südfassade, an den beiden Treppenläufen usw. Im Treppenhaus ist das Raumvolumen nahezu das gleiche wie in Lansdowne House. Möglicherweise war Bute selbst von dieser Lösung so begeistert, daß er sie einem Freund empfahl.[390]

Aber wir haben es in Luton nicht nur mit einem linearen Gestaltungselement zu tun, sondern auch mit einem volumetrischen: Der Salon ist in seiner Längsausdehnung von zwei solchen »Wänden« in drei Volumina gegliedert – eng-(»Wand«)-weit-(»Wand«)-eng. Das erhöht die räumliche Wirkung. Die großen Zentralräume sind beidseits von ovalen Räumen flankiert: Im Fall der großen elliptischen Halle am Eingang sind es zwei Ovalräume, deren Längsachsen rechtwinklig zur Längsachse der Ellipse verlaufen. Den zentralen Raum der Bibliothek, der sich durch die Säulenstellung auf den Garten hin öffnet, begleiten auf beiden Seiten schmale, mit Apsiden versehene Räume. Diese zentrale Halle der Bibliothek setzt sich aber dann noch in langen Apsidenräumen oder teilweise bogenbefensterten Räumen fort.

Der wiederkehrenden Verwendung des formalen Mittels steht die größtmögliche Verschiedenheit der Raumformen gegenüber: Ellipsen, Ovale, ein Kreis, rechteckige Räume mit und ohne Apsiden sind bewußt zu immer wieder anderen Sequenzen arrangiert. Wer sich durch sie hindurchbewegte, muß das Gefühl gehabt haben, er lausche der Variation über ein musikalisches Thema. Von dieser formalen Wiederholung abgesehen, entsteht die Einheitlichkeit des Gebäudes durch die schlichte Horizontalität des Baukörpers, durch den nüchternen Umriß und das Fehlen des Reliefs. Es wäre höchst interessant zu sehen, wie diese Wiederholung im Mobiliar aufgenommen wurde, aber es hat sich zu wenig davon erhalten, als daß wir uns ein Bild machen könnten.[391]

113 *Luton Hoo, Details des Wohnraums und der Treppen.*
Aus The Works, Vol. I, pt. iii, T. 6

113

Mersham-le-Hatch

In Mersham-Le-Hatch in Kent erbauten und dekorierten die Brüder ein vollständiges Haus für Sir Wyndham Knatchbull, der im Jahre 1763 noch jung starb, nachdem die Arbeiten kaum ein Jahr im Gang gewesen waren. Sein Nachfolger war ein bejahrter Onkel, dem das einfache und bescheidene Aussehen des Hauses gefiel, auf dem Sir Wyndham bestanden hatte. So wurde nach 1766 weitergebaut, aber die Dekoration war erst zu Beginn der siebziger Jahre fertiggestellt.

Zum Hof hin präsentiert sich das Gebäude als zweistöckiger Block mit schlichter Eingangsfront. Wegen des abfallenden Geländes ist an der Gartenseite das Kellergeschoß sichtbar. Der Hauptblock hat quadratischen Grundriß und folgt einer inneren Gliederung von drei mal drei Zellen, deren mittlere ein von oben belichtetes Treppenhaus einnimmt. Korridore verbinden ihn mit den beiden kleineren Seitenpavillons. die ebenfalls quadratischen Grundriß haben. Die Hauptgliederung befindet sich an der Gartenseite: ein weiter Segmentbogen über die ganze Höhe des Hauses, den im Erdgeschoß korinthische Doppelsäulen schmücken. Im übrigen bestehen an diesem Backsteinbau nur die Gewände des Haupteingangs und der Fenster im Hauptblock aus Werkstein; selbst die Gesimse, die auch in recht bescheidenen Häusern oft aus Werkstein sind, haben in Mersham Ziegelfriese. Und auch das Dach ist ein schlichtes Schieferdach mit einem am oberen Ende des Gesimses umlaufenden Deckstein, der die Dachrinne verbirgt.

Es ist vor allem das Innere mit der üblichen virtuosen Stuckierung, das die Aufmerksamkeit des Besuchers auf sich zieht. Auch hier finden wir eine dorische Eingangshalle und eine höchst beachtliche, nahezu »gotische« Gestaltung des Wohnraums. Die Stuckierung wurde selbstverständlich von den Roses ausgeführt.[392]

114 *Mersham-le-Hatch, Kent; Gesamtansicht von Süden*

114

115 *Mersham-le-Hatch, Eingangshalle*

116 *Mersham-le-Hatch, Salon*

117 *Mersham-le-Hatch, Detail der Decke im Salon*

115

117

116

Osterley Park

Während die Adams in Ugbrooke Park und Mersham tätig waren, erreichte sie einer ihrer interessantesten Aufträge überhaupt: die Umgestaltung von Osterley Park, eines großen elisabethanischen Hauses. In den siebziger Jahren des 16. Jahrhundetts von dem bekannten Kaufmann Sir Thomas Gresham (berühmt geworden durch das nach ihm benannte Währungsgesetz) erbaut, war Osterley Park 1711 auf indirekten Wegen an die Familie Child gekommen. Möglicherweise erwogen die Childs, die Gewölbe unter dem erhöht angelegten Hof als Barrenlager zu nutzen, denn sie befaßten sich mit dem Edelmetallhandel jener besonderen Art, durch den die Londoner City (und damit auch die Familie Child) so reich wurde. Francis Child, der das Haus 1752 erbte, beschloß, es zu seinem Hauptwohnsitz zu machen, und begann mit einem Umbau im großen Stil. Wer sein Architekt war, ist nicht ganz sicher. Möglicherweise war Sir William Chambers mit den Umbauten beauftragt, aber es sind auch andere Namen in diesem Zusammenhang genannt worden.[393] Auf jeden Fall wurde mit der Umgestaltung des ganzen elisabethanischen Hauses in den fünfziger Jahren, vor Roberts Rückkehr, begonnen. In der langen Galerie, dem erhalten gebliebenen Teil des ursprünglichen Baus, wurden durch Joseph Wilton Kamine installiert. Ein weiterer Raum an einem anderen Ende des Hauses, das sogenannte Frühstückszimmer, besitzt eine Decke, die ebenfalls Chambers zugeschrieben ist. Francis Child scheint Robert Adam aber schon bald nach dessen Rückkehr aus Italien im Jahre 1761 angesprochen zu haben, und zwar in der Absicht, nicht nur den seltsamen Raum herrichten zu lassen, sondern dem ganzen Gebäude eine neue architektonische Einheit zu geben.

Bevor wir Adams Tätigkeit an dieser Anlage schildern, sollte auf folgendes hingewiesen werden: Da die Arbeit an diesem Haus 1761 begann und noch 1777 sporadisch weiterlief, ist Osterley Park ein Musterbeispiel dafür, wie das Adamsche Interieur sich entwickelte und welche Stellung es im Zusammenhang mit der Architekturauffassung einnahm, welche die Brüder entwickelten. Nachdem das großartige Luton Hoo vollständig zerstört ist, läßt sich die Entwicklung des Stils wohl am besten in Osterley verfolgen.

Beginnen wir mit dem Außenbau. Im Jahre 1761 scheint Robert von Francis Child aufgefordert worden zu sein, einen Plan in der Art eines konventionellen Hauses des 18. Jahrhunderts vorzulegen: ein tiefes *Corps de logis* mit zentralem Portikus; ein davorliegender Hof sollte durch die beiden vorspringenden Flügelbauten gebildet werden, die – nun gekürzten – einstigen Seiten der ursprünglichen Vierflügelanlage. Aber nichts davon wurde ausgeführt. Inzwischen starb Francis Child, und Haus und Vermögen gingen 1763 an seinen Bruder Robert. Dieser setzte den Umbau fort, aber was unter seiner Patronanz ausgeführt wurde, folgte einem ganz anderen Plan. Der alte Hof blieb erhalten, und den Eingang bildete nun ein riesiger, tiefer ionischer Hexastylportikus mit einem verzierten Giebel, der den elisabethanischen Abschluß ersetzte.[394]

Die Anregung dazu hat man wechselweise in Robert Adams Vertrautheit mit den Woodschen Illustrationen vom Sonnentempel in Palmyra, in seiner unmittelbareren Kenntnis des Portikus der Octavia in Rom und – vielleicht am überzeugendsten – in einem sehr ähnlichen Projekt für eine Säulenstellung in Witham Park in Somerset vermutet, die ein halbes Jahrhundert zuvor von William Talman entworfen worden war.[395] Aber dieser luftige, leichte Portikus mit seiner kunstvoll die Groteske reflektierenden Decke ist sehr anders als alles, was durch die antiken Beispiele oder durch Talmans beherrschende Manier hätte angeregt werden können. Nachdem der Besucher die monumentale Treppe erstiegen und den Portikus betreten hat, sieht er sich in einem offenen Raum, der an zwei Seiten von Mauern, an den beiden anderen Seiten von Säulen begrenzt ist. Er durchschreitet ihn, gelangt in den Hof und betritt von dort aus die große gegenüberliegende Halle. Nach dem großartigen Portikus erfolgt der eigentliche Eingang in das Haus durch ein sehr schlichtes Werksteinportal. Die Fenster am ganzen Gebäude besitzen keine bearbeiteten Gewände, und nur die Eckquader an den Türmen, das Gesims und die horizontalen Bänder zwischen den Geschossen sind aus Werkstein. Die Halle beeindruckt den Besucher sofort mit ihrer geometrischen Selbstsicherheit. Es ist ein rechteckiger Raum mit zwei Apsiden, dessen Schmalseiten sich zu den Längsseiten wie drei zu vier verhalten; der Durchmesser der Apsisöffnungen beträgt ein Drittel der Längsseiten. Die große korinthische Ordnung (von jener groben Art, wie Adam sie in Spalato vermessen und festgehalten hatte) ist so hoch wie die halbe Breite der Schmalseiten. Der Portikus dagegen ist ein Rechteck im Verhältnis zwei zu drei (von der Säulenmitte gemessen). Der Hof ist auf beiden Seiten um ein halbes Interkolumnium breiter als der Portikus – ein Rechteck im Verhältnis fünf zu sechs – und bis zur Mitte des Eingangsportals so tief, wie der Portikus breit ist. Die Halle ist in französischem Grau und Weiß gehalten. Zwischen den Pilastern und gegenüber den Fenstern befinden sich Waffentrophäen (ähnlich denjenigen im Vorraum von Syon House, aber kleiner). Die Apsiden sind gewölbt, sie besitzen Nischen und je einen Kamin, über dem sich ein Grisaillenfeld befindet, das möglicherweise von Cipriani stammt. Die Öffnung der Apsiden beträgt ein Drittel der Länge der Halle, und ihre halbe Höhe entspricht dem Durchmesser ihrer Kuppel. Wo der Kreis das Rechteck schneidet, übernimmt Robert seine kleinere Ordnung. Dadurch erreicht er jene breite und flache Wirkung, die einige seiner Bewunderer, zumal Soane, später nachahmten.

Wie in Syon erhielt auch diese buchstäblich monochrome Halle einen eingelegten schwarzweißen Steinboden, der das Muster der Decke mit dem großen Mitteloval und den umlaufenden Groteskenfeldern reflektiert. Adam beschrieb die von ihm angestrebte Wirkung, als er von der Halle eines englischen Hauses sprach, die derjenigen eines französischen gleiche (»ein wirklich weitläufiger Raum ... der Eingangsbereich, wo livrierte Diener aufwarten«[396]). Zweifellos verliehen die gedämpften Farben des Raumes der Farbe der Livree noch eine erhöhte Bedeutung. Aber hier wollte Robert, wie immer, die klassische Feierlichkeit des Innenraumes lockern. Das erreichte er durch ein behutsames Spiel mit den Formen. Das Gesims tritt deutlicher als anderswo hinter die Oberfläche der Pilaster zurück, und sowohl sein unterster Teil, der Architrav, als auch der obere Abschluß sind weggelassen. Das Relief der Decke ist in die Kassetten zurückgenommen. Vor der matten Weiß-Grau-Färbung der Halle heben sich die hochglänzenden Mahagonitüren leuchtend ab. Nicht nur ihre Füllungen, sondern auch die Türgriffe und die Beschläge sind von Adam entworfen: Auf einem Stich im zweiten Band der *Works* erscheinen dafür drei Alternativen.[397]

Als nächstes wurden anscheinend das Speisezimmer und die Bibliothek geplant. Die Decke des Speisesaals ist der vier oder fünf Jahre zuvor entstandenen Decke des Speisezimmers von Shardeloes sehr ähnlich und anders als alle übrigen Decken in beiden Häusern:[398] Ihr zentrales Thema ist ein Oval aus miteinander verbundenen und von Bändern – Faszien – zusammengehaltenen Schilfrohren, die wiederum mit Girlanden aus Weinlaub verwoben sind, welche auch die Medaillons in den Ecken umschließen. Ein inneres – doppeltes – Oval enthält eine Art Geißblattornament, das sich auf den Achsen des Raumes zu Palmetten fortentwickelt, während die Diagonalen von sich kreuzenden, mit Weinlaub geschmückten Thyrsusstäben (dem für einen Speiseraum sehr passenden Symbol des Bacchus) markiert sind und die Eckmedaillons Embleme der Künste enthalten. Die Wände sind, wie im vergleichbaren Raum in Shardeloes, zum Teil mit Grotesken geschmückt. Anstelle von Stuckmedaillons haben sie allerdings eingelegte polychrome Paneele, die im Ver-

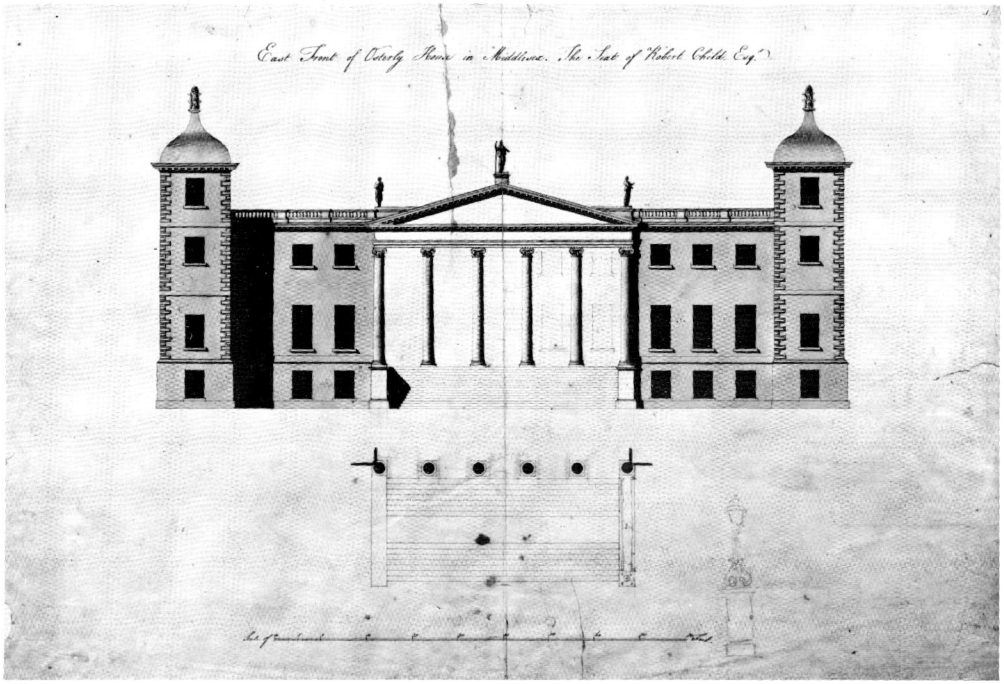

118

118 *Osterley Park, Middlesex; Ansicht von Osten mit Portikus,* nach 1763 (London, Victoria and Albert Museum)

119

119 *Osterley Park, West-Ost-Schnitt durch den vorläufigen Entwurf,* 1761/62 (London, Victoria and Albert Museum)

gleich zu den Groteskenfeldern winzig klein sind.

Die Bibliothek, die sich an der anderen Seite des Haupttreppenhauses befindet, erinnert mit ihren ionischen Pilastern, welche die Pfosten der Bücherregale bilden und die Stellflächen als Teil der Architektur erscheinen lassen, an die lange Galerie in Syon (und übrigens auch an Nostell und Croome Court). Sie widersprach der gängigen Praxis, der zufolge Bücher in beweglichen Gehäusen mit Glastüren unterzubringen waren.[399] Auch tauchen in der Bibliothek – und später im Speiseraum – geschnitzte Stühle auf, deren Rücken ein neues Thema zeigen, die Lyra. Sie wurden von Linnell für Osterley angefertigt, und Chippendale lieferte für Nostell eine vergleichbare Garnitur, möglicherweise eine von ihm in Nachahmung Adams erschaffene Variante.[400] Auf jeden Fall heißt es von diesen Stühlen, sie seien »außerordentlich reich im antiken Geschmack«.[401] Selbstverständlich war die Lyra ein Musikinstrument, das an das klassische Altertum und zumal an Apollo denken ließ. Und wenn im Jahre 1764 in Paris Lyren in antiker Form verkauft wurden, so dienten sie vermutlich häufiger als Malerrequisiten (für Damen, die sie in den Händen hielten, während sie sich porträtieren ließen) denn als Musikinstrumente.[402] Die Form der Lyra war von antiken Statuen her bekannt. Raffael zum Beispiel hatte sie in der »Schule von Athen« im Zusammenhang mit der Statue des Apollo gezeigt, die den *Apollo Lyricus* oder *Musagetes* darstellt. Später gehörte die Lyra zu den Ornamenten, die mit dem Sonnenkönig als Apollo assoziiert waren, und mit dem wiedererwachten Interesse für das *Grand Siècle*[403] nach 1750 tauchte sie zwangsläufig von neuem auf.

Eine weitere Form, die im Kult des Apollo mit der Lyra zusammenhing, war der Dreifuß. In nachantiker Zeit war er auf den Status eines Küchengestells reduziert worden und dann im Mittelalter von den Alchimisten und Wahrsagern rehabilitiert worden. Er wurde erneut dreidimensional gestaltet, als eines der Ob-

120 *Osterley Park, Grundriß der Halle mit Aufriß der Hallenwände,* 1767
(London, Victoria and Albert Museum)

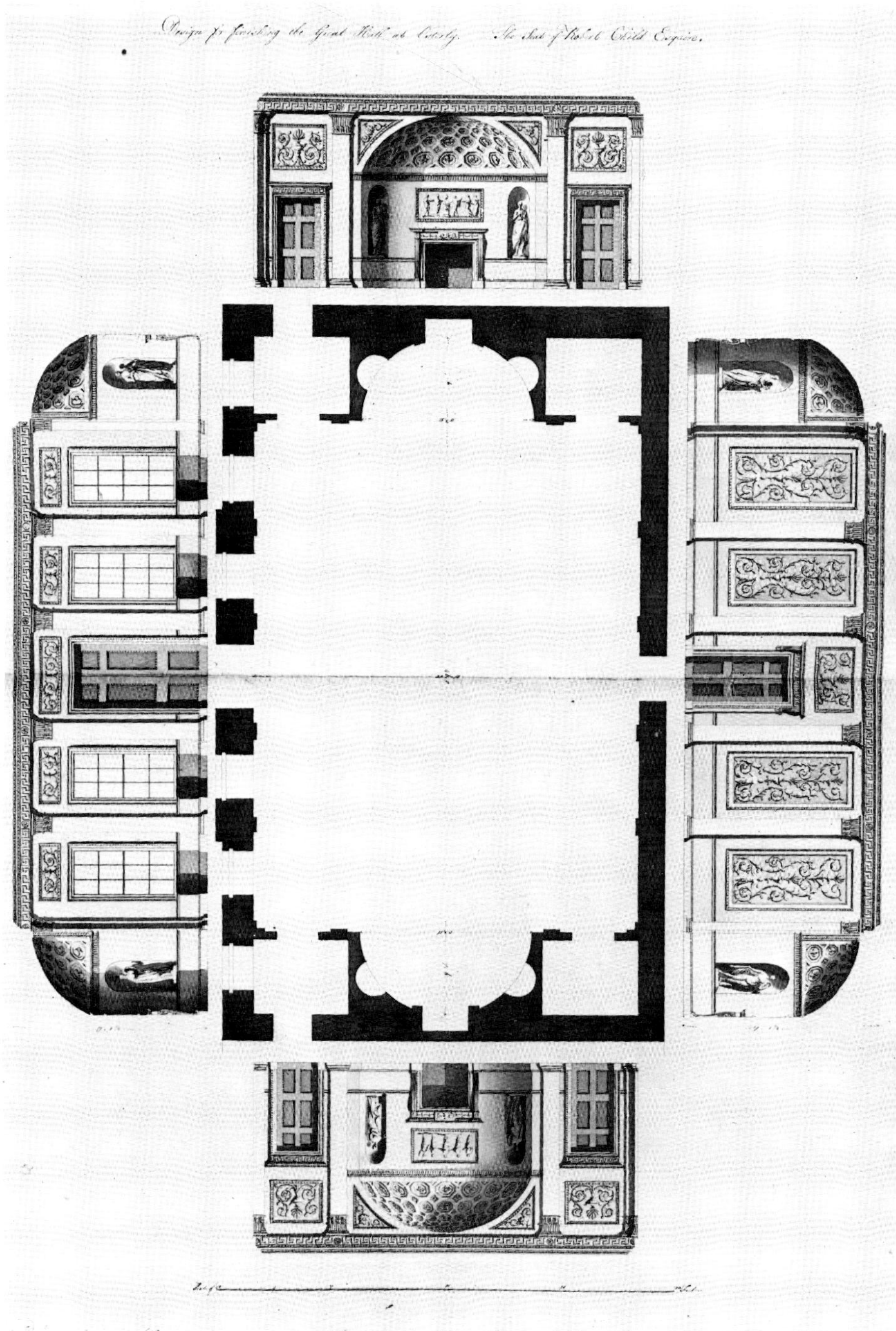

120

121 *Osterley Park von Osten*

122 *Osterley Park, Eingangshalle*
123 *Osterley Park, Kamin im Speisezimmer*

jekte, die in einem Zusammenhang mit dem Sonnenkönig als Apollo standen, und bildete als Wasserständer oder, häufiger noch, als Parfümbrenner, auch als *Athenienne* bezeichnet, gemeinsam mit der Lyra ein Ausstattungstück des Innenraumes nach 1750.[404] Er war bei Stuart wie bei Adam wohlgelitten; Piranesi stach ihn mehrfach als steinernen Dreifuß und verwendete ihn – wie Adam – als Kandelaber. Und Kardinal Albani besaß eine unlängst ausgegrabene Statue des auf einem Dreifuß sitzenden Apollo, so daß das Thema sogar durch die jüngsten archäologischen Entdeckungen wieder in Erinnerung gebracht worden war.[405]

Wir sollten uns allerdings darüber im klaren sein, daß diese archäologischen Bezüge nicht sehr präzise waren. Die Brüder Adam hatten nicht die Absicht – trotz ihrer anfänglichen Experimente mit einer englischen Ordnung und gelegentlicher gelehrter Anspielungen –, ein System der ornamentalen Allegorie zu erschaffen, wie Jean-Charles Delafosse es zur gleichen Zeit in Paris entwickelte[406], im Gefolge der noch anspruchsvolleren Versuche Cochins mit einer universalen visuellen Allegorie.[407] Für die Adams – ebenso wie für Chambers und sogar für Stuart – hatten die antiken Zitate, ob griechisch oder römisch, nicht das Gewicht von Symbolen oder gar der Allegorie. Sie bildeten vielmehr ein dichtes Gewebe von Bezügen, das seinerseits eine Atmosphäre der Assoziation hervorbrachte. Das wurde niemals deutlich ausgesprochen, aber das Repertoire der Zitate in Osterley – die Thyrsusstäbe und Weinranken, die Pilaster in der Bibliothek, die Lyren und Dreifüße, ja sogar der ganze große Portikus – wirkt in eben diese Richtung.

Diese Einstellung kam Piranesis rücksichtslosem Umgang mit dem antiken Bezug näher, der spielerisch-heftigen, fast sadistischen Art, in der er dem Antikenzitat seinen Maßstab aufzwang oder die Fragmente plazierte. Bei Adam dagegen wurden die Bezüge zu einer zusammenhängenden Oberfläche verdichtet. Piranesi brachte seine *Cammini* 1769 heraus,

121

122

123

124 *Osterley Park, Speiseraum.* Die eingelassenen Malereien (»Maurische Tänzer in einer Ruine an der Mauer« und »Opfer an Ceres«) und die Miniaturpaneele sind von Antonio Zucchi

124

125 *Osterley Park, Grundriß der Bibliothek und Aufriß der Bibliothekswände*
(London, Victoria and Albert Museum)

als die Arbeit in Osterley im Gang war. Es handelt sich dabei um Entwürfe nicht nur für Kamine (wie der Titel vermuten läßt), sondern für ganze Interieurs. Sie bedeuteten eine Revolution in der Einstellung zur Dekoration, die ebenso radikal war wie die von den Adams vollzogene. Allerdings dämpften die Adams Piranesis Heftigkeit und verwandelten sie in etwas viel Matteres und Penibleres, als Piranesi es sich gewünscht hätte, bei aller unverhohlenen Bewunderung, die er dem Werk der Brüder entgegenbrachte. Vermutlich kannten sie einen Teil der Vorzeichnungen zu diesen Stichen, aber das Erscheinen des Buches bedeutete für sie sicher einen neuen Impuls und bewirkte einen anderen Ansatz.

Aber kehren wir in das Speisezimmer von Osterley zurück. Die kleinen in die Groteskenfelder eingesetzten Paneele haben wir schon erwähnt, jedoch gibt es auch noch zwei große dekorative Paneele von Zucchi an den schmalen Wänden zwischen den Grotesken, die Thermenruinen und »türkische Tänzer« zeigen. Die Supraporten über den vier Türen stellen die vier Kontinente dar, ebenfalls von Zucchi gemalt. Vervollständigt wird die Wirkung des Raumes durch das Büffet mit dem Silbergerät und die Urnen, die (wie in Kedleston) seitlich davon plaziert sind. Wie es damals Brauch war, gab es keinen Eßtisch; die rings an den Wänden stehenden Stühle (französisch als *meublants* bezeichnet) waren Schaustücke, die Tische in der Regel Klapptische oder wurden sogar nur aus Böcken aufgebaut. Man bewahrte sie außerhalb des Prunkspeisezimmers auf und brachte sie nur zu den dort stattfindenden Festmahlzeiten herein.

Ein weiteres Merkmal, das der Speiseraum in Osterley mit der Bibliothek gemeinsam hat und das zu einem Kennzeichen des Adam-Stils wurde, sind Vorhangschienen am Gesims mit Palmetten und Girlanden und herabhängende Volants. Nur in einem Haus, in Harewood, bestehen diese Volants nicht aus hängendem Damast (wie in Osterley), sondern sind dort imitiert, von den Chippendale-Werkstätten in

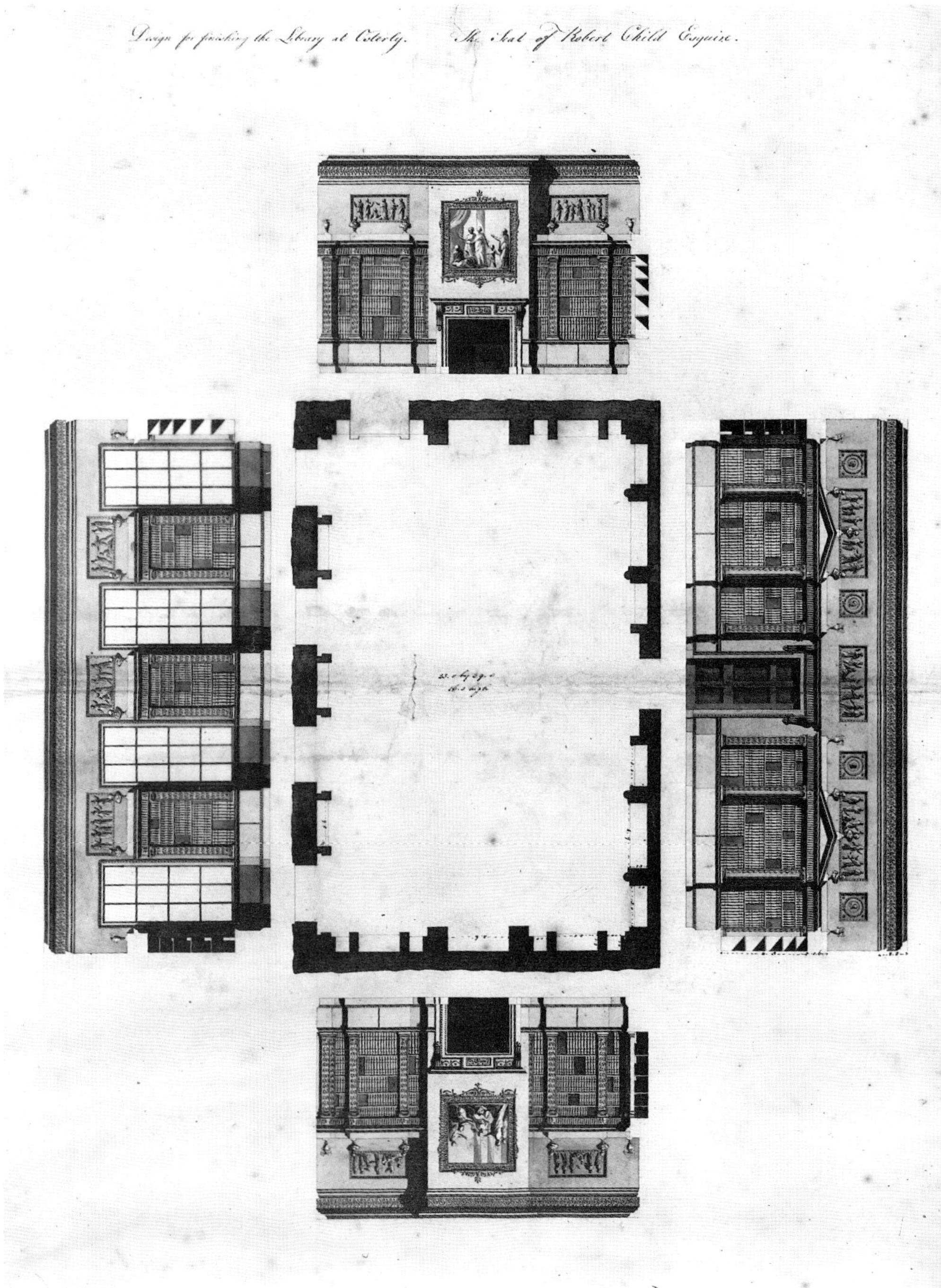

125

126 *Osterley Park, Treppenhaus*
127 *Osterley Park, das Innere des kuppelförmigen Himmels des Prunkbetts* (vgl. Abb. 100)

126

127

Holz geschnitzt. Auch wenn die Idee, Stoff vorzutäuschen, vielleicht nicht von den Brüdern stammt, so verweist sie doch auf eine weitere Neuerung im Zusammenhang mit der Kontrolle der Architekten über den Bau, die sie einführten: auf das Interesse an Behängen und Polsterwerk. Solange sie es darin nicht zur Meisterschaft gebracht hatten, war dieser Teil der Ausstattung es ihrer Meinung nach nicht wert gewesen, vom Architekten bedacht zu werden. Behänge waren kurz zuvor auf französischen Stichen als Teile architektonischer Projekte aufgetaucht: Einige wurden von Neufforge skizziert, aber selbst ausgesprochen pingelige Entwerfer (wie zum Beispiel Meissonnier) waren in der Regel kaum daran interessiert.[408]

Die Adams machten sich die Domäne der Polsterer und Drapierer zu eigen. Ihre ausgeklügelten und gewagten Farbzusammenstellungen aus Grün-, Scharlachrot- und Gelbtönen konnten durch einen nicht dazu passenden Behang nur zu leicht gestört und entwertet werden. Das zeigt sich deutlich in jenem Raum in Osterley, der als nächster fertig wurde: im großen Wohnraum. Wie der entsprechende Raum im Syon House hat auch dieser schlicht mit – allerdings erbsengrünem – Damast verkleidete Wände. Die Decke ist dagegen sehr kunstvoll gestaltet; sie zeigt die leicht modifizierte Version einer von Wood wiedergegebenen Decke aus dem nach Süden gelegenen Raum des Sonnentempels von Palmyra.[409] Der wesentliche Unterschied besteht darin, daß die kreisförmige Mittelrosette aus Palmyra hier zum Oval wird, die Sonnenblume sehr viel plastischer gestaltet und die sie umgebende Federkrone verdoppelt ist. All das verleiht dem Ornament eine starke Dynamik und läßt es fast wie vom Wind bewegt erscheinen. Im übrigen ist das Relief, einschließlich des dreifachen Ringes aus griechischem Flechtwerk, sehr getreu nachgebildet, ebenso wie das Muster aus regelmäßigen Oktogonen, zwischen denen kleine Quadrate sitzen. Obwohl die Decke im Vergleich zu fünfzig Jahre früher entstandenen englischen Beispielen nicht tief kassettiert ist, beherrscht sie mit ihrer Plastizität, mit der Eindringlichkeit ihres Musters und mit ihrer Farbigkeit den Raum doch auf den ersten Blick. Die Decke findet, wie dies häufig der Fall war, wiederum ein Echo im Muster des Teppichs. Aus den Oktogonen der Decke werden auf dem Teppich umlaufende runde Girlanden, die ovale Blumenkrone wird zur gezackten Fächerform, das griechische Flechtwerk zum Anthemion. Die Wände sind gegenüber den erhalten gebliebenen Adamschen Entwürfen etwas verändert. Sie werden beherrscht von zwei außergewöhnlich großen einscheibigen Spiegeln, die vermutlich in St. Gobain in Frankreich angefertigt wurden, das damals bereits ein Zentrum der Glasherstellung war.[410] Darunter befinden sich zwei halbrunde Kommoden – eine irreführende Bezeichnung, da ihr einziger Zweck darin besteht, Platz zu beanspruchen. Sie sind aus kostbaren Hölzern kunstvoll eingelegt, und jede ist darüber hinaus mit einem *Or-moulu*-Relief verziert. Dieses goldfarbene Relief erscheint fast genauso an den vergoldeten Holzrahmen der Türen wieder. Und die Dekoration der unteren Kommodenecke ist ein Echo des Musters an dem in Rot und Gold gehaltenen Gesims. Die möglicherweise wieder von John Linnell stammenden Möbel sind aus geschnitztem und vergoldetem Holz im französischen Stil und offensichtlich Schaustücke. Es besteht kein eindeutiger Konflikt zwischen den überladenen und vergoldeten *meublants* und der eher streng gehandhabten Ausstattung des Raumes mit den Kandelaber tragenden Dreifüßen. Zum eigentlichen Konflikt kommt es dann im nächsten Raum, dem Tapisserienzimmer, das wir in Teilen bereits beschrieben haben (siehe S. 111). Es ist schwer zu sagen, wie weit der Unterschied zwischen den *alentours* von Osterley und den übrigen Garnituren auf den veränderten Pariser Geschmack oder auf Adams Einfluß zurückzuführen ist. Jacques Neilsons Sohn war auf der Suche nach Aufträgen 1767/68 nach London gekommen, und möglicherweise kam bei dieser Gelegenheit ein Kontakt zustande.[411] Die Tapisserien von Osterley sind zwar signiert und (1775) datiert, aber eine Notiz über den eigentlichen Auftrag existiert nicht. Allerdings dürfte die Zeitspanne zwischen Auftrag und Fertigstellung in etwa stimmen.

Die Modifikationen der *alentours*, ob sie nun von Adam vorgeschlagen oder gutgeheißen waren oder nicht, sind den säuberlichen und sogar etwas langweiligen Korrekturen, die er einige Jahre zuvor für die Garnitur in Croome Court angeregt hatte, allerdings sehr unähnlich.[412] Abgesehen von den »vitruvianischen Schnörkeln«, die jeder Pariser Künstler genauso geliefert haben könnte, haben diese Entwürfe nichts eigentlich Adameskes an sich. Sie lassen, wenn überhaupt, eher an die Arbeit des alten Teams Maurice Jacques/Jacques Neilson unter der Aufsicht Soufflots denken, das allerdings möglicherweise Kenntnis von Adams Vorstellungen hatte.

Die Decke des Tapetenzimmer ist wie die des benachbarten Raumes kunstvoll gearbeitet, zum Teil vergoldet und mit bemalten Füllungen verziert. In eine große, wenn auch viel dünnere Kreisform ist hier eine Kreuzform aus konkaven Krümmungen einbeschrieben. Der Teppich ist, wie ich an anderer Stelle schon sagte, ein Spiegelbild der Decke, modifiziert durch die Tapisserien. Der Kamin ist mit eingelegten farbigen Stuck- und Metallornamenten kunstvoll verziert. Wie im benachbarten Wohnraum sind die Reliefs und Verzierungen der Türgewände, des Kaminfrieses und des Deckengesimses eindeutig aufeinander bezogen.

Bei seinem zweiten Rundgang durch das Haus 1778 war Horace Walpole vom Tapetenzimmer begeistert. »Das Großartigste und Schönste, was man sich nur vorstellen kann«, urteilte er, obwohl ihm der Kamin und seine Verzierungen mißfielen. Kein Wort verlor er über die Möbel, die, ebenfalls mit Tapisserien bezogen, Bouchersche Vignetten von Kindern zeigten. Die Vignetten waren ursprünglich für Madame de Pompadour angefertigt worden,

128

129

und Robert Child hatte den Gobelins die Erlaubnis abgehandelt, sie zu verwenden.[413] Die Möbel aus vergoldetem Holz stammen wiederum mit großer Wahrscheinlichkeit von Linnell. Der Kontrast zwischen den Adamschen Dekorationen und den Tapisserien erscheint sehr scharf, trotz der Konzessionen auf beiden Seiten. Das Spiel mit der Transparenz und der Tiefenwirkung wird in den *alentours* viel gefälliger, aber auch deutlicher ausgespielt als in den Adamschen Reliefs. Selbst die Möbel wirken steif im Vergleich zu der Art, in der die Boucherschen *teintures* in einem französischen Haus jener Zeit gefaßt gewesen wären. Vor allem besteht ein großer Kontrast zwischen dem Maßstab der Dekorationen von Decke und Tapisserie und im gesamten Verhältnis der beiden zueinander. Das allerdings scheint weder Child noch Walpole und nicht einmal die Adams gestört zu haben. Bei einem Besuch fünf Jahre früher, als dieser Teil des Hauses noch nicht fertiggestellt war, hatte Walpole sich vom benachbarten Wohnraum sogar noch stärker beeindruckt gezeigt; er hielt ihn damals für »einer Eva vor dem Sündenfall würdig«.[414] Dann aber faszinierten ihn andere Aspekte des Hauses, das er für ein Adamsches Meisterwerk hielt. In einem Brief an die Countess of Upper Ossory vergleicht er den großen Portikus mit den Propyläen der Akropolis, wenn er es sich natürlich auch nicht versagen kann, darüber nachzudenken, wie man ein so großartiges Haus habe bauen können, ohne Land zu pachten. Die Bank der Childs nennt er einen »Laden«, während Osterley ihm der Palast der Paläste zu sein scheint (»*sans* Crown, *sans* Coronet, aber welcher Aufwand!«).

Als Walpole 1778 zum zweiten Mal nach Osterley kam, waren das Tapetenzimmer, das Prunkschlafzimmer und das »etruskische« Zimmer fertiggestellt, und er äußerte seine Meinung zu allen. Das Prunkschlafzimmer ist wahrhaft luxuriös in seiner Dekoration. Das Vier-Pfosten-Bett ist aus grünem Satin, die Pfosten sind herausgedreht, die Säulen *or-moulu*-verziert. Der Volant tritt an den Ecken wie ein Gesims hervor. Darüber erhebt sich, als ob es sich um ein wirkliches Gesims handelte, eine Kuppel, die einst in einem Kranz von Girlanden saß. Walpole war nahezu schockiert: Das war ihm alles »zu theatralisch, zu sehr wie eine modischer Kopfputz ... Was würde Vitruv von einer Kuppel halten, die von einer Putzmacherin dekoriert ist?« Als er das nächste Zimmer betrat, war der Schock noch größer. »Es nennt sich etruskisch und ist über und über bemalt wie Wedgwood-Geschirr ... einen derartigen Sturz ins kalte Wasser habe ich noch nie erlebt ... Es gibt keine Entschuldigung für dieses abschreckende Ende, es sei denn, hier befände sich ein kaltes Bad ...«[415]

130 *Osterley Park, das Tapetenzimmer.*
Die Boucher-Medaillons (Cephalus und Aurora, Vertumnus und Pomona) sind die gleichen wie in Abb. 106. Über dem Kamin ein Medaillon mit Amor und Psyche

130

131 *Osterley Park, das Etruskische Zimmer*
132 *Osterley Park, die bemalte Tür im Etruskischen Zimmer*

Die Kälte lag jedoch in der Farbgebung; mit der Raumtemperatur hatte sie nichts zu tun. Und auch wenn wir davon absehen, daß Walpole den Adams gegenüber voreingenommen war – seine harsche Kritik mag doch von vielen seiner Zeitgenossen geteilt worden sein. Nach dem Damast und den Tapisserien in den vorangegangenen Räumen präsentiert sich dieser letzte im wesentlichen in einem gebrochenen Weiß, und selbst das warme, polierte Mahagoni der Türen ist durch einen blassen Arabeskenanstrich ersetzt. In ihrer Beschreibung eines solchen Innenraumes für die *Works* sagen die Brüder, daß diese Dekorationen »sich von allem unterscheiden, was in Europa bisher gemacht worden ist«. Anschließend entschuldigen sie sich für ihre Originalität: Der Stil stamme von »den Vasen und Urnen der Etrusker«, aber, so sagen sie, er habe keinen Vorläufer in irgendeinem bekannten, etwa aus der Antike überkommenen Interieur. Sie behaupten, im Werk des Comte de Caylus, des tonangebenden französischen Altertumskenners, bei Passeri und Gori sowie in der umfangreichen Sammlung des Bernard de Montfaucon nach möglichen Hinweisen gesucht zu haben. Immerhin lassen sie sich herab, ihre Übernahme dieser Manier zu diskutieren: Es sei die eigentliche römische Manier, die sie von den Etruskern übernommen haben. Diese Entwicklung könne man nachvollziehen, heißt es dann etwas obenhin, wenn man die Werke von Thomas Dempster, Scipione Maffei, Francesco Mariani und Philip Cluver studiere. Diese Zurschaustellung ihrer Gelehrsamkeit ist nicht aufrichtig, denn der Autor, den sie in diesem ganzen Zusammenhang nicht erwähnen, ist ihr alter Freund Piranesi, auf den ihre Etruskerverehrung letzten Endes zurückging. Von den genannten Autoren veröffentlichten Dempster (auch er ein Schotte, der allerdings in der Toskana lebte) und Maffei Stiche griechischer Vasen, die sie für etruskisch hielten. Cluvers Werk ist dagegen nur mit Landkarten illustriert.[416]

Noch ein weiteres Buch aber war von herausragender Wichtigkeit, und die Adams kauften es möglicherweise gleich nach seinem Erscheinen: der Katalog der Sammlung griechischer Vasen, die sich im Besitz von Sir William Hamilton befanden und die von den meisten Leuten für etruskisch gehalten wurden. Der Katalog ist 1767 datiert, erschien aber erst 1768. Einzelne Platten waren allerdings schon ein oder zwei Jahre früher in Europa zirkuliert. Im Palazzo Sessa, der offiziellen Residenz Hamiltons als britischer Gesandter in Neapel, will mindestens ein Besucher einen Raum gesehen haben, der von den Adams entworfen war. Weitere Anhaltspunkte dafür gibt es allerdings nicht.[417]

Es war ein glückliches Zusammentreffen, daß Piranesis *Cammini* nur wenige Monate nach Erscheinen des Hamilton-Katalogs herauskamen und den Brüdern einen spürbaren Ansporn lieferten. Nicht daß sein Material sie in Erstaunen versetzt hätte; es wurde schon gesagt, daß sie seine Vorzeichnungen für die *Cammini* möglicherweise gesehen hatten, und die antiken Quellen waren ihnen ja nur zu gut bekannt. An Vasen hatten sie viele ähnliche Stücke in Rom und Neapel gesehen, und zwar nicht als griechische, sondern als etruskische Exemplare. Das Vorwort zu den *Cammini* mit seinem Lobgesang auf die etruskische Kunst brachte diese Reste nur in ein deutlicher bezeichnetes Umfeld. Die Wirkung dieser beiden Bücher, in denen eine Reihe von Themen aufgenommen und anscheinend weiterbehandelt wurde, die auch in ihrem Werk implizit bereits enthalten waren, muß so gewesen sein, daß man sich ihr nicht entziehen konnte.

Bei der Beschreibung der in der etruskischen Manier gehaltenen Dekoration von Derby House führen die Brüder vieles an, was sie über die Priorität der Etrusker gegenüber den Griechen und sogar über die Überlegenheit der ersteren gegenüber den letzteren (außer in der Frage der Ordnungen!) aus den *Cammini* herausgelesen haben.[418] Aber der polemische Ton zu diesem Zeitpunkt wirkt merkwürdig. Wohl nahm die Zahl der Veröffentlichungen über die Baukunst der Griechen zu, doch vermochten griechische Elemente bis zur Jahrhundertwende nicht in die Innenräume einzudringen. Zur Zeit der Adams gab es für ihre Ausstattung nur einen möglichen Stil, der als antik anerkannt war. Dieser gründete auf der Verwendung der Groteske, und darin waren die Adams zu ihrer Zeit in England ohne Zweifel die anerkannten Meister. Durch die

131

132

Entdeckungen in Herkulaneum und Pompeji erfuhr dieser Stil eine Belebung und Aktualisierung, nicht aber eine radikale Veränderung.[419]

Allerdings ist die etruskische Manier in Osterley Park und Derby House dünner, steifer und dogmatischer als alle vergleichbaren Beispiele in Frankreich und Italien – und auch weniger reich an Anspielungen. Daß Walpole in dieser Manier nur eine Wedgwood-Imitation sah, ist ein Zeichen seiner Voreingenommenheit und auch seines mangelnden Interesses an bestimmten architektonischen Entwicklungen. Wedgwood und Adam schöpften aus den gleichen Quellen, aber mit unterschiedlichem Ergebnis. Die Brüder verwendeten ähnliche Farben und kauften sogar Material von Wedgwood: Sie wollten die Oberfläche in einer bestimmten Weise fortlaufend gliedern und dadurch erreichen, daß die Gliederung, wenn auch nur gemalt, zu einer Art räumlichem Gerüst wurde.

Das geschah erst in den siebziger Jahren des 18. Jahrhunderts. Das Etruskische Zimmer in Osterley war ein so gelungenes Werk, daß die Brüder es sich leisten konnten, ihre ursprünglichen Entwürfe für die Stühle zu vereinfachen. Die Malereien, wiederum das Werk eines Italieners, wurden nach ganz präzisen Anweisungen ausgeführt. Selbst die auf japanische Weise lackierte Kommode im orientalischen Stil schien, gerahmt von Adamschen Stützen, vollkommen am Platz, so unpassend sie dem heutigen Betrachter in diesem etruskischen Interieur auch erscheinen mag.

133

134 *Osterley Park, Entwurf für den Kaminschirm* (London, Victoria and Albert Museum)

134

Witham Park und Audley End

135 *Witham Park, Somerset; Grundriß des Hauptgeschosses.* Aus Vitruvius Britannicus, Vol. V, T. 38

136 *Witham Park, Gartenfront.* Aus Vitruvius Britannicus, Vol. V, T. 41–42

Aber kehren wir zu Roberts früherer Manier zurück. Luton und Osterley waren zwar vor 1767 seine bedeutendsten Aufträge, aber daneben war noch eine Menge weiterer Arbeiten im Gange. In Witham Park wuchs ein großes Haus für den Lord Mayor William Beckford (den Vater des berühmteren Trägers dieses Namens) in die Höhe. Allerdings wurde der Bau nach dem Tod des Auftraggebers 1770 eingestellt und der größte Teil von dem respektlosen Sohn wieder abgerissen.[420] In Audley End, der riesigen, teils elisabethanischen, teils aus der Zeit Jakobs I. stammenden Anlage, entstanden mehrere großartige Innenräume, eine Brücke und Gartengebäude für John Griffin, der später den Titel des Howard de Walden erbte und Feldmarschall wurde.[421]

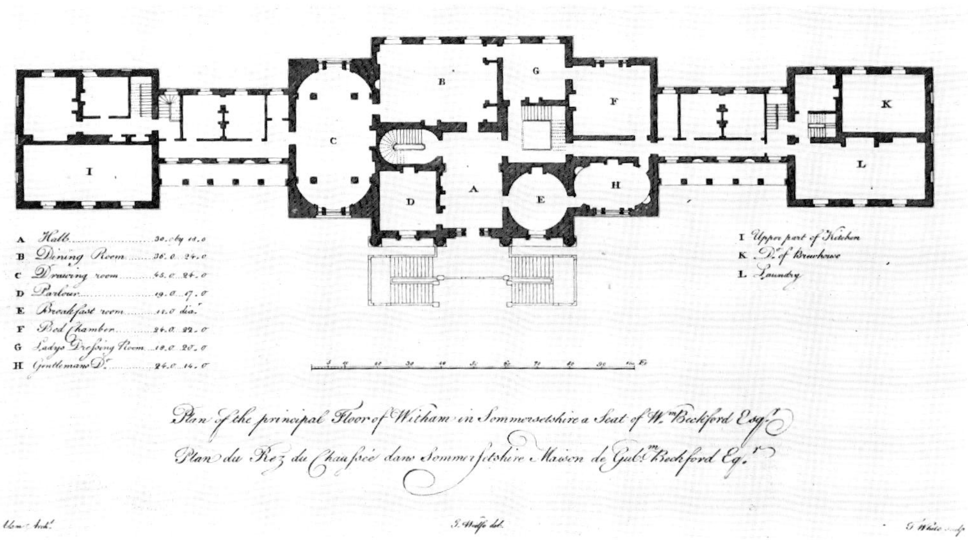

135

136

Offensichtlich ganz selbständig entwarf James Adam ein Hofhaus in Hertford. Er besaß in dieser Gegend etwas Land, rund zwei Quadratkilometer, und experimentierte mit landwirtschaftlichen Methoden, wie er in einem Buch ausführte, das er gegen Ende seines Lebens veröffentlichte.[422] Um die Zeit seiner Rückkehr aus Rom hatte er aber auch einen sehr viel wichtigeren Auftrag erhalten: den Bau einer Reitschule in Edinburgh, eines schlichten basilikalen Gebäudes mit einer Reitbahn im Mittelschiff und Pferdeboxen in den Seitenschiffen. Die Akten geben darüber leider nicht sehr viel Auskunft, und um das Jahr 1870 wurde die Schule wieder abgerissen.[423] Das Gebäude ist insofern wichtig, als es die Notwendigkeit eines Büros in Edinburgh bestätigt. Robert verbrachte jedes Jahr etwa einen Monat in Edinburgh, um seine Familie und seine Freunde wiederzusehen, um Arbeiten zu beaufsichtigen und sich um neue Aufträge zu bemühen. Die Reitschule war ein quasi-öffentlicher Auftrag, der erste Auftrag von einem gewissen architektonischen Anspruch, wenn man von den Festungsbauten absah.

Inzwischen häufte sich die Arbeit in und um London. Für Lord Le Despencer (besser bekannt als Sir Francis Dashwood vom Hell-Fire Club und einziger Schatzkanzler neben Disraeli, dessen Haushalt als eine Komödie betrachtet wurde) führte Adam am Hanover Square eine Reihe von Umbauten durch und richtete dort auch Räume ein. Für den gleichen Auftraggeber entwarf er 1765 einen großen Portikus für West Wycombe Park, und zwar im »Ionick of Le Roi«, wie er mit Bleistift auf den Entwurf schrieb. Der ausgeführte Portikus unterscheidet sich aber erheblich von dem Entwurf; er wurde von Nicholas Revett in Anlehnung an den Bacchustempel von Teos (bei Pergamon) errichtet und im September 1771 mit einer bacchantischen Maskerade »eingeweiht«.[424] Die Überlieferung macht deutlich, daß Stuart und Revett eine ganz andere Einstellung zur Antike hatten als die Adams. Tatsächlich gibt es keinen einzigen Bau der Brüder, in dem Belustigungen dieser Art am Platz gewesen wären. Auf jeden Fall war der Portikus zu allen Zeiten als der »Bacchustempel« bekannt.

Es gibt in Wycombe aber noch einen direkteren und interessanteren Berührungspunkt mit Adam, der in anderer Weise ebenfalls auf diesen Unterschied aufmerksam macht: Die Darstellung einer Decke aus dem Sonnentempel von Palmyra, die Robert für die Decke des Salons in Osterley verwendet hatte, findet sich als Gemälde (allerdings in der Art einer billigen kolorierten Kopie) an der Decke der Halle in Wycombe wieder. Der Künstler war Giuseppe Mattia Borgnis, dessen jüngerer Bruder Pietro das Etruskische Zimmer in Osterley ausmalte.[425]

Von Roberts ersten Auftraggebern waren Bubb Dodington und Sir William Stanhope (den er in Rom kennengelernt hatte) »Monks of Medmenham«, wie Le Despencers Kumpane respektlos genannt wurden. Diese Art des scherzhaften Umgangs mit der Antike oder in diesem Fall mit dem Mittelalter war nicht Roberts Sache. James allein hätte so etwas vielleicht eher zugesagt – aber vielleicht tut man ihm mit dieser Vermutung auch Unrecht.

Compton Verney

137 *Compton Verney, Warwickshire; Grundriß des Hauptgeschosses.* Aus Vitruvius Britannicus, Vol. V, T. 43

138 *Compton Verney, Gartenfassade.* Aus Vitruvius Britannicus, Vol. V, T. 44

Um die Zeit von James' Rückkehr herrschte eine geradezu hektische Betriebsamkeit. Gearbeitet wurde gleichzeitig in Kedleston, Bowood, Harewood, an Lansdowne House und für den König und die Königin am Buckingham House. Dann kam die Erweiterung von Compton Verney in Warwickshire: In jenem Jahr heiratete Lord Willoughby de Broke die Schwester von Lord North und beschloß, sein Haus zu erweitern, das mit guten Gründen als ein Werk Vanbrughs bezeichnet wurde. Robert lieferte mehrere Inneneinrichtungen, fügte dem Hauptbau zwei Flügel an und setzte einen korinthischen Portikus dazwischen. Wo er Teile des älteren Bestands in seinen Neubau einbeziehen werde, so schrieb er, wolle er seinen Entwurf als Tribut an Vanbrugh »dem alten Teil des Hauses so weit wie möglich angleichen«. Nach 1855 ließ John Gibson es bei seiner Umgestaltung des Außenbaus wie des Innern leider an jedem vergleichbaren Maß an Respekt für das Werk seines Vorgängers fehlen.[426]

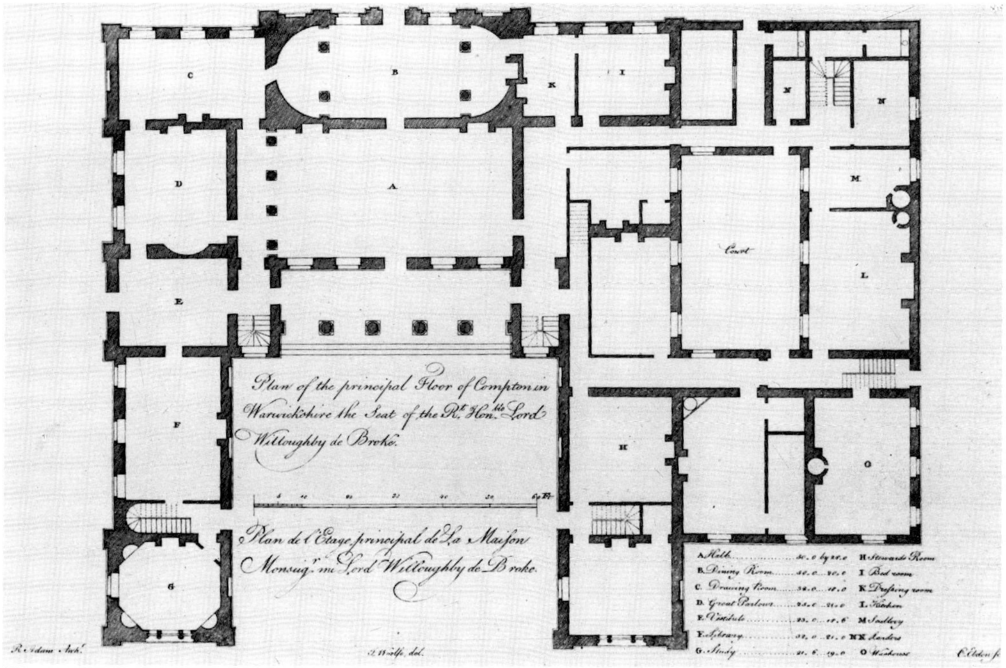

137

138

139 *Compton Verney, Ansicht vom Park*

140 *Kimbolton Castle, Huntingdonshire; Eingangstor zum Park, von der Ortschaft aus gesehen*

139

140

Kimbolton Castle

Zwei Jahre später brachte ein anderer Auftrag Robert von neuem in Kontakt mit Vanbrugh: ein Torhaus für den Herzog von Manchester an Kimbolton Castle, einem riesigen Tudor-Bau, der von Vanbrugh und Hawksmoor zusammen mit dem jungen Alessandro Galilei umgestaltet worden war.[427] Lord Holland plante, ein Haus in Piccadilly gegenüber von St. James zu errichten. Daraus wurde nichts, aber es haben sich einige Entwürfe erhalten. Das Grundstück wurde von Lord Melbourne erworben, der Chambers beauftragte. Dessen Haus steht noch heute und bildet den Eingang ins Albany.[428]

Nostell Priory

Im Jahre 1765 erhielt Robert von Sir Roland Winn den Auftrag zum Umbau von Nostell Priory in Yorkshire. Die Arbeit ging nur langsam vonstatten und zog sich noch länger hin als in Osterley. Wie schon in Kedleston wurden die Adams zu einem Zeitpunkt gerufen, an dem ein großer Teil des von James Paine stammenden (und schon 1745 begonnenen) weitläufigen Hauses errichtet und einige Innenräume bereits fertiggestellt waren. Es ist nicht klar, ob die Änderung damit zusammenhing, daß Sir Roland sich inzwischen für den neuen Stil entschieden hatte, oder ob es ihm darum zu tun war, Paines extravagante Vorstellungen etwas zu stutzen. Wenn das letztere zutrifft, dann brachten Chippendales vergoldete Mahagoni-Möbel wohl kaum Abhilfe. Die Innenräume sind von einer steifen Geometrie, und der Zusammenhang mit der Apsis der Eingangshalle von Osterley ist nicht zu übersehen.[429]

Newby Hall

William Weddell, ein Edelmann aus Yorkshire, brachte 1766 eine umfangreiche Sammlung von Kunstwerken, hauptsächlich Skulpturen, nach Hause, die er mit großem Geschick auf seiner *Grand Tour* zusammengekauft hatte. Er hatte ein großes, konventionelles Haus aus rotem Backstein geerbt, das nach dem von ihm gewünschten Umbau seine Schätze aufnehmen und den geeigneten Rahmen für seinen neuerdings gehobenen Lebensstil abgeben sollte.[430] Die Adams wurden hinzugezogen. Weddell kaufte eine der Boucher-Neilson-*teintures* – in Gelb –, für die ein entsprechender Raum eingerichtet wurde.[431] Die Eingangshalle wurde einfarbig gestaltet, mit Waffentrophäen, aber hier befand sich auch eine prachtvolle »architektonische« Orgel aus dunklem Mahagoni. Neu hinzugefügt wurden ein großes Treppenhaus und eine Bibliothek mit zwei Apsiden, eine kleinere Ausgabe der Bibliothek von Kenwood, hier allerdings mit flacher Decke. Das Prunkstück des Hauses aber wurde die Galerie: zwei Räume mit niedriger Decke, die nur an einer Seite mit Fenstern versehen waren, und dazwischen eine von oben belichtete Rotunde. Das Ganze erhielt eine fast katakombenartige Feierlichkeit durch den Kontrast zwischen der Gestaltung der Räume und ihrer Belichtung und durch die Aufstellung des großen *Pavonazzo*-Sarkophags in der abschließenden Nische. Alle diese Arbeiten nahmen mehr als zehn Jahre in Anspruch.

Dublin

Weddells Rückkehr aus Rom fiel mit dem Zeitpunkt zusammen, zu dem die Brüder Adam zum ersten Mal in Dublin – für den Parlamentsangehörigen Hercules Rowley – tätig wurden.[432] Die Räume in der Mary Street, die sie für ihn gestalteten, waren für sich genommen nicht von großer Bedeutung. Die Tätigkeit für Rowley zog aber einen Auftrag seines Schwiegersohnes, Lord Bective, nach sich und hatte zur Folge, daß in und um Dublin eine Fülle von Stukkaturen im Adam-Stil entstand.[433]

141 *Nostell Priory, Yorkshire; Salon*

142 *Nostell Priory, Obere Halle*

141

142

143 *Newby Hall, Yorkshire; Schnitt durch die Skulpturengalerie* (Sammlung Mr. und Mrs. Robin Compton)

144 *Newby Hall, Eingangshalle*

145 *Newby Hall, Tapetenzimmer*

143

144

145

146

147 *Newby Hall, Skulpturengalerie*

147

Wichtiger waren zwei weitere Londoner Aufträge: für Andrew Millar, den Verleger David Humes und William Robertsons[434], und für Lord Coventry. Für letzteren übernahmen die Adams die Innengestaltung jenes Hauses, das damals Piccadilly Nummer 29 war und das er 1761 gekauft hatte. Es sollte später die französische Botschaft und länger als ein Jahrhundert den St. James'-Klub beherbergen. Von Millars Haus besteht nichts mehr, von Lord Coventrys Haus haben sich nur Decken und Kamine erhalten. Die Innenräume für Lord Thanet an der Südseite des Grosvenor Square (Nr. 19) entstanden vermutlich einige Monate früher. Auch sie sind heute zerstört.[435]

Die nächsten beiden Jahre, 1766 und 1767, bildeten den Höhepunkt in der Tätigkeit der Brüder Adam. Die berühmte und brillante Lady Montagu gab ihnen die Ausstattung einiger Innenräume ihres in der Hill Street gelegenen Londoner Hauses in Auftrag. Nach 1775 ließ sie sich von James Stuart ein riesiges Haus an der nordwestlichen Ecke des Portman Square erbauen, und in den achtziger Jahren errichtete Wyatt in ihrem Auftrag eine gotische Priorei in Sandleford in Berkshire. Aber 1766 wandte sie sich an die Adams. Was in London im Bereich des Geistes wie der Mode zur ersten Garnitur zählte, sollte sich in ihrem Haus zusammenfinden, und für die Architektur schienen ihr die Adams die geeigneten Leute zu sein. Das Endergebnis dieser kurzen Beziehung war zwar nur ein einziger Raum (rund 3 × 6 m groß), aber der Brief der Lady Montagu an die Herzogin von Portland – in dem es heißt, daß Robert mit einstündiger Verspätung »an der Spitze eines Regiments von Kunsthandwerkern«[436] eingetroffen sei, die sämtlich ihre Meinung darüber geäußert hätten, was zu tun wäre – vermittelt doch einen recht aufschlußreichen Einblick in die Art, wie Robert seinem Geschäft nachging. Sie wird auch aus seinem beruhigenden Brief an die Lady Montagu über den Fortschritt der Arbeiten deutlich. Dort spricht er zum ersten Mal von dem Vorhaben, ein Schloß für den »herrischen und verdrießlichen« Sir James Lowther (später Lord Lonsdale) zu bauen, den Schwiegersohn von Lord Bute.[437]

Für den Earl of Fife waren einige Veränderungen an Fife House in Whitehall vorzunehmen.[438] Auch auf dem Lande waren Innenräume auszustatten: in Auchencruive House in Ayrshire für den Kaufmann Richard Oswald, der mit Adam Smith befreundet war und später im Auftrag Shelburnes in Paris mit Benjamin Franklin verhandelte;[439] in Leyton/Essex, in Wimbledon House und anderswo. Viel bedeutender war allerdings die Arbeit an den Innenräumen von Bowood für Lord Shelburne. Hier waren die Brüder möglicherweise auch mit größeren Umbauarbeiten am Außenbau beschäftigt: Die Säulen des Portikus zum Beispiel sind anscheinend vor ihrer Aufstellung erneut – für die hier verwendete Ordnung – bearbeitet worden. Etwa um diese Zeit fügte Adam das E-förmige Amtsgebäude in einen aus zwei Höfen bestehenden Block ein und versah es mit einem säulengeschmückten Mittelteil. Es erhielt die reichlich anspruchsvolle und vielleicht scherzhaft gemeinte Bezeichnung »Diokletiansflügel«; vielleicht sollte damit aber auch nur auf die Verwendung jener bereits erwähnten eigentümlichen korinthischen Ordnung aus Spalato hingewiesen werden.[440]

Im Zentrum Londons entwarfen die Adams in dieser Periode ein kleines, aber bemerkenswertes Gebäude: das Haus des *Deputy Ranger* im Green Park in Piccadilly. Es war kein Gärtnerhaus, sondern ein vornehmer kleiner Bau, denn bei diesem Amt handelte es sich um eine königliche Schenkung, und der damalige Amtsinhaber, Colonel Lord Archibald Montgomerie, brachte es kurz nach Fertigstellung des Hauses zur Würde eines Earl of Eglinton.

Es handelt sich hier um einen rechteckigen Block, in den ein Zylinder zu zwei Dritteln seines Durchmessers eingestellt ist. Damit beschreibt das hervortretende letzte Drittel einen jener Segmentbogen, wie die Adams sie besonders gerne verwendeten. Im Innern des Zylinders befinden sich ein Speiseraum im unteren und ein Wohnraum im oberen Geschoß. Von außen präsentiert das Gebäude sich als relativ niedrig, mit zwei Stockwerken. Das untere ist ein schlichtes Sockelgeschoß, dessen Schwere sich nur in den drei tief eingeschnittenen Fensteröffnungen im vorspringenden Teil des Zylinders andeutet. Das obere Geschoß besitzt eine dorische Ordnung, die sich an Adamschen Außenbauten selten findet, aber vielleicht für das Haus eines *Deputy Keepers* als das Gegebene angesehen wurde. Eine sehr merkwürdige Umsetzung dieser Anlage – mit Strohdächern und »primitiven« Baumstammsäulen – findet sich an einem Torwärterhäuschen an Floors Castle in Kelso für den Herzog von Roxburgh.[441]

148 *Green Park. London; Deputy Ranger's Lodge, perspektivische Ansicht von Süden.*
Aus The Works, Vol. III, T. 17

149 *Bowood House, Wiltshire; der sogenannte »Diokletiansflügel«, vom Hauptbau aus gesehen*

150 *Green Park, Deputy Ranger's Lodge; Grundriß des Erdgeschosses und des ersten Obergeschosses.*
Aus The Works, Vol. III, T. 16

148

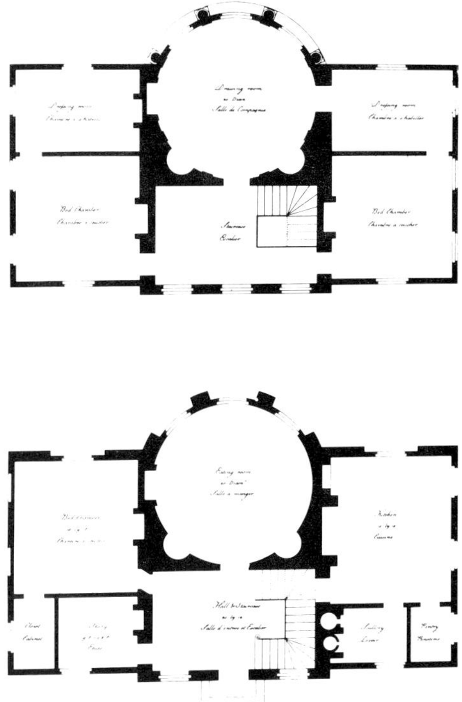

150

149

Kenwood

151 *Kenwood House, London; südliche Gartenfront.* Aus The Works, Vol. I, pt. ii, T. 2

152 *Kenwood House, Grundriß des Erdgeschosses.* Aus The Works, Vol. I, pt. ii, T. 1

Von einigen nicht ausgeführten Aufträgen abgesehen, ist das Jahr 1767 vor allem wegen einer großen Arbeit für einen alten Freund von Bedeutung: William Murray, Lord Mansfield. Es handelte sich um den Bibliotheks- und Empfangstrakt von Ken (von Lady Wortley Montagu »Caen« geschrieben) Wood in Hampstead. William Murray, damals erster Anwalt der Krone und nach allgemeiner Ansicht neben Pitt der wortgewandteste Parlamentarier seiner Zeit, hatte den Besitz, auf dem bereits ein Haus stand, von Lord Bute gekauft. Die Errichtung des neuen Bibliotheksflügels zog größere Umbauten nach sich: Der Nordfassade wurde ein kolossaler ionischer Portikus angefügt, die Südfassade erhielt ein rustiziertes Sockelgeschoß und ein mit korinthischen Pilastern geschmücktes *Piano nobile*. Das letztere wurde im Zuge späterer Umbauten verändert, als man auch die Nordfassade mit Flügeln versah.

Die Bibliothek sollte zu einem jener Räume werden, von denen man im Königreich sprach. Lord Mansfield war kein gewöhnlicher Jurist. George III. holte insgeheim häufig seinen Rat ein, obwohl er ungeduldig und der Meinung war, daß Mansfield mit seiner »Ängstlichkeit und Spitzfindigkeit der gegenwärtigen turbulenten Lage nicht gewachsen« sei. Mansfields Entscheidungen waren denkwürdig: Er sorgte dafür, daß Gesetze, welche die Sklaverei zuließen, in England keine Gültigkeit hatten; er reformierte das Seerecht, das Beweisrecht, das Urheberrecht. Er galt aber auch als bedeutender Literat und als Vater dessen, was wir heute vielleicht als konstitutionellen Toryismus bezeichnen würden. Selbst Dr. Johnson mußte in einem Augenblick der Selbstparodie einräumen, daß »man aus einem Schotten vieles machen kann, wenn man ihn nur jung einfängt«.[442]

Lord Mansfields umfangreiche Privatbibliothek sollte in dem neuen Raum untergebracht werden, und hier wollte er auch seine von ihm als *levees* bezeichneten Audienzen abhalten. Der Raum wurde als separater Pavil-

151

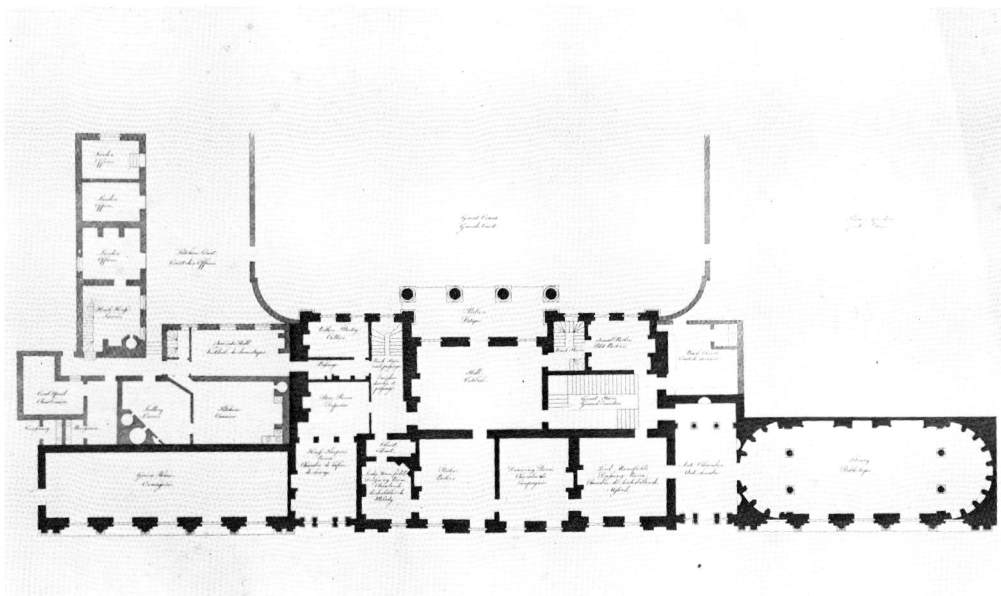

152

153 *Kenwood House, Schnitt durch die Bibliothek* (London, Soane Museum)

154 *Kenwood House, Decke der Bibliothek.* Aus The Works, Vol. I, pt. ii, T. 7

lon an die eine Seite des Hauses plaziert und fand sein Gegenstück in der Orangerie auf der anderen Seite. Die Art und Weise, wie die einzelnen Teile in einen Zusammenhang miteinander gebracht wurden, wird dem Leser inzwischen wohlbekannt sein. Wegen des abfallenden Geländes ist die Gartenfassade ein wenig höher als die Eingangsfassade. Der Unterschied wird durch den Sockel auf der Gartenseite ausgeglichen: Das rustizierte untere Geschoß dieser Seite ist halb so hoch wie die Portikusordnung der Eingangsseite. Die Pilaster der gartenseitigen korinthischen Ordnung entsprechen der Höhe des oberen Geschosses der Eingangsfassade, die Brüstung eingerechnet. Die gesamte ionische Ordnung an der Orangerie und an der Bibliothek hat die gleiche Höhe wie die korinthischen Pilaster. In der Bibliothek ist die vorherrschende Form das doppelte Quadrat: Die Höhe der Ordnung entspricht der halben Länge des Raumes. An beiden Enden trennt die bekannte Zwei-Säulen-Stellung den Hauptraum von den Apsiden. Das Verhältnis der Interkolumnien ist 2:3:2, und das abgeflachte Gewölbe entspricht dem Segment eines Kreises, der vom Zentrum des Quadrates über die Breite des Raumes geschlagen wurde.[443]

Ich halte mich ausführlich bei diesen so mühselig zu beschreibenden Details auf, weil mir scheint, daß allzuviel über die »romantische« und »empirische« Freiheit vom Zwang der Regeln geschrieben worden ist, der die Brüder Adam sich angeblich überließen. Zweifellos machten sie immer wieder geltend, daß sie auf ihren Genius vertrauten – in der Tat improvisierten sie Ordnungen, sie erfanden neue Kapitelle, und mehr als einmal wandelten sie das Relief ab oder ließen es sogar ganz weg. Ebenso wie Piranesi, dem sie sich darin sehr eng anschlossen, bestanden sie darauf, daß es ihnen freistehen müsse, beim Ornament zu improvisieren, unvereinbare antike Zitate um des Überraschungseffekts willen zusammenzusetzen, mit dem Maßstab zu spielen. Aber sie gehörten dabei doch zum Umkreis von

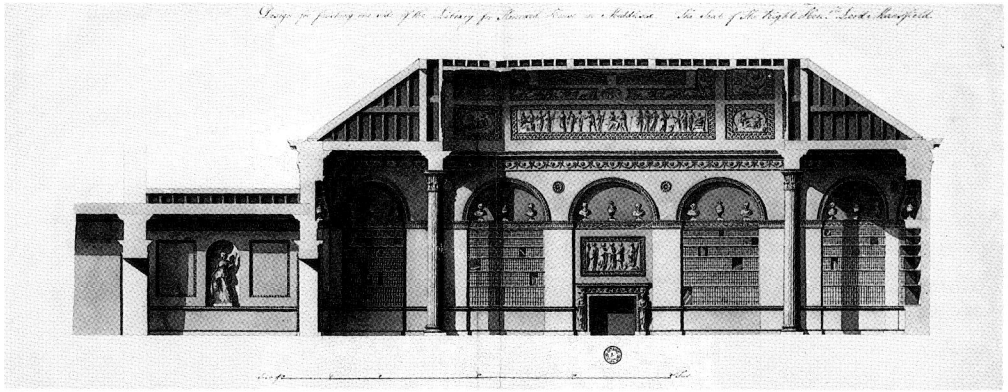

153

154

Hume, Smith und Fergusson: Was immer sie sich auch einfallen lassen mochten, um die antiken Beispiele den Vorstellungen ihres individuellen Genies unterzuordnen – die Geometrie als rationale Disziplin des Entwerfers konnten sie nicht außer acht lassen.

Säule und Gestaltung des Schafts der inneren Ordnung in der Bibliothek von Kenwood entsprechen zwar der Konvention, aber dem Gesims fehlt wiederum der Architrav; der Fries in seiner ganzen Länge ist von den Kapitellen nur durch eine Kante getrennt. Das Gewölbe ist in rechteckige Kompartimente unterteilt, in die Miniaturen von Antonio Zucchi eingefügt sind, und Zucchi malte auch die Lünetten über den großen, mit Spiegeln versehenen Nischen zu beiden Seiten des Kamins. Robert meinte diesen Raum, als er in Würdigung seiner Mitarbeiter Zucchi und Joseph Rose bemerkte: »Der Hintergrund der Füllflächen und Friese ist in leichten Rosa- und Grüntönen gehalten, um von dem grellen Weiß wegzukommen, das bis vor kurzem an jeder Decke üblich war. Das hat immer . . . einen so kalten und unfertigen Eindruck gemacht, daß ich es gewagt habe, diese Vielfalt der Hintergründe einzuführen, um zum einen die Ornamente hervortreten und zugleich das plumpe Weiß verschwinden zu lassen und einen Gleichklang zwischen Decke und Seitenwänden zu schaffen . . .« Das ist die wohl deutlichste Äußerung seines Bestrebens, den Raum im Netz des Ornaments einzufangen – aber damit erhebt sich ein technisches Problem von einigem Belang: Den Adams stand keine Palette fertig gemischter Farben zur Verfügung, sie mußten ihren Handwerkern also auch in dieser Hinsicht Gewissenhaftigkeit anerziehen und abverlangen – eine Gewissenhaftigkeit, auf welche die Architekten bis dahin nicht wirklich hatten zählen können, es sei denn, sie hätten vorgefärbte Anstriche verwendet. Zum Gebrauch für ihre Nachahmer und als Beispiel für ihre Methode des Kolorierens ließen die Brüder Adam sogar einige Exemplare der *Works* farbig anlegen.[444]

155 *Kenwood House, Bibliothek*

155

Der große Raum in Kenwood (oder der Adam-Raum, wie er heute heißt) war nur eine von mehreren Arbeiten der Jahre 1767/68. Zur gleichen Zeit wurde auch in Lansdowne House und in Bowood, in Luton, in Syon und in Osterley, an Harewood House und sogar in Kedleston gearbeitet. Aber wenn alle diese Auftraggeber auch eine gehobene soziale Stellung innehatten, so gehörten sie doch nicht zur eigentlichen Oberschicht der wirklich einflußreichen Persönlichkeiten. Bute, inzwischen nicht nur Auftraggeber, sondern auch Freund der Adams, war seines Amtes enthoben. Northumberland drang nie bis in den Mittelpunkt vor, und Lascelles und Curzon blieben an der Peripherie. Mansfield, zwar ein bedeutender Mann, auf den der König hörte, hatte sich durch sein Amt außerhalb der Exekutive begeben. Child war ein bedeutender Bankier, aber auch er hatte keinerlei Einfluß auf die politischen Entscheidungen. Der einflußreichste Freund der Adams war Lord Shelburne, und ausgerechnet mit ihm kam es zum Bruch.

Inzwischen wurde ein Entschluß von großer Tragweite gefaßt. Robert kandidierte in seiner Heimatgrafschaft Kinross-shire für das Parlament. Das bedeutete, daß er im Fall seiner Wahl auf Kronämter verzichten mußte – und er war seit 1761 gemeinsam mit Chambers Architekt des *Office of Works*. Aber Chambers stand dem König nahe und war der richtige Mann, um eine so herausgehobene Stellung zu bekleiden, während Robert zu charmant, zu fix und vor allem zu unternehmend war, um George III. Vertrauen einzuflößen. Als Robert »seinen« Abgeordneten 1769 besiegte, übergab er das Büro seinem Bruder James, der es bis zu Shelburnes Reform der königlichen Berufungspraxis im Jahre 1782 leitete. Ebenfalls 1769 war auch der betagte Henry Flitcroft gestorben, und selbstverständlich war ihm Chambers im Amt des *Comptroller* nachgefolgt.[445]

In jenen frühen und hoffnungsvollen Tagen stellte Robert sich gerne vor, daß man ihn auffordern würde, seinem Land entweder ein Parlamentsgebäude oder einen Königspalast zu bescheren – James hatte seine Interessen mit seinem in Rom entstandenen Parlamentsprojekt natürlich schon angemeldet. Robert hatte bei seiner Rückkehr aus Italien an Lord Kames geschrieben, falls der König etwa einen Palast »in einem großartigen und reinen Architekturstil« errichten wolle, dann werde das »dem Ansehen dieses Landes mit einem Schlag helfen«.[446] Das war ein Gedanke, der Walpole damals keineswegs unlieb war. »Der Geschmack und das Können von Mr. Adam«, so schrieb er in seinen *Anecdotes of Painting*, »sind wie gemacht für öffentliche Bauten.«[447] Robert machte zwar einige vage Vorschläge für solche Bauten, aber in Wahrheit arbeitete schon Chambers zusammen mit dem König an mindestens zwei eigenen Plänen für einen Palast in Richmond Gardens, und die Adams müssen das sehr wohl gewußt haben.[448]

Robert machte sich Hoffnungen auf das Amt des *Surveyor*, das höchste Amt im *Office of Works* (zumindest in den Augen des Königs, der in dieser Stellung mit Sicherheit Chambers jedem »Mitglied des Berufsstandes« vorgezogen hätte). Aber als der kranke und gebrochene Thomas Worsley dann 1778 starb, ging das Amt an einen Verwandten von Lord North, einen gewissen Colonel Keene. So saß Robert also seine sechs Jahre im Parlament ab. Bei den folgenden Wahlen schickte Kinross keinen Abgeordenten ins Parlament, und Robert bemühte sich niemals wieder um irgendein politisches Amt.[449]

Aber seine Zeit im Parlament (an der er übrigens allem Anschein nach durchaus Gefallen fand) war getrübt durch die Adelphi-Affäre, die auf jeden Fall einen Wendepunkt im Leben der Adams bedeutete.

Das Adelphi

Die Ursprünge des Adelphi-Projekts liegen im dunkeln. Die Vereinbarung über das 90jährige Pachtverhältnis, die im Juni 1769 unterzeichnet wurde, bezog sich rückwirkend auf den Lady Day (25. März) des Jahres 1768, und selbstverständlich müssen die Verhandlungen einige Zeit vor diesem Datum begonnen haben. Das Terrain hatte dem Bischof von Durham gehört und hieß noch immer Durham Yard. Es grenzte südlich an den *Strand* und erstreckte sich in Richtung der Themse – es lag also an der wichtigsten Durchgangsstraße Londons, die Whitehall mit der City verband, und war ein sehr teurer Baugrund. Der Herzog von St. Alban's, der es geerbt hatte, befand sich in finanziellen Schwierigkeiten, und der Pachtzins, den er den Brüdern abverlangte, war zwar beträchtlich, aber doch verhältnismäßig niedrig; tatsächlich wurde der Herzog ein Jahr später in Brüssel ins Schuldgefängnis geschickt. Das war nur die erste Unannehmlichkeit für alle diejenigen, die mit dem Adelphi zu tun hatten.[450]

Der Bebauungsplan war ehrgeizig und neuartig. Das Grundstück war etwa 122 × 110 m groß, aber es grenzte an Tidenland, und ein wesentlicher Teil des Projekts betraf die Befestigung dieses Stücks des Flußufers durch die Errichtung terrassierter Straßen über Arkaden, die ausgedehnte Kaianlagen abgeben würden. So häßlich diese Tiden-Ufer waren, sie zu okkupieren hieß, sich etwas anzueignen, was Gemeinschaftsbesitz war. Dazu bedurfte es der Genehmigung durch das Parlament, und um diese hatten die Brüder sich vor Beginn der Arbeiten nicht bemüht. So setzten sie nun alles daran, eine entsprechende Vorlage durchzubringen. Man darf nicht vergessen, daß die Ufer der Themse erst verhältnismäßig spät befestigt worden sind. In Whitehall waren schon Befestigungsarbeiten durchgeführt worden, und selbstverständlich gab es viele Kais oberhalb der London Bridge. Aber im großen und ganzen war *Thames-Side* noch unbefestigt und nicht gesichert. Mit dem Anwachsen der Stadt nahm auch der Abfall zu, den sie produzierte, und die unter dem Einfluß der Gezeiten stehenden Flußufer entwickelten sich zu einer widerwärtigen Gegend. Jedes Befestigungsprojekt war daher willkommen. Der König und Lord North (der inzwischen Premierminister geworden war) begrüßten beide den Adamschen Plan. Die City aber sah darin eine Bedrohung und wohl auch eine Beschneidung der Interessen der in ständischen Einrichtungen zusammengeschlossenen *Lightermen* und *Watermen* und stellte sich dagegen. Robert meldete sich in der erbittert geführten Debatte nur einmal zu Wort. Lord Shelburnes Opposition gegen den Plan endete mit dem Augenblick, in dem er – nach dem Tod seiner Frau – zu Beginn des Jahres außer Landes ging. Auf jeden Fall erlangte die Vorlage schließlich Gesetzeskraft, aber damit hatten die Schwierigkeiten erst begonnen.[451]

Mit *Adelphi*, dem Namen, den sie dem Grundstück und dem Gebäude gaben, hatten die Brüder zuvor schon Zeichnungen signiert. *Adelphos* ist das griechische Wort für *Bruder*.[452] James und Robert machten dieses Projekt zu einem Monument der Familienloyalität. Die Terrasse am Fluß erhielt den Namen *Adelphi Terrace*, die parallel zum *Strand* und zum Fluß verlaufende Hauptstraße war die *John Street* (heute John Adam Street); beide waren miteinander verbunden durch die *Adam Street* und die *Robert Street*. Die *William Street* befand sich unterhalb der späteren *Royal Society of Arts*. Nur den armen James hatte man anscheinend vergessen.

Das Bemerkenswerte an dieser sehr kompakten Anlage aber ist, daß sie mit der Londoner Standardlösung brach. An Gärten war bei diesem auf einer künstlichen Plattform errichteten Bau selbstverständlich nicht zu denken. Die Häuser waren sehr hoch. Zwei Geschosse unter Straßenniveau und vier darüber sowie der lange und schmale Innenhof zwischen den beiden Terrassen bewirkten, daß das Ganze eher an eine Gasse in Edinburgh erinnerte als an eine Terrasse in London und eine Fülle von Licht- und Belüftungsschächten erforderte.

Trotz aller Bemühungen erreichten die Brüder eines nicht: die Anlage mit einer Front zum *Strand* hin zu versehen.[453] Immerhin aber zogen sie mit großem Tamtam selbst in die Adelphi-Terrasse und ließen sich in der Nummer 4 nieder.[454] Ihr erster Mieter war fast ein Garant dafür, daß Leute von Rang und Namen sich einstellen würden: David Garrick. Aber die Verpachtung ging nur schleppend voran. Zudem stellte sich jetzt heraus, daß das Niveau der Kais um etwa zwei Fuß zu niedrig war und die Flut ihnen allzusehr zusetzte. Das Festungsbauamt, einst Roberts Arbeitgeber, war entgegen den Erwartungen der Adams nicht daran interessiert, irgendwelche Räume zu übernehmen. Die Piranesischen Krypten, von denen die Brüder gemeint hatten, sie würden ihnen das Doppelte dessen einbringen, was sie dem Herzog zu zahlen hatten, erwiesen sich als geschäftlicher Mißerfolg.

Inzwischen drohte ein weiterer Bankkrach, diesmal in London: Die Fordyce Bank, ein schottisches Unternehmen in der City, stellte ihre Zahlungen ein. Die Arbeit am Adelphi wurde unterbrochen, und der Bankrott rückte in greifbare Nähe.[455] Mehrere Umstände wirkten zusammen, um ihn abzuwenden. Die drei Londoner Brüder waren Mitglieder der *Society of Arts*, für die Chambers 1757 ein riesiges Gebäude am *Strand* projektiert hatte, die aber noch immer keine endgültigen Räume besaß. Die Brüder wandten sich irgendwann im Herbst 1771 an die *Society*, und im März 1772 waren die Verhandlungen für ein neues Gebäude an der Seite des Grundstücks, die dem *Strand* am nächsten lag, abgeschlossen. Hier waren ursprünglich Wohnhäuser geplant, aber auch von einem Kapellenbau war einmal die Rede gewesen. Es war zweifellos von Vorteil, zumindest ein öffentliches Gebäude in der ganzen Anlage zu haben. Die Geschäftsräume der *Society* wurden als ein Tempel der Künste konzipiert. Er hatte nur eine Hauptansicht zur John Street. Die heutige Fassade am *Strand* wurde dem Gebäude 1926 von Sir Aston Webb im Adam-Stil hinzugefügt.[456]

156 *Das Adelphi, London; die Front zum Fluß.*
Aus The Works, Vol. III, T. 1

156

157 *Das Adelphi, Royal Terrace vor dem Abriß mit den »Verbesserungen« von 1872*

158 *Das Adelphi, die »Bögen«*

157

158

159 *Das Adelphi, Gebäude der »Society of Arts«, Eingangsfront an der John Adam Street.*
Aus The Works, Vol. I, pt. iv, T. 4

160 *Das Adelphi, Gebäude der »Society of Arts«, Grundriß des Erdgeschosses und des ersten Obergeschosses.*
Aus The Works, Vol. I, pt. iv, T. 3

159

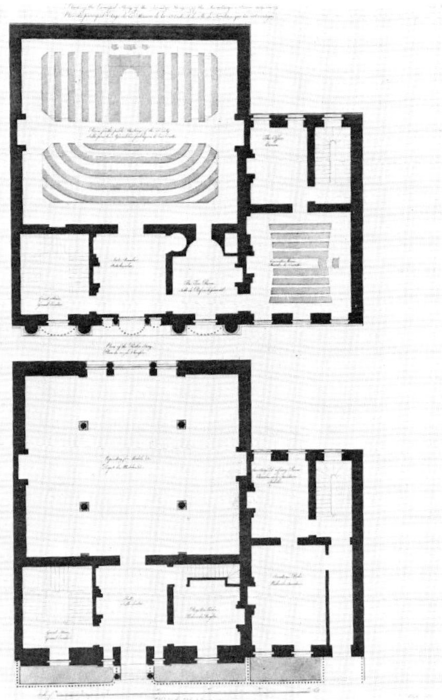

160

Das Engagement der *Society of Arts* konnte das Desaster von 1772 nur abschwächen. Die Adams waren gezwungen, einen großen Teil ihrer Sammlung zu versteigern. Die Auktion zog sich über fünf Tage hin, und an den drei Tagen, für die uns die Preise bekannt sind, wurden 3000 Pfund eingenommen. John – zu dessen Unterstützung das Unternehmen William Adam and Company gegründet worden war – saß tief in der Patsche; er nahm eine Hypothek auf Blair Adam auf und kam nach London, um zu sehen, was sich machen ließe. Am Ende wurden die dringendsten Zahlungsforderungen dadurch eingelöst, daß (wiederum auf dem Weg über einen *Act of Parliament*) eine Lotterie veranstaltet wurde. Zu den Preisen zählten auch einige Pachtanteile an den Häusern. Es war kein durchschlagender Erfolg, denn die Lose kosteten 50 Pfund, waren also recht teuer, auch wenn die Preise verhältnismäßig wertvoll waren. Von den mehr als 2000 Nummern waren einige auch in den Händen der Brüder. Damit war das Gespenst der Insolvenz für eine Weile gebannt.[457]

Inzwischen füllte sich das Adelphi tatsächlich. Zu Garrick gesellte sich Topham Beauclerk, ein Vetter des Herzogs von St. Alban's und ein sehr brillanter und gewinnender Mann. Auch zwei Ärzte ließen sich hier nieder. Einer von ihnen, ein gewisser Dr. Graham, war der Leiter des berühmten Gesundheitstempels, von dessen »elektrischem Bett« es (wohl nicht ganz zu Unrecht) heißt, daß es der Ort der ersten Begegnung von Sir William Hamilton und seiner Emma gewesen sei.[458]

Über den Anekdoten, die sich um das Adelphi ranken, sollten wir seine Originalität nicht aus dem Auge verlieren. Diese sehr dichte Bebauung in der Stadt stellte zugleich eine ganz neue Art der Befestigung des Themse-Ufers dar; sie präsentierte Häuser eines neuen Typus mit einem zentralen Treppenhaus und einem Licht- und Luftschacht als Variation des Typs »two-up, two-down«, wie er in London üblich war (und heute noch ist). Die neue Bauweise führte auch zu einer Verfeinerung der architektonischen Gestaltung des Londoner *Square*. Dieser war zunächst wohl vom älteren Wood in Bath entwickelt und in London nicht allzu geschickt von Edward Shepherd, dem Schöpfer von Grosvenor und Cadogan Square, wieder aufgenommen worden.[459] Der Typ der Palastfassade, zu der die Häuser vereinigt waren, wurde von den Brüdern weiterentwickelt, indem sie ihm eine flache Stuckgliederung aufsetzten. Pilasterstreifen und Gesimse aus weißem Stuck rahmten eine Wandfläche von der in London üblichen Art. Der Kontrast zwischen dem Weiß des Stucks und dem Gelb der neuen Ziegel war damals nicht so stark, wie er heute auf den inzwischen braun gewordenen, zweihundert Jahre alten Mauern erscheint. Zum Fluß hin wurden die Häuser auf der Terrasse durch leichte Rücksprünge und durch Pilaster gegliedert; nur die Eckblocks und diejenigen, die eine Straße abschlossen (wie das Gebäude der *Society of Arts*), erhielten einen Giebel.

Zur Zeit der Errichtung des Adelphi, um 1770, wurde eine weitere städtische Anlage geplant, Mansfield Street, in der sich eine Reihe von Leuten niederließ, die hier bereits erwähnt wurden, darunter der Stukkateur Joseph Rose, der General Clerk, Lord Shelburnes Freund, und schließlich Lord Scarsdale. Parallel dazu entstand ein noch größeres Projekt, das sich ebenfalls nicht genau datieren läßt, aber jedenfalls in die Zeit der Errichtung des Adelphi gehört: Portland Place.[460] In ihren Ausmaßen war diese breite Avenue bereits festgelegt: Lord Foley hatte nämlich ein halbes Jahrhundert zuvor dafür gesorgt, daß er aus den nach Norden gelegenen Fenstern des Portland-Besitzes eine ungehinderte Sicht über das Land hatte. Es gab Überlegungen, Portland Place zu einer Avenue von herrschaftlichen Häusern oder sogar von Palästen zu machen, ähnlich bestimmten Teilen der Nordseite von Piccadilly. Dabei dachte man weniger an eine durchgehende Straße als vielmehr an einen langgestreckten rechteckigen Platz, der sich an einem Ende zum freien Land hin öffnen sollte. Die herrschaftlichen Häuser wurden dann allerdings nicht gebaut, und der mit seinem eigenen Haus beschäftigte James Adam war für die Gestaltung der einheitlichen Fassaden und vielleicht auch der individuellen Häuser dahinter verantwortlich.

In dieser Enklave ließ der letzte Herzog von Buckingham jenes Haus errichten, daß noch heute seinen anderen Titel – Chandos – trägt und das nach Erlöschen dieses Titels die Österreichische Botschaft aufnahm. Es ist ein anspruchsloser Steinbau mit schlichter Fenstergestaltung und einem Vorbau, der eine frei erfundene Ordnung zeigt. Die Innenräume erinnern an Lansdowne House (die Zwei-Säulen-Stellung im Speiseraum) und an noch frühere Arbeiten. Gleichzeitig entstanden in London aber auch die späten Meisterwerke der Adams: das Haus für Sir Watkin Williams-Wynn in St. James's Square, das Haus der Lady Home in Portman Square und Derby House in Grosvenor Square.

161 *Portland Place, London; Ansicht der Ostseite*
(London, Soane Museum)

161

St. James's Square Nr. 20

162 *20 St. James's Square, London; Haus für Sir Watkin Williams-Wynn; Grundriß des Erdgeschosses und des ersten Obergeschosses.* Aus The Works, Vol. II, pt. ii, T. 1

Im Grundriß kommt Sir Watkin Williams-Wynns Haus vielleicht einem der üblichen großen Londoner »terrace houses« (also der an erhöhter Straße aufgereihten Häuser) am nächsten. Zum St. James's Square hin zeigte es allerdings eine zwar flache, aber sehr feierliche Fassade: ein rustiziertes Sockelgeschoß mit wenig eingetieften Bogenfeldern, welche die Fenster rahmten, und darüber zweigeschossige korinthische Pilaster. Das war eine viel sensiblere Anwendung der Ordnungen, als Stuarts übergiebelte ionische Tempelfassade an der gleichen Seite des St. James's Square sie präsentierte, die etwa ein Jahrzehnt zuvor für das Parlamentsmitglied Thomas Anson entstanden war. Was das Williams-Wynnsche Haus darüber hinaus bemerkenswert machte, war die Vielfalt seiner Innendisposition. Robert hatte es in diesen Stadthäusern zu großer Meisterschaft im Spiel der Veränderungen auf einem schlichten Grundriß und innerhalb enger Grenzen gebracht.

Von der annähernd quadratischen Eingangshalle gelangt der Besucher in das großartige Treppenhaus mit einer riesigen Nische, die rechts und links von je einer Tür flankiert ist, so daß eine dreigeteilte Wand entsteht. Die Türen führen in zwei Räume: links in einen Speiseraum mit einer Säulenstellung, durch die man in ein mit zwei Apsiden versehenes Musikzimmer mit einer besonders reich gestalteten Decke gelangt (das man übrigens auch durch die Tür rechts von der Nische betreten kann). Die Decken im Erdgeschoß sind allerdings nichts gegen die – wenn auch sehr flach – gewölbten Decken des oberen Geschosses, dessen zwei Wohnräume die Wandgestaltung des unteren Stockwerks wiederholen. Halle und Treppenhaus nehmen etwas mehr als ein Drittel der Breite des Hauses ein, der Rest beherbergt die Empfangsräume. Die Halle-Treppenhaus-Breite setzt sich über die ganze Länge der Parzelle bis zu den ehemaligen Stallungen fort. So entsteht eine abgetrennte und private Suite, als deren Vorraum eine kleine Bibliothek mit zwei eingestellten

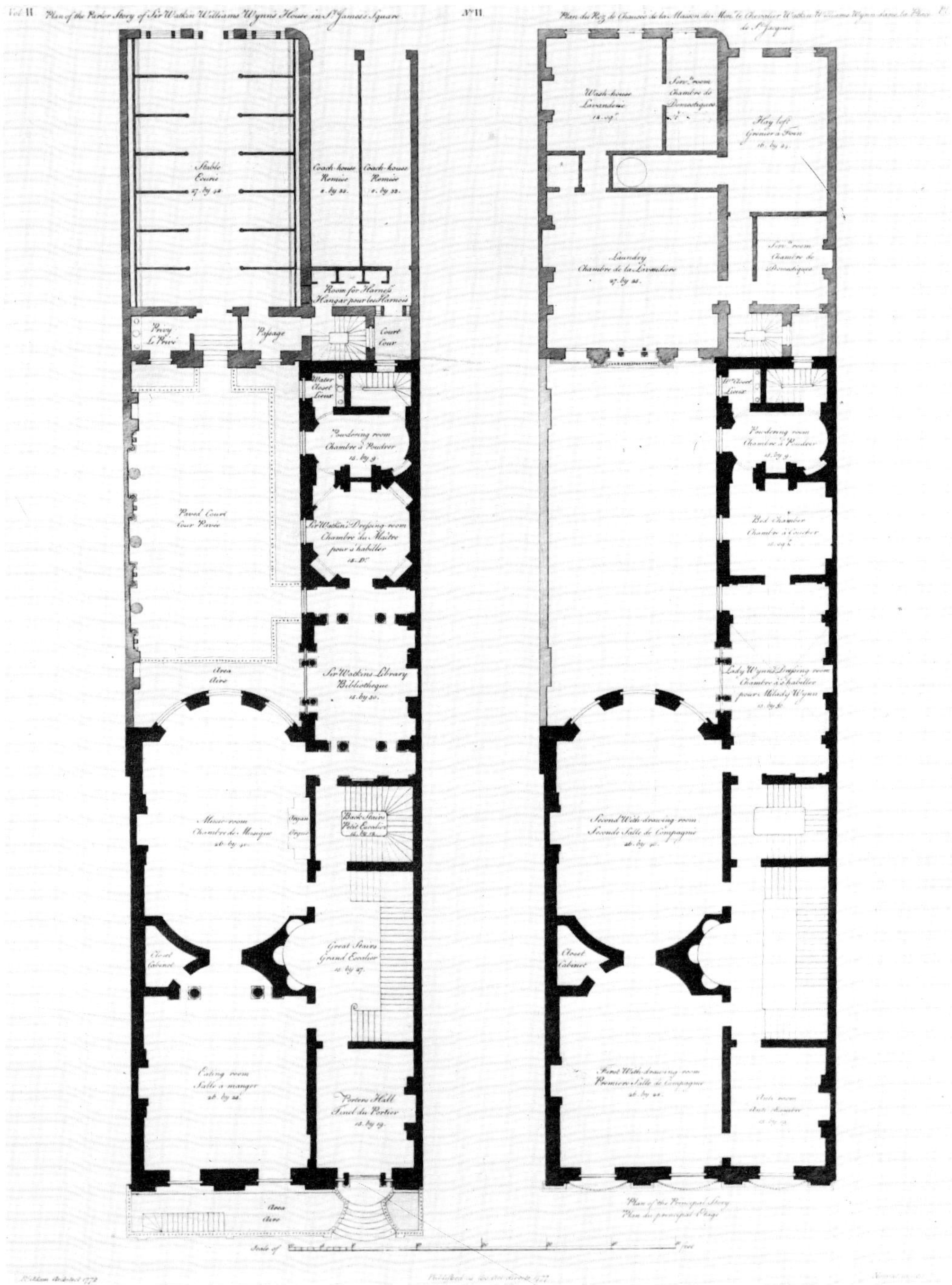

162

163 *Williams-Wynn House, Ansicht gegen den St. James's Square.*
Aus The Works, Vol. II, pt. ii, T. 2

164 *Williams-Wynn House, die hofseitigen Büros.*
Aus The Works, Vol. II, pt. ii, T. 4

163

164

165 *Williams-Wynn House, der zweite Wohnraum* (vgl. Abb. 103)

166/167 *Williams-Wynn House, zwei Ansichten des Treppenhauses*

Säulen fungiert. Im Erdgeschoß ergibt sich also die nachstehende Abfolge: oktogonaler Ankleideraum, ovaler »Puder-Raum«, Privattreppe in das obere Stockwerk. Oben folgen in umgekehrter Richtung ein ovaler Ankleideraum, ein Schlafzimmer und das gewölbte Ankleidezimmer der Dame des Hauses aufeinander. Aus dem letzteren gelangt man wieder in die öffentlichen Räume. Den Raum über der Halle nimmt ein (kreuzgewölbtes) Vorzimmer ein, das neben dem Wohnraum liegt. Das Problem der Aussicht aus dem auf sehr begrenzter Fläche errichteten herrschaftlichen Wohnsitz ist durch den Verzicht auf den Garten gelöst – es gibt nur einen gepflasterten Hof. Die lange Mauer dieses Hofes ist nicht »perspektivisch« gegliedert, wie dies zu einem früheren Zeitpunkt denkbar gewesen wäre, sondern zeigt eine sanfte, nicht sehr in die Tiefe gehende »Bewegung«. Der Block der Stallungen gegenüber dem hinteren Erkerfenster (die zweite Apsis der öffentlichen Räume ist auf beiden Geschossen als segmentbogiger Erker ausgebildet) erhebt sich zu einer monumentalen Fassade, die mit ihrer großen Serliana die Sicht verstellt. Dahinter befindet sich allerdings nichts als eine Waschküche.[461]

165

166

167

168 *Williams-Wynn House, Verbindungswand zwischen dem Hof und dem benachbarten Haus des Duke of Leeds.* Aus The Works, Vol. II, pt. ii, T. 3. Die Wand bildet zugleich eine Wand des Hofes und verbindet das Haus mit den Büros (Abb. 164)

168

169 *Grosvenor House, London; Haus für Lord Stanley, den späteren Earl of Derby, Grundriß des Erdgeschosses und des ersten Obergeschosses.*
Aus The Works, Vol. II, pt. i, T. 1

Derby House

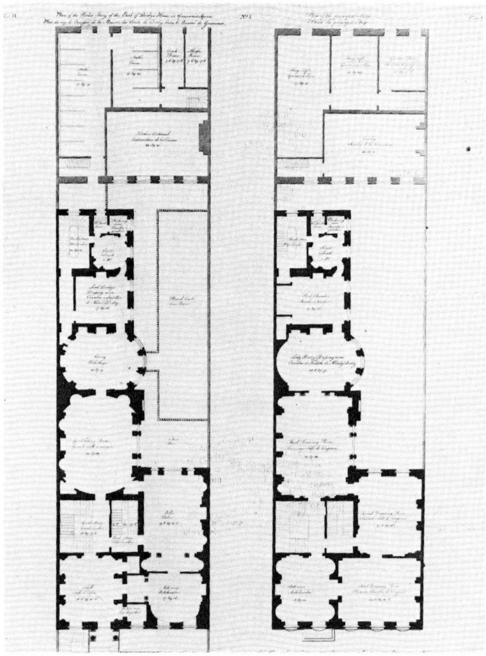

169

Lord Derbys Haus am Grosvenor Square, das vielleicht ein Jahr später, um 1773/74, entstand, besitzt einen ähnlichen und sogar noch komplizierteren Grundriß. Offenbar war es inzwischen beinahe Ehrensache geworden, zwei benachbarten Räumen auf keinen Fall die gleiche Form zu geben. Aber während das Williams-Wynnsche Haus wenigstens in seinem inneren Gefüge noch erhalten ist, hat sich von der Großartigkeit von Derby House außer den Vorzeichnungen, den Stichen in den *Works* und einigen Ausstattungsstücken nichts erhalten.

Unter den Stichen befindet sich überraschenderweise eine Innenansicht des dritten Wohnraums, von dem aus man durch zwei ionische Säulen (die übrigens wie in der *Royal Society of Arts* eine Phantasieversion eines dorischen Gesimses tragen) in Lady Derbys Ankleideraum sieht. Das auf quadratischem Grundriß aufgebaute Kreuzgewölbe der Dekke ist als Muster auf die ebene Fläche des Teppichs projiziert. Schon der Kamin im dritten Wohnraum leitet sich deutlich, wie so viele der Adamschen Details, von Piranesi her. Das Kreuzgewölbe setzt sich – in zwei Kompartimenten, die es auf beiden Seiten verlängern – in einen Raum fort, der damit eine Gesamtlänge von anderthalb Quadratseiten enthält. Der daran anschließende Ankleideraum ist ein Quadrat mit zwei sich daraus öffnenden segmentbogigen Nischen, von denen eine das übliche flache Erkerfenster bildet. Die Decke dieses Raumes wird in den *Works* als Beispiel für die »etruskische Manier« ebenfalls gezeigt. Sie besteht aus einem zentralen regelmäßigen Oktogon mit eingesetztem Rund, L-förmigen Leisten an den Ecken und kleinen Medaillons. Sie ist ein wenig kunstvoller gearbeitet als ihr Gegenstück in Osterley, aber ebenso netzartig.[462]

In den verschiedenen Innenräumen vom Derby House findet sich ein Merkmal, das die Adams sich in besonderem Maße zu eigen gemacht hatten und das immer wieder auftaucht: die fächer- oder muschelförmige Gestaltung des gerundeten Feldes. Es findet sich in den Deckennischen von Lady Derbys Ankleideraum, in den Segmentbogen des dritten Wohnraums und andeutungsweise sogar in den Nischen des Vorzimmers. Die Entlastungsbogen über palladianischen Fenstern sind häufig in dieser Weise »gemuschelt«, so etwa an der *Royal Society of Arts* – ein Detail, das sich aus der Riffelung entwickelt hat, mit der die Adams ihre Nischen – zuerst im Speisezimmer von Kedleston – gerne versahen. Das Vorbild dazu findet sich offensichtlich in Bartolis *Sepolcri Antichi.* Aber während es sich bei den von Bartoli gestochenen antiken Beispielen eindeutig um Muschelschalen handelt, werden sie bei Adam – und übrigens auch auf manchen Stichen Piranesis – zu abstrakten Formen. In diesem Detail – wie auch anderswo – transformierte Adam meiner Meinung nach die *Rocaille*, und am Ende seiner Karriere tat er das mit einem außergewöhnlichen und unerschütterlichen Gespür für die künstlerische Form: Das abstrakte Muschelornament in Derby House geht eher auf Watteaus Fledermausflügel-Ornament zurück – das seinerseits ebenfalls eine Transformation der Muschelschale ist – als auf irgendeinen weiter entfernten Vorläufer. Es ist hochinteressant zu beobachten, daß in der Auseinandersetzung mit diesen Themen in Adams Spätwerk im Grunde noch immer die frühen Vorlieben und Schwerpunkte verfolgt werden.[463]

170 *Derby House, der dritte Wohnraum.*
Aus The Works, Vol. II, pt. 1, T. 5

170

Portman Square Nr. 20

171 *20 Portman Square, London; Haus für die Countess Home, Ansicht vom Portman Square*

172 *Home House, Haupttreppenhaus*

173 *Home House, Die Wand mit dem Kamin im Etruskischen Zimmer*

Beim Home House, das wenig später als Derby House an einer Ecke des neu angelegten Portman Square für die betagte Countess of Home errichtet wurde, sind der Einfallsreichtum und der Schwung keineswegs geringer geworden. Das Glanzstück im Haus der Gräfin Home ist das runde Treppenhaus, das mit feinen Grisaillen nach der Aeneis von dem inzwischen bekannten Zucchi und mit Waffentrophäen von Rose dekoriert ist. Da das Grundstück größer war als diejenigen an Grosvenor Square und St. James's Square, ist das Spiel mit den Formen nicht ganz so aufregend, und die Abfolge mußte sich nicht an einen so ingeniösen Plan halten. Eine kleine Neuerung bildet die geschwungene Tür, welche die Flucht einer Apsis fortsetzt, hier im hinteren Empfangs- oder Besuchszimmer.[464]

Lady Home hatte auch ein etruskisches Zimmer, das demjenigen der Lady Derby sehr ähnlich war: ein nahezu quadratischer Raum mit zwei flachen, muschelartig gehöhlten Apsiden. Der netzartige Charakter der Dekoration, der winzige Maßstab der Füllflächen ist der gleiche. Im Home House wurde die Verwendung der Muschelnische fast zur Obsession: So öffnen sich beispielsweise alle drei Fenster des Musikzimmers durch solche Nischen. Lady Homes Musikzimmer war in gewisser Weise der Mittelpunkt des Hauses. Es enthielt eine herrliche Orgel, ein viel klareres und nüchterneres Instrument als dasjenige, das viele Jahre früher für Lord Scarsdales Haus in Kedleston entworfen worden war.[465]

Das wichtigste Ausstattungsstück des Musikzimmers war allerdings nicht die Orgel, sondern der Kamin mit dem über dem Sims befindlichen Spiegel, der das Piranesische Schema so weit ausspielt, wie dies eben noch möglich war. Den Spiegeln kommt in diesem Raum eine neue Bedeutung zu: Sie reflektieren nicht nur die Lichter der Girandolen, sondern sind wie Paneele zwischen dünne Pilaster gefügt, fast als ob die Pfeiler wie freistehende Säulen erscheinen sollten, denen eine tragende Funktion zukäme. In allen diesen Häusern

171

172

173

174 *Home House, zwei Schnitte durch das Treppenhaus* (London, Soane Museum)

spielen Stuck und *or moulu* eine große Rolle. Die dünnen Stützen, die fragilen Hüllblättergirlanden und *Anthemia* konnten nur in Metall wirklich zur Geltung kommen. Die ältere Form des geschnitzten Ornaments war hier ganz und gar aufgegeben.[466]

Wie an der Muschelkuppel oder Muschelapsis deutlich wird, ist der Geschmack ein Korrelat der Ideologie. Adam war fasziniert von den Produktionsmethoden, die in Matthew Boultons Werkstatt in Soho entwickelt worden waren, wo eine strikte Arbeitsteilung zu einer Art Proto-Taylorismus geführt hatte. Zugleich waren damit aber auch jede Improvisation und Invention bei der Ausführung des Ornaments ausgeschlossen (ein Problem, dem sich in der nächsten Generation auch Musiker wie Rossini gegenübersahen) und die getreue Befolgung des Architektenentwurfs gewährleistet. Darauf bestand Robert mit der gleichen Hartnäckigkeit wie auf seinem schon fast besessenen Ausdünnen des Ornaments.

Für Lord Derby errichteten die Adams ihre letzte große ephemere Konstruktion: einen Tanz- und Speise-Pavillon in Epsom-The Oaks (wie der Ort gewöhnlich genannt wird, obwohl The Oaks näher an Carshalton liegt. Die Rennen, denen der Lord den Namen seines Hauses gab, wurden erst 1779 eingerichtet.) Der Pavillon bestand vermutlich aus bemaltem Tuch über einem hölzernen Gerüst.[467] In der Mitte befand sich eine offene Tanzhalle, die auf drei Seiten von einem D-förmigen gewölbten Raum umgeben war.

Robert beschäftigte sich auch mit Plänen für eine Umgestaltung des Hauptwohnsitzes der Stanley of Derby, Knowsley Hall, und von The Oaks selbst, aber sie wurden nicht ausgeführt.[468]

Der Pavillon ist ein Beispiel aus einer Gruppe derartiger Projekte, die wir hier nur kurz erwähnen können. Es gab noch weitere ephemere Bauten, etwa den Pavillon für den König und die Königin in Richmond, den Chambers umgestaltete.[469] Über diese und ähnliche Festbauten ist nur wenig bekannt.[470] Die Form

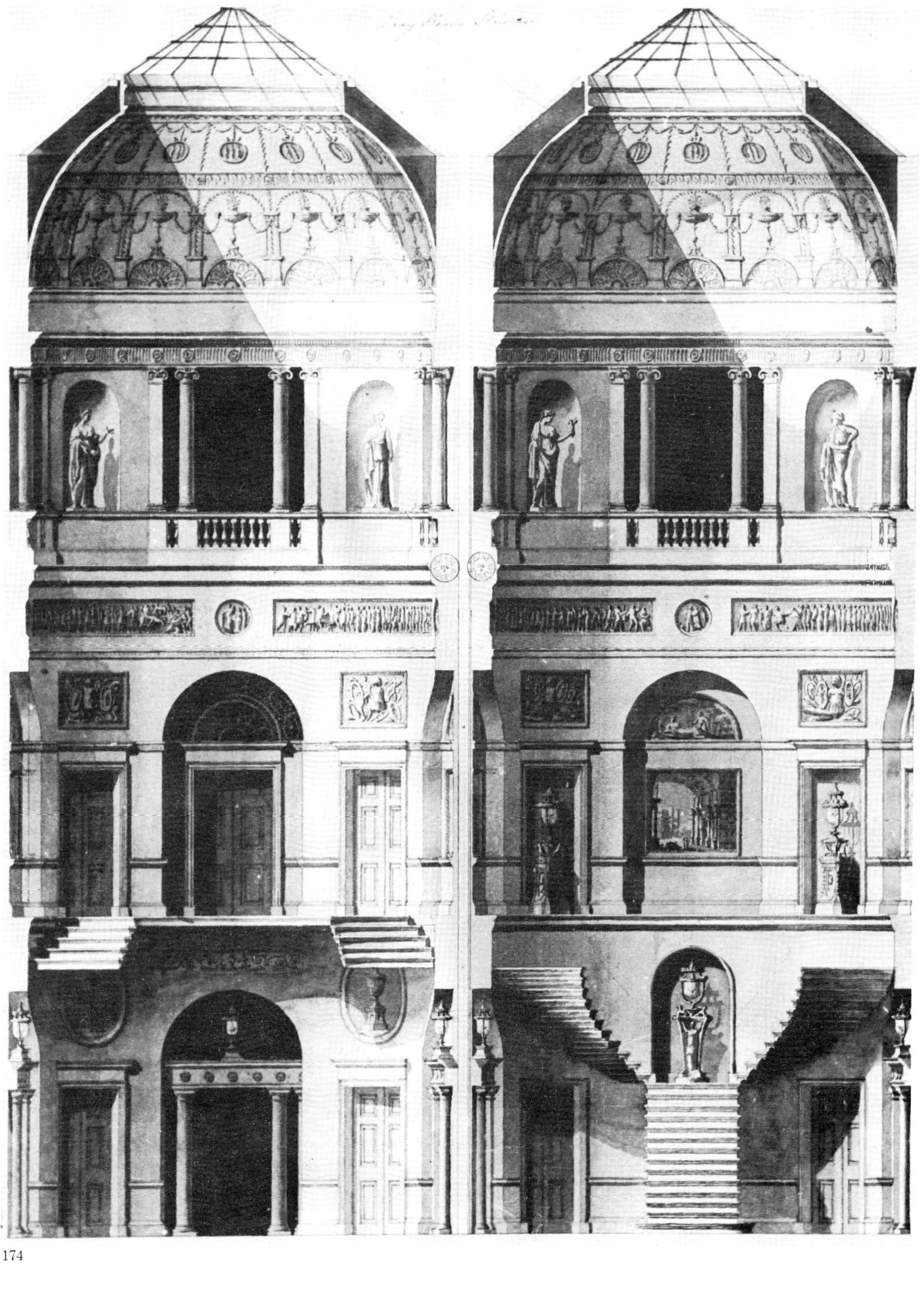
174

175 *Home House, die Laterne im Treppenhaus*

des Pavillons in The Oaks legt aber den Vergleich mit anderen D-förmigen Bauten nahe. Es gibt Pläne für eine Soletherme in Mistley, für die Häuser in Great Saxham und Airthrey und für einen riesigen Hof rund um Lauderdale Castle. Am interessantesten ist vielleicht eine Zeichnung, auf der Ruinen mit einem D-förmigen Tonnengewölbe zu sehen sind, die an eine römische Thermenanlage erinnern. Das Tonnengewölbe ist eine Form, an der auch zeitgenössische – oder wenig frühere – piemontesische Architekten interessiert waren, etwa Bernardo Vittone und Benedetto Alfieri.

175

176 *Home House, Schnitt durch das Musikzimmer mit Blick auf den Kamin*
(London, Courtauld Institute)

177 *Home House, Schnitt durch das Musikzimmer mit Blick auf die Orgel*
(London, Courtauld Institute)

178 *Home House, Decke des Etruskischen Zimmers*

176

178

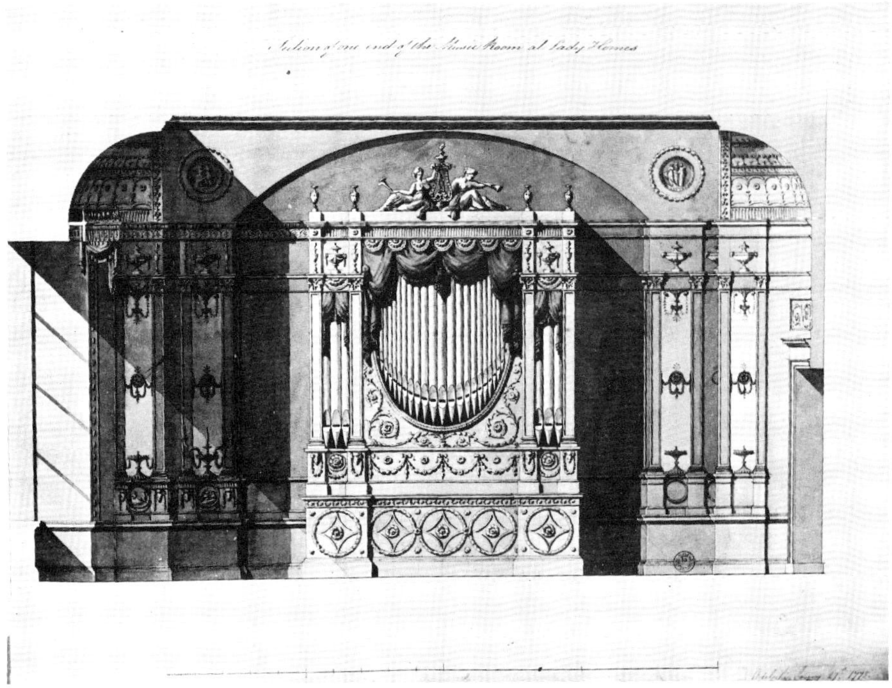

177

179 *Northumberland House, London; Entwurf für die Dekoration des Spiegelzimmers*
(London, Soane Museum)

179

180 *Northumberland House, London; Entwurf für die Dekoration des Spiegelzimmers*
(London, Soane Museum)

180

Northumberland House

181 *Northumberland House, das im Victoria and Albert Museum teilweise rekonstruierte Spiegelzimmer*

Mehr Zeit wurde zu Beginn der siebziger Jahre allerdings auf das recht prosaische Geschäft der Gestaltung der Innenräume der Adelphi-Häuser verwandt, die im Grunde eine kleinere Version der Innenräume von Derby House und Williams-Wynn House waren. Das großartigste Interieur war aber wiederum eine Arbeit für den Herzog von Northumberland, diesmal in Northumberland House an Charing Cross. (Heute verläuft die Northumberland Avenue durch das Grundstück.) Der bedeutendste Teil der Ausstattung war ein großer Wohnraum von nahezu königlicher Pracht. Er wurde auseinandergenommen (man hat fast den Eindruck, als sei er schon im Blick auf eine spätere Demontage konzipiert worden) und nach rund hundertjährigem Magazinaufenthalt im Victoria and Albert Museum (teilweise) wieder zusammengesetzt. Seine prächtige Wirkung verdankt der Raum der verschwenderischen Verwendung von Glas und *or moulu.* Die Wände sind ganz mit Glas bedeckt, das von goldenen Leisten gerahmt ist; dazwischen sitzen goldene Palmetten, Anthemia, Dreifüße, Medaillons, Baluster und filigrane Pilaster. Die Spiegel sind gewaltig. Die Farbe ist zumeist auf die Rückseite der Glasflächen aufgebracht, und zwar in zwei Tönen: Grün für die Struktur und die Türen, Scharlachrot (das wie Porphyr aussehen sollte) für die Wandoberflächen. Auch die Möbel waren vergoldet. Ein Teil des Mobiliars befindet sich heute in der langen Galerie in Syon.[471]

181

Alnwick Castle

Für die Northumberlands entwarfen die Adams auch die heitereren gotischen Innenräume von Alnwick Castle. Die Arbeiten waren hier bis zum Tod des Herzogs im Jahre 1786 im Gange. Mit der Erneuerung von Alnwick Castle war bereits in den fünfziger Jahren vermutlich unter James Paine begonnen worden, der 1768 hier noch immer tätig war. John Adam hatte sich zustimmend über den »sehr guten gotischen Stil des Stucks« geäußert[472], als er Alnwick 1759 besuchte. Robert wurde allerdings erst kurz vor 1770 hinzugezogen und entwarf zunächst einen Bankettsaal und einen Salon, später die Kapelle und eine Brücke über den Fluß Alne. Die Zeichnungen dazu sind erhalten geblieben. Vieles davon wurde von einem späteren Herzog verändert, und manches, so zum Beispiel die »Blickfänger« auf den Klippen von Ratcheugh, ist zerstört.[473] Wie diese Skizzen ausgeführt wurden, wird an einem unsinnigen Bau deutlich, dem Brizlee Tower, der sich in Hulne Park erhalten hat. Obwohl ausgesprochen gotisch, hat er doch auch eindeutig Adamsche Merkmale: Er ist rund und vom Grundriß her in vier Ansichtsseiten geteilt, jede mit einer gerundeten Säulenstellung. Die Säulen haben Federkapitelle. Man könnte hier von der »Prince-of-Wales-Ordnung« sprechen, denn das Wappen des Prince of Wales zeigt drei Straußenfedern. Tatsächlich werden die Pflanzen des klassischen Ornaments in Adams gotischen Details meistens durch die Feder ersetzt.[474] Am Turm tragen die Säulen Spitzbogen mit Fünfblattrosetten in dreieckigen Feldern. Aber die Federn sind vielleicht das am ehesten ins Auge fallende Merkmal des Innern, und zwar sowohl im fächergewölbten Salon (wo die Federn selbstverständlich aus Stuck bestehen) als auch im Bankettsaal und in den Teppichmustern sowie in den Knaufen und Krabben, mit denen alles großzügig dekoriert ist. In der Familie hieß es, der Herzog habe Alnwick, den angestammten Sitz der Percy, gotisch herrichten lassen, um seiner Frau eine Freude zu machen.[475] Ihre Vorliebe für die gotische Ar-

182 *Alnwick Castle, Northumberland; Entwurf für einen gotischen Salon*

183 *Alnwick Castle, der Brizlee Tower vom Park aus*

182

183

chitektur war nur ein Aspekt ihrer lebhaften bauhistorischen Interessen. In der Widmung seiner *Reliques of Ancient English Poetry* (einer Sammlung von Balladen, epischen Versen und Liedern) an die Herzogin spricht Thomas Percy, ein entfernter Verwandter, von den »rüden Gesängen der alten Spielleute«, die »aus fernen Zeiten stammen ... und der Erinnerung fast verlorengegangenen wären, hätten nicht die ritterlichen Taten Eurer erhabenen Vorfahren sie vor dem Vergessen bewahrt ...« Diese Gedichte mußten, wie Percy in seinem Vorwort sagte, der Gräfin (die sie damals noch war) von Northumberland, »die Eleganz durch ihr Beispiel verbreitet«, verzeihlich, ja sogar akzeptabel erscheinen, denn sie waren ja nicht »Produkte eines Kunstwollens, sondern Ausfluß der Natur«.[476] Und damit kommen wir zum umstrittenen Thema der Adamschen *Castles*.

Schon als er in den späten sechziger Jahren von Sir James Lowther den Auftrag erhielt, dessen Festung Cumberland umzubauen, hatte Robert erkannt, daß die Werke der Kunst, was seine »klassischen« Leistungen ja mit Sicherheit waren, vor der Großartigkeit und Wildheit der Landschaft nicht bestehen konnten. In seinem schon an anderer Stelle zitierten Brief an die Lady Montagu heißt es, daß »die ägyptischen Pyramiden neben einem Ben Lomond ... gemein und verächtlich aussehen würden; selbst die vielbewunderten Leistungen der Griechen und Römer erschienen in der Nachbarschaft dieser unvergleichlichen Werke der Natur ganz einfach unbedeutend ...« Diese Werke der Natur hatte er schon früher aufgezählt: »wolkenverhüllte Berge, ausgedehnte Wiesen, rasch dahinfließende Flüsse und riesige Wälder«.[477] Die Natur, das mußte er zugeben, ließ auch Inveraray Castle unbedeutend aussehen. In Alnwick beschäftigten ihn nur die federgeschmückten Interieurs und die Besonderheiten. Die Landschaft war in jedem Fall – hier wie bei so vielen anderen Adamschen Bauten – von Capability Brown zu zähmen, so daß die gotischen »Blickfänger« relativ leicht und konventionell ausfallen konnten. Aber als die Aufträge aus dem Norden immer zahlreicher wurden, entwickelten Robert und James eine neue Konzeption des Landhauses.

Das Wort »castle« ist in Schottland viel gebräuchlicher als im Süden und bezeichnet dort jedes massive und kompakte Landhaus – immer in dem Verständnis, daß es auch einer ein- oder zweitägigen Belagerung durch unfreundliche Nachbarn standhalten könnte. Zwar war es seit den Tagen der Regierung Argyll kaum noch notwendig, eine solche Möglichkeit ins Auge zu fassen, aber der Typ des Hauses hatte sich erhalten. Das südlich der Grenze befindliche Haus Lowthers hätte auch in einer Gegend gestanden haben können, in der Grenzüberfälle so häufig waren wie die Landschaft wild. Am Ende beauftragte Lowther (später Lord Lonsdale) andere Architekten und ließ das von Robert geplante Musterdorf nicht errichten. Mit Sicherheit aber stammte ein Teil des Gebäudes in Whitehaven Castle von ihm. Die umfangreichen Pläne, die James und Robert angefertigt hatten, mit allen Rücksprüngen und vortretenden Teilen und der Akzentuierung durch runde und achteckige Türme, unterschieden sich sehr stark von dem eher langweiligen Haus, das schließlich hochgezogen wurde und heute zerstört ist.[478] Das Innere dieses Hauses ähnelte eher dem Adelphi als Alnwick Castle. Auch wenn das Äußere einer ungestümen und grandiosen Natur trotzen mußte – das Innere konnte man ohne weiteres als ein Kunstwerk bezeichnen.

Das galt auch für Wedderburn und Mellerstain. Wedderburn wurde für Patrick Home erbaut. Der Außenbau mit den abwechselnd quadratischen und oktogonalen Türmen wirkt kriegerisch; die mit einer geraden Bekrönung mit Tropfrinnen versehenen Fenster sehen gotisch aus, obwohl es Schiebefenster sind. Die Innenräume dagegen sind, wenn auch relativ schlicht, doch eindeutig im »Adam-Stil« gehalten: Wedderburn besitzt einen der wenigen Kamine, die tatsächlich aus Piranesis Werkstatt bezogen wurden, nachdem darüber geklagt worden war, daß die Londoner Entwürfe doch allzu banal seien.[479]

Wedderburn wurde zwischen 1771 und 1775 erbaut. Mellerstain, ebenfalls in Berwickshire gelegen, wurde vermutlich einige Monate früher begonnen, aber erst Jahre später fertiggestellt. Es handelt sich um einen sehr viel weniger kühnen Bau als Wedderburn mit einem höheren Mittelblock, langen Flügeln, die in leicht vortretenden Ecktürmen enden, und dem üblichen »georgianischen« *parti*, abgeflacht und mit gotischen Details. In Mellerstain gibt es gotischen Stuck, nicht unähnlich den bescheideneren Resten in Hulne Abbey, einem alten, in Sichtweite von Alnwick gelegenen Kloster, das von Capability Brown restauriert und dessen Innenstuckierung, wenn man den Berichten glauben darf, von den Adams entworfen worden war.[480] Dennoch ist Mellerstain eines der reichsten Interieurs im Adam-

184 *Mellerstain Castle, Berwickshire; Gartenfront* 185 *Wedderburn Castle, Berwickshire; Gartenfront*

184

185

Stil nördlich der englisch-schottischen Grenze.[481]

Im allgemeinen sind die Innenräume der *Castles* keineswegs gotisch. Für uns ist interessant, daß sich einige Details aus Douglas Castle in Lanark erhalten haben, die John Adam selbständig entworfen hatte. Sie zeigen eine erheblich »modernisierte« Version der herkömmlichen Manier des 18. Jahrhunderts, die für die Brüder typisch gewesen sein mag, bevor sie in Kedleston zu einer neuen Bauweise fanden.[482] In der Tat ist es trotz des pittoresken Äußeren von Douglas Castle nicht einfach, daran irgendwelche direkten Zitate aus gotischen Gebäuden zu entdecken, wenn man von den hier und da anzutreffenden Spitzbögen und Pechnasen absieht. Die Fenster sind in der Regel gerade bekrönte Schiebefenster, die häufig in rundbogigen Vertiefungen sitzen; gelegentlich treten sie zu einer *Serliana* zusammen – alles alltägliche klassische Versatzstücke. Die neuen Adamschen Castles bedeuten fast eine Umkehrung der Gotik von Inveraray, die ganz gotisches Detail über einem Gebäude des 18. Jahrhunderts war – jetzt versuchten die Brüder es mit einem neuen – schroffen und natürlichen – Gebäude, das aber im Detail ganz »antik« war. Die achteckigen Türme, das rohe Mauerwerk, das kahle Äußere erinnern an den Außenbau des Diokletianspalasts in Spalato und an andere römische Ruinen, die Robert gut kannte, und vielleicht auch an den noch vorhandenen Hadrianswall, der sich durch die Landschaft zieht, in welcher diese Schlösser stehen.[483]

Das bekannteste von ihnen, Culzean Castle in Ayrshire, kann als Beispiel für das eben Gesagte dienen. Wie die übrigen Castles ist es ein umgebautes altes Haus, in diesem besonderen Fall an einem Schauplatz gelegen, der einer von Robert gezeichneten stürmischen Landschaft entnommen sein könnte. Die lange Front des Hauses blickt über den Firth of Clyde. Der Eingang befindet sich an der Schmalseite und sollte über einen romantischen Viadukt erreicht werden. Im Innern

186

187

188 *Culzean Castle, Ayrshire; Entwurf der Parkfassade* (London, Soane Museum)

188

189 *Culzean Castle, Luftaufnahme des Hauses und der Ufer des Clyde*

190 *Culzean Castle, Blick vom Park*

steigt der Besucher durch ein elliptisches Treppenhaus nach oben, das noch großartiger und weiträumiger als das Treppenhaus von Home House ist und das ein Kranz korinthischer und – gegen alle Regel – darübergestellter ionischer Säulen schmückt. Eine weitere Zutat zum Repertoire der Adamschen Formen sind die halbrunden Schlafzimmer, von denen man in die großartige Landschaft hinausblickt. Sie bauen sich in ihrer Massigkeit über dem Salon auf, der sich seinerseits über der Dienerschaftshalle befindet, und bilden den großen runden Turm, der den Firth beherrscht. An der Südseite hat das Haus einen rechteckigen Turm mit einem Wohnraum im Hauptgeschoß, dessen drei zum Park orientierte Fenster außen von einer Doppelsäulenarkade gerahmt sind. Deren Ordnung ist noch etwas schlichter als die toskanische. Ihr Gesims und der Bogen über der Hauptöffnung zeigen eingelegte marmorne Rauten. All das hat nichts ausgesprochen Gotisches an sich. In Culzean fehlen die achteckigen Türme; dafür sind die jeweils drei Fenster der nach Süden gelegenen Schlafräume beiderseits des Wohnraums erkennbar zur Form der *Serliana* gruppiert. Die Umrißlinie ist bewußt aus dem Kontrast zwischen rechteckigen und runden Türmen entwickelt, wobei die niedrigen Bauteile durch die kleineren Türme akzentuiert werden. Die Innendekoration ähnelt stark der Stuckierung im Adelphi. Culzean wurde für den unverehelichten Earl of Cassilis und seine Brüder errichtet.[484] Es gab zwei ältere Häuser: das ganz in der Nähe gelegene Caldwell, welches für den Baron Mure gebaut worden war (den schon erwähnten Briefpartner von Lord Bute), und Wenvoe Castle in Glarmorgan, von dem sich nichts erhalten hat.[485]

Oxenfoord Castle in Midlothian wurde anscheinend 1779/80 in Auftrag gegeben, in der Folge von Culzean, das in dem Augenblick fertiggestellt wurde, als die Dalrymples ihr Erbe antraten. Es wurde in den vierziger Jahren des 19. Jahrhunderts auf bedauerliche Weise verändert, wenn auch in einem »Adam-castle-style«.

189

190

191 *Culzean Castle, Treppenhaus*

Ein einziges kleines Bauwerk hat sich unverändert erhalten: der Teehaus-Turm in Auchencruive in Ayrshire, dessen Inneres wir an anderer Stelle schon erwähnt haben: Es handelt sich um ein zinnenbewehrtes zylindrisches Gebäude, dessen Außenmauer von Bögen gegliedert ist, von denen zwei die Öffnungen umschließen. Es sind dünne, enge Bögen, die Öffnung ist nahezu zweimal so hoch wie die Türen. Der Bau steht auf einem runden Sockel und wird von vier Türmchen sozusagen ins Geviert gebracht, die dem Ganzen trotz des konischen Daches ein antikes Aussehen verleihen.[486]

Bei dem Wort »Geviert« drängt sich die Erinnerung an ein Gebäude auf, das unserer Meinung nach dem *Castle*-Stil angehört, auch wenn es in der Regel nicht dazugezählt wird: das Grabmal David Humes auf dem Friedhof von Old Calton. Die ersten Zeichnungen zeigen einen Zylinder auf einem Quadrat oder einem Oktogon – Reminiszenzen an das Grabmal der Caecilia Metella und andere römische Grabmonumente, vielleicht auch an das Theoderichs in Ravenna. (Robert entschied sich am Ende für einen von einem dorischen Gesims gekrönten steinernen Zylinder, dessen Relief nur in einer tiefen Nische über der Tür und einem einzigen Profil besteht.) Wenn an dieser Manier also überhaupt irgendein mittelalterliches Element ist, dann eher ein romanisches als ein gotisches.[487] Am Standort eines weiteres Schlosses – in Fullerton, auf dem Gelände eines römischen Feldlagers – wird der Hinweis auf die Antike ganz deutlich.[488]

In den achtziger Jahren und bis zu Roberts Tod entstanden noch weitere kastellartige Bauten. Dalquharran hatte einen sehr komplexen Grundriß, der durch die im 19. Jahrhundert durchgeführte Erweiterung leider sehr verloren hat.[489] Seton besaß einen stattlichen *Cour d'honneur* nach französischem Vorbild, hat aber im 19. Jahrhundert ebenfalls gelitten.[490] Airthrey mit seinem D-förmigen Grundriß war in gewissem Sinne die interessanteste Anlage: Durch die Konzentration der Formen inner-

191

192 *Oxenfoord Castle, Midlothian; Parkfassade*

192

193 *Friedhof von Old Calton, Edinburgh; Projekt eines Grabmals für David Hume* (London, Soane Museum)

halb des Halbkreises kam es zu einer Reihe recht abrupter und seltsamer Nebeneinanderordnungen. Der Bau wurde nur in Teilen entsprechend dem Adamschen Plan ausgeführt.[491] In Roberts letzten Lebensjahren entstand Mauldsley, das trotz seiner Scottizismen eher auf Batty Langley als auf Vanbrugh zurückgeht.[492] Um die gleiche Zeit arbeitete er an einem in seiner Scheußlichkeit schon wieder großartigen Entwurf für Cluny Castle in Aberdeenshire, der auch von einem vor seiner Zeit geborenen schottischen Viollet-le-Duc hätte stammen können. Gotische Details finden sich allerdings bis zum Schluß an keinem dieser Bauten.[493] Es erübrigt sich, nach Widersprüchen zwischen der Vorliebe der Adams für die Antike, ihren Innenräumen, ihren »klassischen« Bauten und ihrem Castle-Stil zu suchen. Die Castles sind die bewußte Antwort auf die Herausforderung durch eine bestimmte Landschaft, die Robert schon immer fasziniert hatte und mit der er sich in einer großen Zahl von Aquarellen auseinandersetzte (wenn auch nur als Dilettant).[494] Das muß hervorgehoben werden, denn manche Kritiker haben in den Castles den Versuch der Brüder sehen wollen, ihre Originalität gegenüber einem neuen Rivalen zu behaupten: James Wyatt.

193

James Wyatt

Wyatt gehörte – in zweiter Generation – einer ganzen Sippe an, die im Bauwesen tätig war. Er war 1762 nach Venedig gegangen und hatte bei Antonio Visentini gelernt, einem Freund des Konsuls Smith, führenden Theoretiker des Rationalismus und angesehenen Architekturzeichner. Im Anschluß an die Zeit bei Visentini ging Wyatt nach Rom, um sich fortzubilden.[495] Nach seiner Rückkehr scheint er – noch ein sehr junger Mann – die Tätigkeit der Brüder Adam genau verfolgt zu haben. (Sein eigener Bruder Samuel war erster Schreiner in Kedleston und Subskribent des *Diokletianspalasts.*) 1769 entwarf James Waytt ein »winter Ranelagh«, eine riesige überdachte Vergnügungsstätte in der Oxford Street, das sogenannte Pantheon, dessen Eröffnung mit großem Enthusiasmus begrüßt wurde. Walpole, der sich für alles Neue interessierte, erklärte es zum »schönsten Gebäude von England«. Aber trotz der anfänglichen Begeisterung war dem Gebäude kein dauerhafter Erfolg beschieden, und Wyatt selbst baute es 1790 zu einem Theater um. Im Jahre 1935 wurde es abgerissen.[496]

Auf jeden Fall sahen die Adams in Wyatt einen gefährlichen Rivalen: Das Pantheon war schon eine großartige Sache, und vieles daran war aus der Adamschen Formensprache entlehnt, so die Segmentbögen, die Säulenstellungen, die gemalten und in Stuck ausgeführten Grotesken. Wyatt warb den Adams auch Mitarbeiter ab: 1772 arbeiteten die Roses und Biagio Rebecca für ihn.[497]

Die Works

Und doch steckt in den Projekten für die Castles soviel Überlegung und soviel »Herzblut«, daß wir sie nicht einfach als den ärgerlichen Versuch der Adams abtun können, ihre Originalität zur Schau zu stellen. Andererseits kann man aus dem Zeitpunkt der Veröffentlichung der *Works* sehr wohl schließen, daß die Brüder wenn schon nicht das Copyright, so doch zumindest die Vaterschaft für diesen Stil geltend machen wollten.

Das zu Beginn dieses Buches zitierte Wort von der Revolution des Geschmacks war nicht einfach hohle Prahlerei, sondern eine Antwort an die Adresse der Rivalen und der Miesmacher. Der Gegenangriff aus dem Wyatt-Lager erfolgte später, obwohl Horace Walpole zum Zeitpunkt der Veröffentlichung der *Works* in dem Originalitätsanspruch der Adams eine direkte Attacke auf seinen neuen jungen Genius sah. Im übrigen äußerten sich die Rezensenten des 18. Jahrhunderts viel weitschweifiger und längst nicht so prompt wie heute. Die Reaktion auf die *Works* erfolgte im Laufe von Jahren in Briefen und Pamphleten, nicht in Form irgendeines kurz danach erschienenen Zeitungsartikels. Zudem hatten die *Works* eine komplizierte Veröffentlichungsgeschichte. Der erste Band erschien in Faszikeln zwischen 1773 und 1778, dem Jahr, in dem sie dann zu einem Buch zusammengefaßt wurden.[498] Das mag der Anlaß dafür gewesen sein, daß Wyatts junger Freud und Mitarbeiter, der Maler Robert Smirke (der Vater des bekannten Architekten), die Brüder in einem Pamphlet attakkierte.[499] Ein zweiter Band erschien 1786; auch dieser war zunächst in Form separater Lieferungen herausgekommen. Der dritte Band, eine Sammlung verschiedener Tafeln, wurde erst nach dem Tod beider Brüder, im Jahre 1822, veröffentlicht.

Aber in dieser ganzen Zeit, in der die *Works* allmählich erschienen, flossen den Brüdern Aufträge zu, so daß sie von ihrem Einkommen als Architekten leben und sogar ihre Schulden abzahlen konnten.

194 *Pulteney-Brücke, Bath*

Inzwischen war auch die Stadtplanung zu einer ihrer Hauptbeschäftigungen geworden. Für William Pulteney bauten die Adams eine Brücke über den Avon, die Bath mit Bathgate verband. Es ist eine Brücke mit drei Bogen und mit Medaillons in den Bogenzwickeln, die auf beiden Seiten der darüberführenden Straße zwei Reihen von Läden trägt. Innen wechselten bogentragende Säulenstellungen mit Pfeilern ab, während zum Fluß hin nur eine schlichte Fensterreihe zu sehen war. Über dem mittleren Bogen erhob sich ein giebelbekrönter Pavillon mit einer auf den Fluß orientierten Serliana – Palladios Projekt der Rialto-Brücke, auf den Adamschen Maßstab gebracht. Das von den Adams geplante Gebäude am Ende der Brücke, auf der Seite von Bathgate, wurde nicht gebaut.[500]

194

Edinburgh

Die bedeutendste Leistung vollbrachten die Adams in dieser Periode wohl in Edinburgh. Die Stadt dehnte sich in fast katastrophaler Weise aus. Von John Adams Bemühungen um die Börse haben wir schon gesprochen, und auch Gilbert Elliots und George Drummonds *Proposals* wurden bereits erwähnt. Im Jahre 1766 war nicht mehr zu übersehen, daß das ungeregelte Wachstum außer Kontrolle geriet und die Behörden etwas unternehmen mußten: Wenn man die schöne Stadt verwirklichen wollte, von der in den *Proposals* die Rede war und für die eine Reihe führender Bürger sich stark machte, dann waren gezielte Maßnahmen erforderlich. Das tiefe Tal, das durch die Trockenlegung des North Loch entstanden war (und durch das heute die Haupteisenbahnstrecken führen), mußte überbrückt werden, damit man das hochgelegene Gelände auf der anderen Seite erschließen konnte. Der Beschluß, die Brücke zu errichten, wurde 1765 gefaßt und zugleich ein offener Wettbewerb für die Gestaltung der nördlichen Gebiete ausgeschrieben, den James Craig gewann. (Der Preis bestand in einer Goldmedaille und in der Ehrenbürgerschaft.) Craigs Plan sah ein schlichtes Raster aus drei langen, in Ost-West-Richtung verlaufenden Straßen vor (von denen die mittlere an beiden Enden in einen Platz münden und die äußeren nur einseitig bebaut werden sollten), die von drei in Nord-Süd-Richtung verlaufenden Straßen gekreuzt wurden. Die so entstehenden Blocks sollten eine Grundfläche von etwa 180 auf 140 m haben.[501] Craig hatte zwar den Wettbewerb gewonnen, scheint aber sehr wenig gebaut zu haben. Die sechs eingereichten Projekte wurden vom Bürgermeister und von John Adam begutachtet, der preisgekrönte Plan wurde vor seiner Veröffentlichung von Craig, Lord Kames, John Adam und zwei weiteren Notabeln in mehreren Sitzungen modifiziert.[502]

Die Brücke von der eigentlichen Stadt zu den neuen, nördlich davon gelegenen Gebieten wurde von William Mylne (dem weniger gefragten der beiden Brüder, die in Rom mit Robert Adam zusammengetroffen waren) entworfen und, ebenfalls mit Modifikationen, zwischen 1765 und 1772 von John Adam gebaut.[503] Im oder um das Jahr 1770 wurden die Londoner Adams aufgefordert, einen Entwurf für das *Register House* zu liefern, also für das schottische Staatsarchiv. Es sollte ganz bewußt als Anreiz für die zukünftigen Bewohner der neuen Nordstadt am Kopf der North Bridge errichtet werden, damit sozusagen ihr offizielles Indossament darstellen und zugleich einen eindrucksvollen Blickfang jenseits des Flusses abgeben. Der Entwurf war 1772 fertig, und die Arbeit wurde in Angriff genommen. Sie zog sich unter der zeitweisen Oberaufsicht durch John Adam mit vielen Unterbrechungen bis in die achtziger Jahre hin. Aus Anlaß dieses Projekts richteten die Brüder aber nun ein eigenes Büro in Edinburgh ein, das durch das Archivgebäude allein finanziell nicht zu rechtfertigen gewesen wäre.[504]

Das Archivgebäude ist zwar das bekannteste und mit Sicherheit auch das am günstigsten plazierte öffentliche Gebäude der Brüder Adam, aber es ist ein sehr bescheidener Bau. Die beiden Geschosse – ein rustizierter Sockel und die korinthische Ordnung darüber – unterscheiden sich im Grundriß kaum voneinander; ein giebelbekrönter Tetrastyl läßt den Mittelteil wie einen Portikus hervortreten. Die etwas stärker reliefierten seitlichen Pavillons sind von zwei Dreiviertelsäulen gerahmt, zwischen denen sich die übliche Serliana mit Entlastungsbogen öffnet. Darüber sitzen kleine, mit Ecksäulen versehene Uhrtürme, die eine Kuppel über einem niedrigen, fensterlosen Tambour tragen; diese Kuppeln sind Miniaturausgaben der großen Kuppel über dem zentralen Tetrastyl. Das Innere der Kuppel sollte ein Meisterwerk des Adam-Stils in der Heimatstadt der Brüder werden, aber Geldmangel und spätere Veränderungen machten diese Hoffnungen zunichte. Die Stuckierung der Kuppel ist allerdings erhalten geblieben.

Aber es gab auch viele Projekte für Edinburgh, die nicht ausgeführt wurden. Die großen Terrassen in Leith Street wurden nicht gebaut.[505] Und später wurde auch der Plan, westlich des alten Parlamentsgebäudes ein imposantes Rechtskolleg und eine juristische Bibliothek zu errichten, wieder aufgegeben. Das Gebäude wurde dann auf der Nordseite in viel bescheidenerem Umfang von Robert Reid erbaut – der auch am Archivgebäude und bei der Erweiterung der New Town tätig war –, dies aber erst nach 1800.[506] Das Londoner Büro der Adams erarbeitete ein anspruchsvolles Projekt für eine South Bridge, die sozusagen die Trasse der North Bridge fortsetzen sollte, und dazu eine außergewöhnlich hohe und sehr dichte Wohnbebauung mit unter Kolonnaden angeordneten Ladengeschäften.[507] Dazu gehörte auch die Universität als integrierender Bestandteil dieser neuen und bedeutenden südlichen Stadterweiterung. Zwischen der Stadt und den Brüdern Adam kam es wegen dieses Projekts zu einem erbitterten Streit, und schließlich wurde die South Bridge von einem anderen Architekten erbaut. Hätten die Adams ihren Entwurf durchgesetzt, dann wäre Edinburgh mit Sicherheit zum Musterbeispiel einer aufgeklärten Stadtplanung geworden. Allerdings war dieses Adamsche Projekt natürlich nur einer von vielen unausgeführten Plänen, wie sie überall in Europa entstanden. Auch James Craigs bescheidenerer Entwurf, den er wenig später vorlegte, wurde abgelehnt.[508]

Das Universitätsgebäude war in gewissem Sinne das bedeutendste Werk aus Roberts Spätzeit. Es ist durch den von William Playfair und Rowland Anderson hinzugefügten Turm zwar verschandelt, aber in seinen Grundzügen noch immer das Werk der Brüder. Unglücklicherweise ist auch der Innenhof durch die Entfernung des querstehenden Blocks entstellt, der für den Maßstab der Gesamtanlage wesentlich war. Nach dem ursprünglichen Entwurf wäre der Besucher aus dem runden Werksteinvestibül in einen schmalen, hohen Hof eingetreten, der von den Wohnungen der Professoren gesäumt war und in dessen Mitte sich die Kapelle befand. Von unterhalb wäre

195 James Craig, *Plan für die »North Fields«, Edinburgh,* 1767
(Edinburgh, Universitätsbibliothek)

196 *Register House, Edinburgh; Grundriß des ersten Geschosses* (London, Soane Museum)

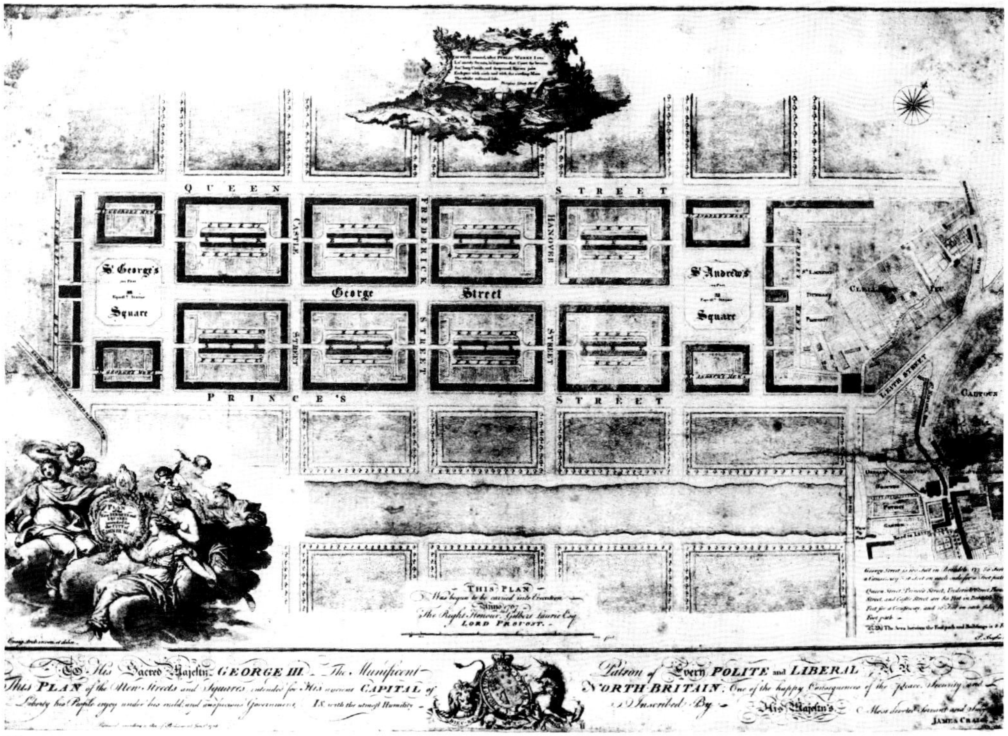

195

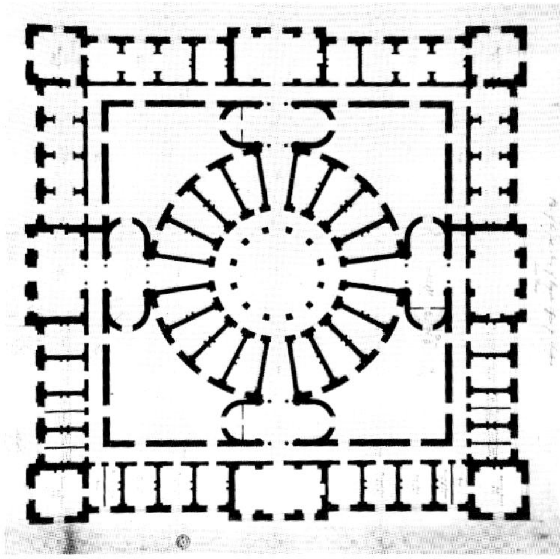

196

197 *Register House, Aufriß der Südseite*
(London, Soane Museum)

198 *Register House, Schnitt*
(London, Soane Museum)

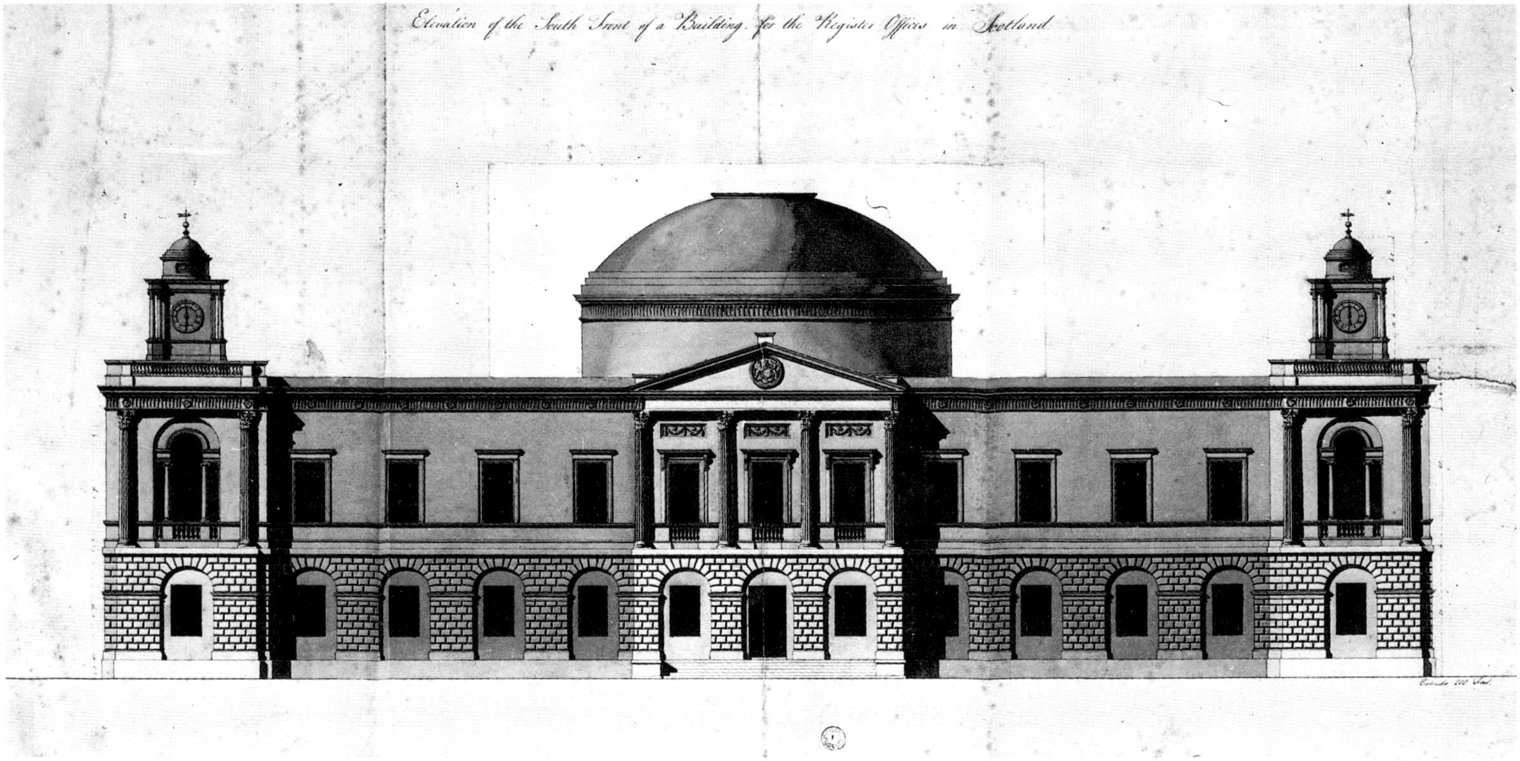

197

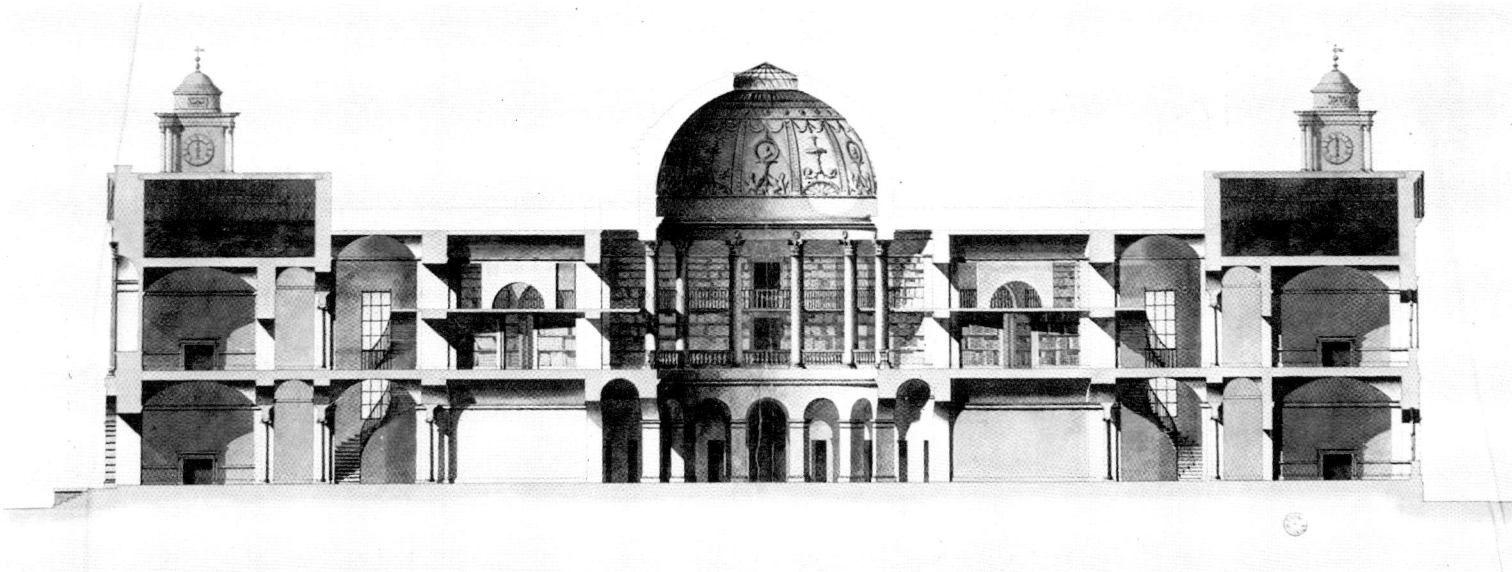

198

199 *Register House, Ansicht von Süden*

199

200 *Vorschlag einer Häuserterrasse für Leith Street, Edinburgh,* um 1785
(London, Soane Museum)

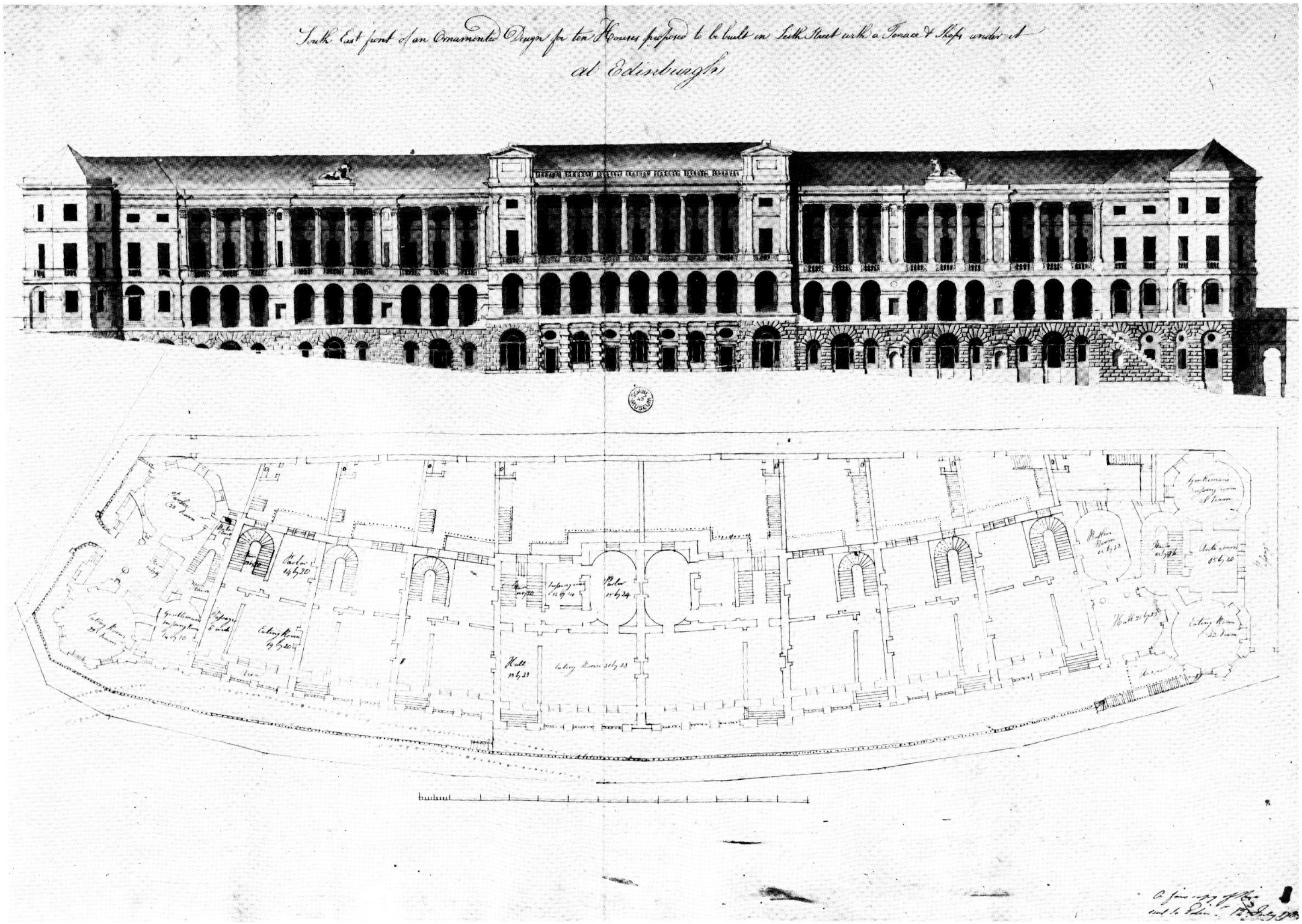

200

201 *Vorschlag zur städtebaulichen Gestaltung von South Bridge, Edinburgh,* um 1785 (London, Soane Museum)

201

202 *Edinburgh University, Grundriß des Hauptgeschosses* (London, Soane Museum)

203 *Edinburgh University, Ostfassade und Haupteingang* (London, Soane Museum)

204 *Edinburgh University, Südfassade* (London, Soane Museum)

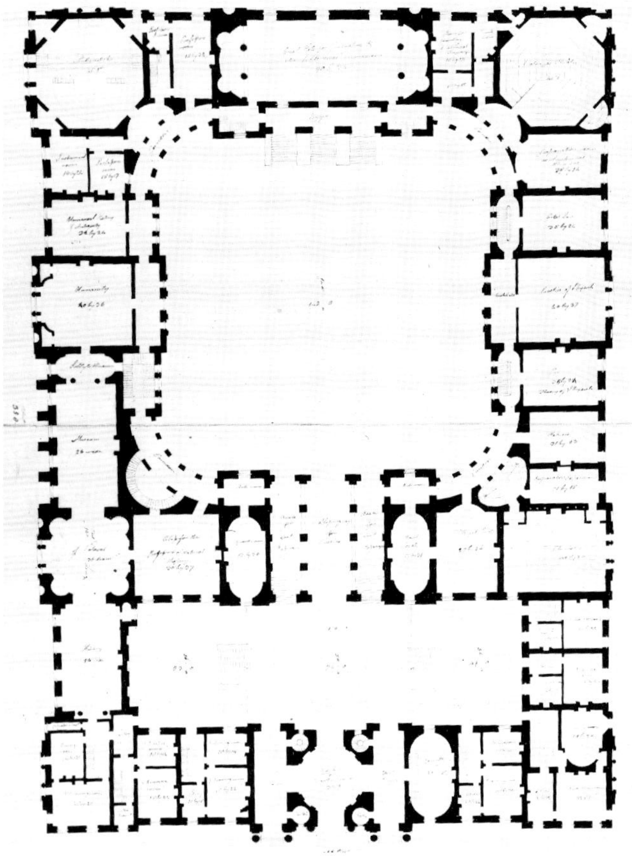

202

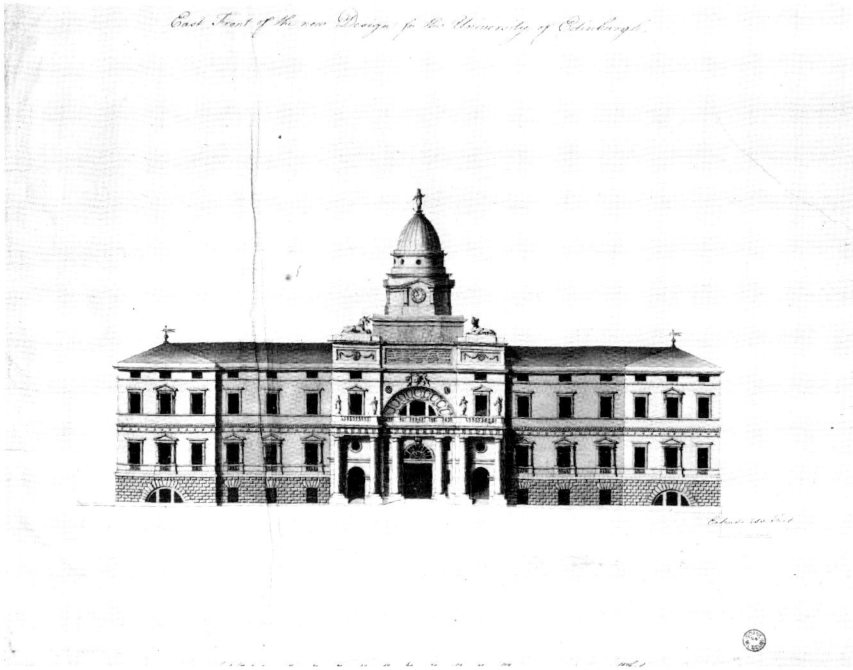

203

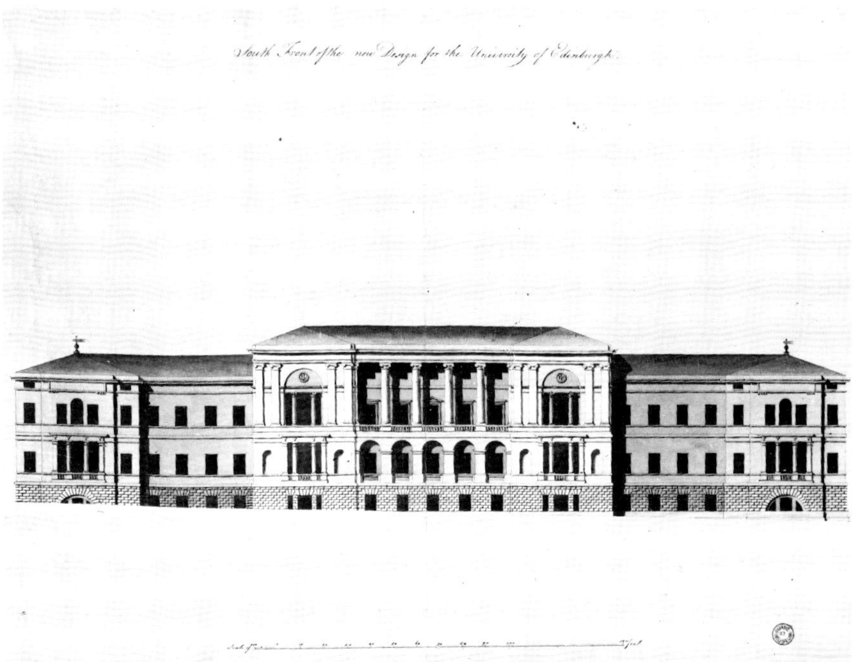

204

205 *Edinburgh University, Ostfassade.* Die Kuppel wurde 1879 von R. Rowland Anderson hinzugefügt

206 *Edinburgh University, Schnitt durch den Hof* (London, Soane Museum)

207 *Charlotte Square, Edinburgh; Gesamtanlage* (London, Soane Museum)

205

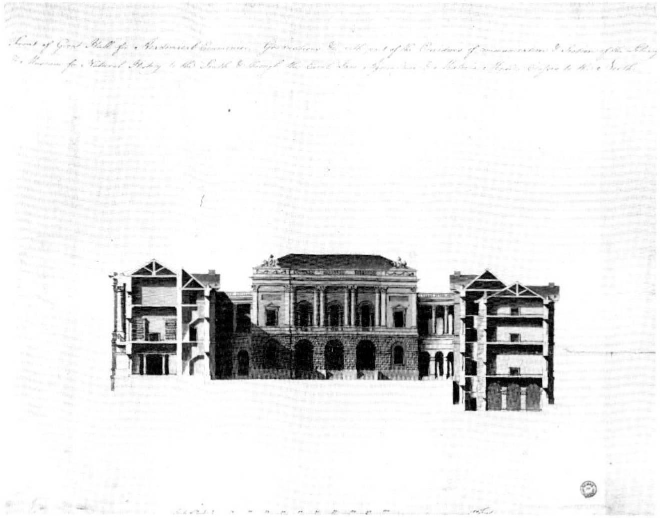

206

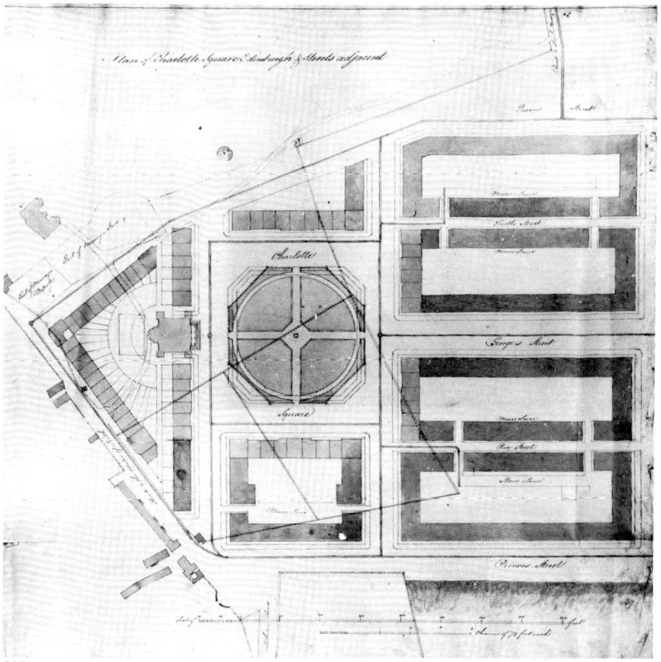

207

208 *Charlotte Square, Aufriß der an der Westseite gelegenen Häuser und der Kirche St. George's* (London, Soane Museum)

209 *Charlotte Square, Südseite* (London, Soane Museum)

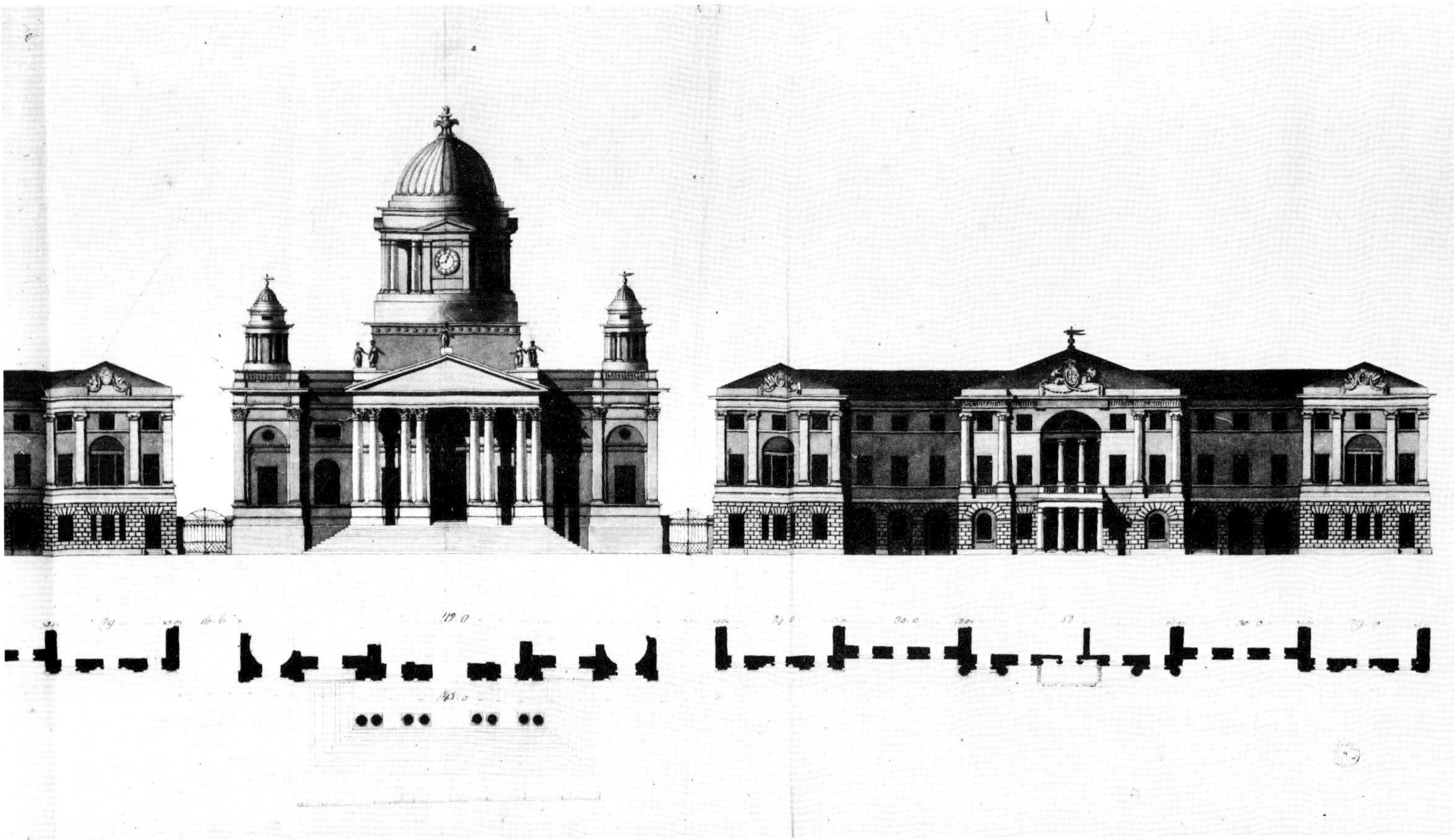

208

209

210 *Charlotte Square, Mittelteil der Gebäude an der Südseite*

er dann in den großen Hof gelangt und hätte die Festhalle der Universität und ihre großartige Treppenflucht vor sich gehabt. Die »Bewegung« des Hofes sollte durch ein Spiel der Vor- und Rücksprünge an jedem der zentralen Bauten zustande kommen und sich an den Ecken noch weiter, in die offenen Kolonnaden hinein, fortsetzen. Die geometrische Vielfalt der Raumformen wäre so weit gewahrt gewesen, wie dies in einem Institutsgebäude dieser Größenordnung möglich war.[509]

Die Eckkolonnaden sind das einzige, was von dem ursprünglichen Plan übriggeblieben ist, zusammen mit der Eingangsfront und dem Vestibül. An dieser Hauptfront ist die »Bewegung« so radikal durchgehalten wie überall im Adamschen Werk: Die Eckabschnitte zeigen ein bescheidenes Relief, aber der zentrale Teil springt vor und tritt in der Mitte wiederum zurück. Die flankierenden Pavillons ragen jeweils in dorischen Doppelsäulen, deren Gebälk einen Balkon trägt, noch weiter vor. Der Rücksprung in der Mitte schafft Raum für eine Zwei-Säulen-Stellung der gleichen Ordnung, über der sich ein großes, halbrundes Fenster befindet. Ein schwaches Echo dieser Anordnung findet sich in dem aus massiven Keilsteinen gebildeten Segmentbogen der Thermenfenster im Sockel der Seitenabschnitte.

Diese »Bewegung« besteht also aus bescheidenen Vor- und Rücksprüngen, aber sie spielt mit längeren Fassaden, und zwar in der Weise, daß sie ihren Abschluß in schmalen Pavillons finden, während den Mittelpunkt ein breiter Pavillon bildet. In jedem Pavillon sorgt – bei unterschiedlichem Maßstab – das gleiche System von Vorsprung-Rücksprung-Vorsprung für eine Dreiteilung, und die Attikageschosse und Balustraden binden die Gebäude (wenn sie sich in einem urbanen Umfeld befinden, anders als die Castles) in eine klare Silhouette ein.

In dieser Weise waren auch die Gebäude des South-Bridge-Projekts gegliedert, wenn das Schema hier natürlich auch – wegen des unebenen Geländes – eine sehr flexible Auslegung

210

211 *Fitzroy Square, London; Aufriß der an der Ostseite gelegenen Gebäude,* um 1790 (London, Soane Museum)

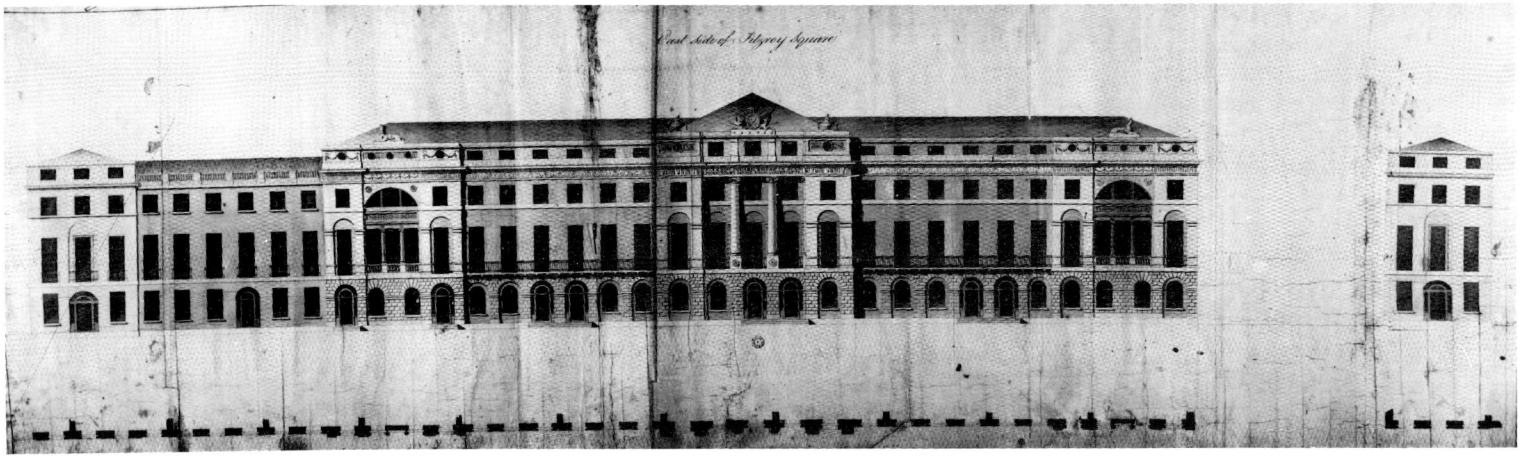

211

erforderte. So ist es zum Beispiel interessant, daß die Konzerthalle und die Häuser, die in einem flachen, halbmondförmigen Straßenzug gegenüber dem Haupteingang zur Universität geplant waren, wieder in anderer Weise moduliert waren: Dem zurückgenommenen Eingang in die Universität entsprach hier ein kühner Portikus.[510]

Aber die Gebäude der Edinburgher *Squares*, ob sie nun von den Brüdern Adam oder von Nachahmern gebaut wurden, halten sich häufig an dieses Schema, das für den schottischen Klassizismus charakteristisch geworden ist. Tatsächlich stammt ein großer Teil der Projekte für die *Squares* von Craigs Neuer Stadt von den Adams. Robert wurde zum Architekten für den *Charlotte Square* berufen; er entwarf dafür Häusergruppen in der soeben beschriebenen Art sowie eine Kirche, St. George's, gegenüber der eigentlichen Platzöffnung. St. George's wurde schießlich in einer verstümmtelten Version, die Roberts Intentionen im Grunde zuwiderlief, von Sir Robert Reid erbaut. Aber wenigstens eine der »Terrassen« (der Häuserreihen an erhöht gelegener Straße) existiert in der von James modifizierten Form des ursprünglichen Robertschen Projekts.[511]

212

213

Der Fitzroy Square in London ist möglicherweise besser geeignet, ein Bild von den städtebaulichen Leistungen der Brüder Adam zu vermitteln. Von den beiden Seiten, die sie mit Sicherheit entworfen haben, hat sich nur eine erhalten. Der ganze Platz ist als eine Einheit betrachtet. Allerdings wurde hier nicht versucht (wie übrigens auch in Edinburgh nicht, obwohl James an Portland Place konventioneller vorgegangen war), alles auf einen giebelbekrönten Tetrastyl oder Hexastyl auszurichten, wie dies in London üblich war. Im Gegenteil – die Portlandstein-Fassaden mit den (leider abgefallenen) Liardet-Zement-Reliefs sind so schlicht wie möglich gehalten, und die Modellierung kommt durch die flache »Bewegung«, die Permutationen der Fenstergruppen und die Verwendung von unterschiedlich hohen, von der Wand abgerückten Säulenstellungen zustande. Innerhalb der von den Brüdern entwickelten Formensprache war dies das Maximum an Variation, das die Bauvorschriften von 1774 (der »Black Act«) zuließen.[512] Kein anderes Projekt in London konnte es mit der Eleganz und Kompaktheit noch auch mit der Größenordnung vom Fitzroy Square aufnehmen, zumindest nicht bevor Nash begann, London in eine Stadt des Stucks zu verwandeln.[513]

Aber am Fitzroy Square, den Robert zu einem späten Zeitpunkt seines Lebens entwarf und dessen Fertigstellung sich nach seinem Tod durch die französischen Kriege verzögerte, scheint kaum ein Versuch der Kontrolle der Innenräume gemacht worden zu sein. Die gleichen Kriege machten es möglich, daß viele Edinburgher Projekte der Brüder Adam ausgeführt wurden. Nach 1790 gab es in Schottland kaum Aufträge von privater Seite. Newliston wurde auf dem Areal des Gartens errichtet, den William Adam in den dreißiger Jahren im Auftrag von Lord Stair für ein riesiges, aber nicht ausgeführtes Haus angelegt hatte. Die Fassade mit den »primitiven« korinthischen Doppelhalbsäulen, die sich oberhalb eines rustizierten Sockels über zwei Stockwerke erheben und einen Giebel tragen, ist nicht die gelungenste. Das zentrale Element bildet ein übergiebeltes Fenster in einem vertieften Segmentbogenfeld. Die Innenräume sind gleichzeitigen Interieurs in London oder auch in den Castles nicht vergleichbar. Ein seltsames Detail verdient erwähnt zu werden: Im oberen Geschoß ist der segmentbogige Hausteil geteilt, so daß zwei Schlafräume mit elliptischem Grundriß entstehen, ähnlich der Teilung des Turmes von Culzean in zwei Halbkreise.[514]

Sehr viel anspruchsvollere Innenräume wurden in Edinburghs New Town, im Haus Queen Street Nr. 7–8, für den Baron Orde gestaltet, den ranghöchsten schottischen *Law Lord.* Sie wurden früher als Newliston entworfen, und hier bewiesen die Adams ihre Kunstfertigkeit an einem Haus, das viel schlichter (wenn auch kaum kleiner) war als die Häuser, mit denen sie es in London zu tun hatten.[515]

Das Beispiel der Kirche St. George's steht für die Enttäuschung, welche die Brüder angesichts des Ausbleibens öffentlicher Aufträge immer empfunden haben müssen. An Fragen der Religion war ihnen nicht sonderlich gelegen, aber in einer Zeit des zurückhaltenden Kirchenbaus waren die beiden einzigen derartigen Aufträge, die ihnen zukamen, eine tempelartige kleine Kapelle, eigentlich ein Gartenpavillon, in Gunton in der Grafschaft Norfolk (das Haus wurde später von Wyatt umgebaut)[516] und die Umgestaltung von Mistley Church in Essex für den finsteren Richard Rigby, der Mistley zu einem Badeort machen wollte. (Zu diesem Plan gehörte das D-förmige Badehaus, das an anderer Stelle schon erwähnt wurde.) Die Kirche war, vorsichtig ausgedrückt, ein ungewöhnliches Bauwerk: Das Schiff bestand aus einem dreifachen Kubus, in der Mitte von einer flachen »Untertassen«-Kuppel überwölbt. Zwei Segmentnischen traten an den Längsseiten hervor. Die beiden schmalen Enden waren als rechteckige Türme ausgebildet, mit vortretenden toskanischen Säulen, die ein wenig wie Strebebogen aussahen. Einer dieser Türme enthielt Kanzel und Altar, der andere war der Glockenturm. Für diese seltsame Form scheint man sich vor allem aus Gründen der Landschaftsgestaltung entschieden zu haben. Das Schiff wurde abgerissen, als man in dem Dorf (das niemals zum Badeort wurde) rund hundert Jahre später eine Kirche im Stil George Gilbert Scotts errichtete.[517]

All dies muß für die Brüder sehr ärgerlich gewesen sein, zumal ihr alter Rivale William Chambers seinen Triumph als offizieller Architekt des Königs und *Surveyor of the King's Works* noch dadurch steigerte, daß er den Auftrag für ein Gebäude erhielt, welches zu den größten jemals in England geplanten und zu den bedeutendsten Bauwerken seiner Zeit zählte: Somerset House, das am Londoner Themse-Ufer ein Pendant zum Adelphi darstellte. Chambers' Somerset House sollte Ministerien und Akademien beherbergen, und an seinen flußseitigen Zugängen sollten die Barken von Ministern und Prinzen aus Westminster anlegen, nicht die Kaufmannsboote aus Greenwich oder von den Docks. An welche formalen Vorbilder Chambers sich mit diesem Gebäude auch immer hielt – das institutionelle Vorbild war eindeutig der Louvre.[518]

Jedes der beiden auf den Fluß hin orientierten Projekte war ein Spiegel der Persönlichkeit seines Architekten. Einen hilfreichen und unerwarteten Zeugen für den hier bestehenden Kontrast haben wir in dem jungen Thomas Telford, dessen Name heute vor allem wegen der Hängebrücke über die Menai Straits noch in Erinnerung ist und der 1782/83 als junger Steinmetz aus Edinburgh (wo er an der New Town beschäftigt gewesen war) mit Empfehlungsschreiben an die beiden großen Männer der Nation nach London kam. Chambers begegnete ihm hochmütig, reserviert und nicht hilfsbereit. Adam war heiter und mitteilsam. »Keiner von beiden war mir unmittelbar von Nutzen«, schreibt Telford, »aber das Auftreten macht doch soviel aus, daß der letztere den allergünstigsten Eindruck bei mir hinterlassen hat...«[519] Telford war zwar überzeugt, daß Selbsthilfe die einzige Möglichkeit sei, es zu etwas zu bringen. Als er sich aber mit dem Gedanken trug, in London ein Baugeschäft zu gründen, wandte er sich um Arbeit an Adam und erhielt dessen Zusage. Allerdings gingen seine Geschäfte nicht recht voran, da es ihm zu diesem Zeitpunkt an Kapital fehlte, und in dieser Beziehung konnte Adam ihm nicht helfen.

Das Arbeitsaufkommen im Büro der Adams blieb in den letzten Jahren unverändert. Zu

214 *Die »Assembly Rooms«, Glasgow; Grundriß des Erdgeschosses und des ersten Obergeschosses,* 1796–1798. Aus Vitruvius Britannicus, Vol. VI, T. 8

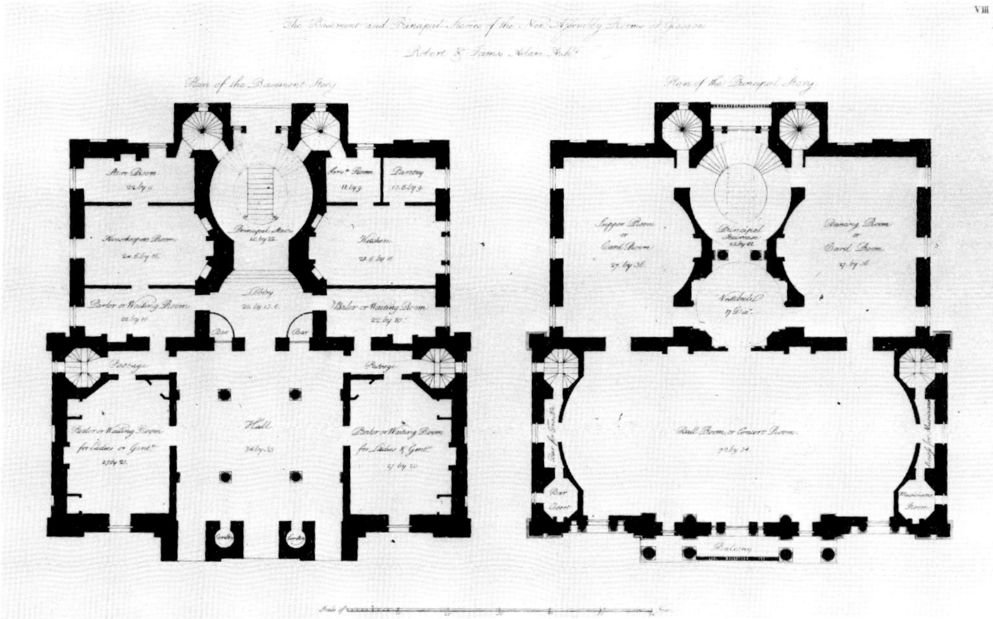

214

215 *Die »Assembly Rooms«, Glasgow; Mittelteil der Südfassade.* Aus Vitruvius Britannicus, Vol. VI, T. 9

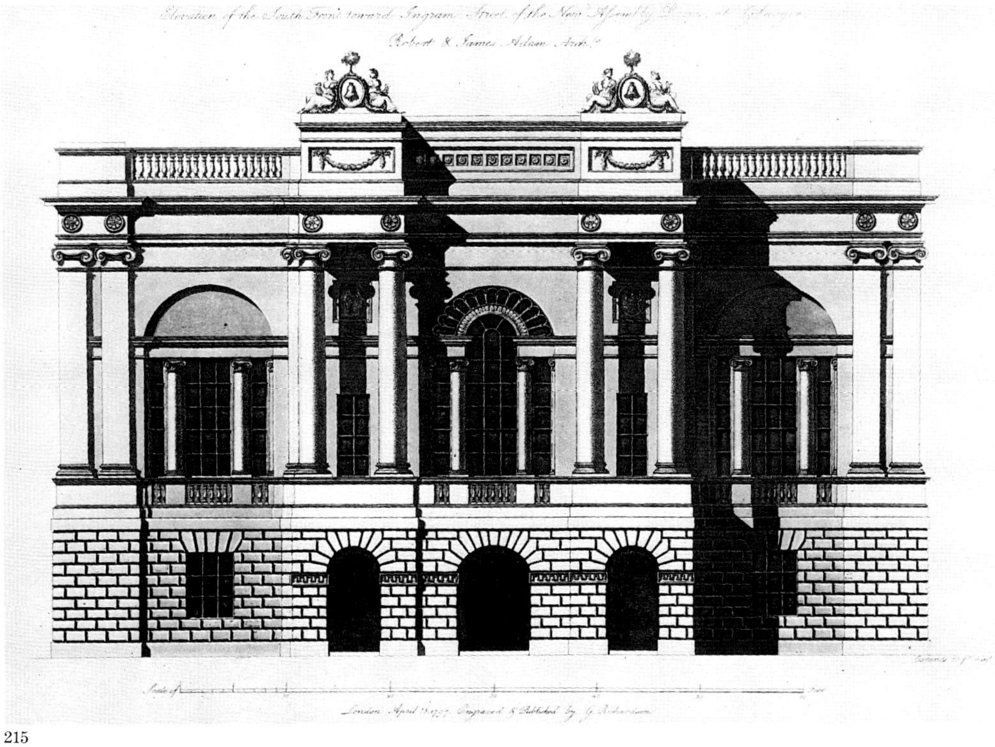

215

216/217 *British Coffee House, London; Längs- und Querschnitt* (unausgeführt), um 1770 (?) (London, Soane Museum)

den Aufträgen zählten große Häuser wie Gosford House für Lord Wemyss, das in den achtziger Jahren des 19. Jahrhunderts in nicht wiedergutzumachender Weise umgestaltet wurde und von dem nach Bränden und anderen Unglücksfällen heute nur noch ein Flügel steht – ein extremes Beispiel für das, was unter »Bewegung« zu verstehen war.[520] Für James McPherson, den eigentlichen Ossian, entwarfen die Brüder ein unspektakuläres, fast Kentsches Haus in Inverness-shire.[521] Apsley House in London wurde nach 1825 vom Herzog von Wellington in der Wyattschen Manier von Grund auf umgestaltet.[522] An einigen Castles, so an Balbardie und Mauldsley, wurde nach Roberts Tod weitergebaut.[523] Es gab auch öffentliche Aufträge: Das Gefängnis, das Robert 1790 auf dem Calton Hill plante, wurde reduziert und neu projektiert, zum einen wegen der inzwischen gekürzten Mittel, zum anderen wegen des Kontakts mit Jeremy Bentham, der es gerne gesehen hätte, wenn Robert den Plan seiner Londoner Gefängnisanlage übernommen hätte.[524] Alltäglicher, aber auch ungezwungener waren die Entwürfe für die *Assembly Rooms* in Edinburgh (unausgeführte Abwandlungen, deren Entstehungsdatum nicht bekannt ist) und Glasgow – diese letzteren sehr viel großartigere, im Wortsinn posthume Werke und vor 1890 weitgehend zerstört. Nur ein Teil der Fassade ist als »charakteristischer Bestandteil« von Glasgow Screen noch erhalten.[525] Daneben gab es eine Reihe kleinerer Entwürfe, so für das außergewöhnliche »British Coffee House«, das irgendwann nach 1770 geplant wurde und aussieht wie eine Anhäufung Adamscher Kaminaufsätze, ganz aus Glas und dünnen Säulen bestehend. Es stand unweit des Trafalgar Square in der Cockspur Street. Das opulente Interieur für Lloyd's (das ursprüngliche Lloydsche »Register«) in Freeman's Court in Cornhill wurde nicht ausgeführt, ebenso wie das Chocolate House für White's in St. James's.[526] Im Adelphi gab es selbstverständlich ein Café, einen Buchladen und andere Einrichtungen.[527] 1779 war

216

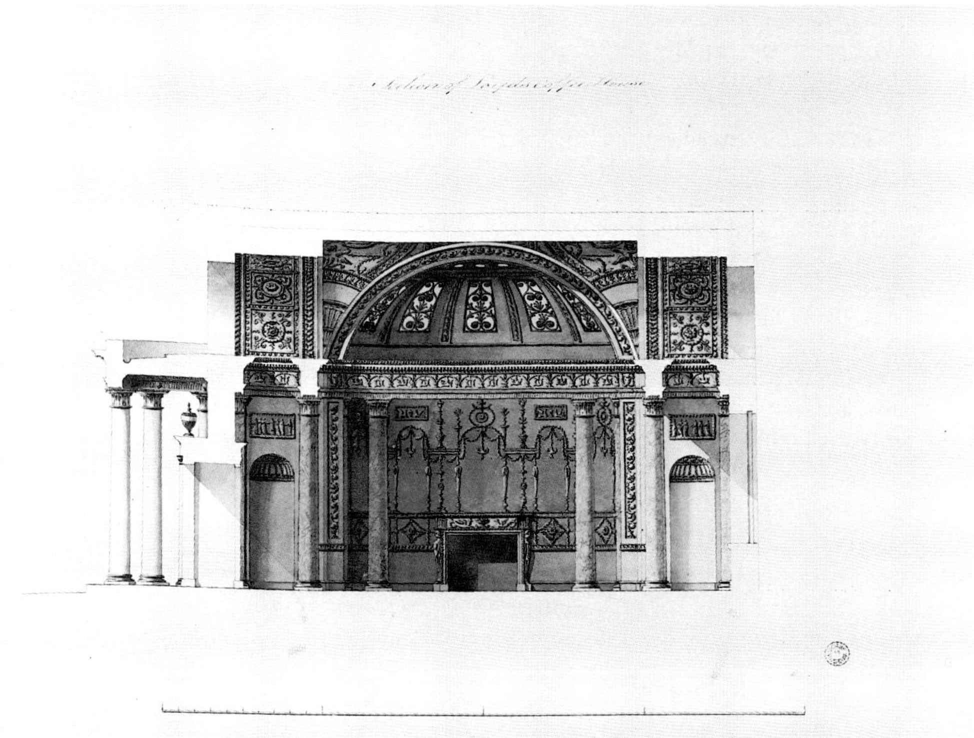

217

das Adelphi aus traurigem Anlaß wieder im Gespräch: David Garrick, für den die Brüder (die er in seinen Briefen mit »Dear Adelphi« anredete) in den Jahren 1775/76 das Drury Lane Theatre mit einer neuen Fassade versehen hatten, starb in seinem dortigen Haus. Das Leichenbegängnis in Westminster Abbey erinnerte – für einen Schauspieler ungewöhnlich – an einen Staatsakt, und die Adelphi-Terrassen waren schwarz verhängt.[528]

Die Brüder blieben nicht im Adelphi. 1786 zogen sie in bescheidenere Räume in der Albemarle Street Nr. 13[529], in denen sie weiterhin im großen Stil arbeiteten, wobei ein Gutteil der Arbeit auf Projekte in Schottland entfiel. Aber sie beschäftigten sich auch mit neuen und großartigen Entwürfen für das Zentrum von Cambridge, und dies schon seit der Zeit, da sie ihr Büro noch im Adelphi hatten: mit einer zentralen Administration und einer Bibliothek auf dem Gelände der *Old Schools*. Diese neuen Gebäude sollten zusammen mit King's College Chapel ein anspruchsvolles Ensemble bilden, das von Gibbs für das College errichtete Gebäude neben der Kapelle »verbessern« und den viereckigen Hof mit einer fürstlichen Rektorswohnung und einer College-Halle vervollständigen.[530] Nichts davon wurde gebaut. Ein interessantes privates Projekt, das dann ebenfalls nicht ausgeführt wurde, betraf ein neues Haus in Brighton für Mrs. Fitzherbert, die sich 1785 heimlich mit dem *Regenten* verheiratet hatte. Aber der größte Teil der Arbeit, die von der Albemarle Street aus geleistet wurde, galt Schottland. Und das war eine Menge.

Mitten in dieser lebhaften Tätigkeit, Anfang März 1794, starb Robert an einer »geplatzten Ader im Magen« (einem durchgebrochenen Geschwür?), und eine Woche später wurde er, ebenfalls mit großem Pomp, von dem Haus in der Albemarle Street zur Westminster Abbey gebracht. Die sterbliche Hülle trugen der Herzog von Buccleuch, die Earls of Coventry und Lauderdale, Lord Stormont (der Erbe von Lord Mansfield), Lord Frederick Campbell und Mr. Pulteney. Sie alle waren Adams Auftraggeber gewesen. Für Coventry hatte er schon seit den Tagen von Croome Court gearbeitet; für Buccleuch und Lauderdale war er zur Zeit seines Todes tätig gewesen. Frederick Campbell war ein jüngerer Sohn des Herzogs von Argyll und als *Lord Register* für Schottland der Leiter des *Registry Office* in Edinburgh. Für Pulteney (den einzigen Leichenträger, der keinen Titel besaß, aber bald darauf die Würde eines Baronet erben sollte) hatte Robert die Gebäude in Bath entworfen.[531]

Robert vermachte alles, was er besaß, seinen Schwestern. Vier Monate später starb auch John. James, der das Büro weiterführte, überlebte ihn nur um zwei Jahre und vererbte seinen gesamten Besitz den beiden unverheirateten Schwestern und dem überlebenden Bruder William. Wiederum zwei Jahre später starb auch Chambers. Er wurde neben Robert und mit dem gleichen Pomp in Westminster Abbey beigesetzt.[532]

William lebte zwar noch einige Jahre, aber er konnte den Betrieb nicht weiterführen, und die Dinge gestalteten sich trotz der Vermächtnisse zunehmend schwieriger. Im Jahre 1801 erfolgte der endgültige Bankrott der Firma William Adam und Co. Was über die finanziellen Transaktionen bekannt ist, wissen wir von Johns Sohn, der auch William hieß und ein weiterer Adam war, der dem Parlament angehörte. Sein Name lebt vor allem deshalb in der Erinnerung fort, weil er Charles Fox bei einem Duell verletzte, und von ihm stammen die heutigen Mitglieder der Familie Adam ab. Er bemühte sich, ein wenig Ordnung in die traurigen Angelegenheiten seines Namensvetters und Onkels zu bringen.[533]

Schließlich wurde der Besitz der Brüder 1821 vom Auktionshaus Christie's verkauft. Dabei stellte sich heraus, daß sie sogar bei ihrer Notversteigerung 1772 viele der ausgebotenen Gegenstände selbst wieder erworben hatten. Wenige Monate nach der letzten Verkaufsaktion starb auch William. Was von dem Büro übriggeblieben war, wurde verkauft, und John Soane erwarb buchstäblich alles: rund 8800 Zeichnungen und die Akten des Büros.[534]

Schlußbetrachtung

Wie ist die Leistung der Brüder Adam heute einzuschätzen? Viele ihrer Meisterwerke und einige der wichtigsten Bauwerke existieren nicht mehr. Aber ein großer Teil ist noch vorhanden, und so gut wie alles ist festgehalten.

In manchen Fällen ist Robert Adams Werk so unentwirrbar mit dem seiner Zeitgenossen verwoben, für die er als Dekorateur und sogar als Bauunternehmer tätig war, daß wir ihm diese Gebäude zwar nicht eigentlich zuschreiben können, daß sie aber dennoch von seinem Elan und seinem Einfluß zeugen. Manche, zum Beispiel Stowe, jenes riesige Haus in Buckinghamshire, für das er Entwürfe anfertigte, sind Wiederaufnahmen seiner frühen Vorstellungen durch Nachahmer, die »adamesker« waren als Adam selbst. Von den großen Architekten der nächsten Generation bekannten sich nur wenige so freimütig wie Soane als Schuldner der Adams. Die Wyatts, Holland, Dance, Nash – alle verdankten sie den Brüdern viel. Was diese Dankesschuld heute verdunkelt, ist der Ruhm der Adams als Dekorationskünstler, als Erfinder der dünnen Groteske und des leichten *rainceau*, als Väter jener Revolution des Geschmacks, von der sie im Vorwort zu den *Works* sprachen. Sie waren selbstverständlich viel mehr als das. Der dekorative Stil ist nur der Aufputz ihres eigentlichen Anliegens, das darin bestand, eine neue Art der Raumauffassung zu zeigen. Es galt, das zeremonielle Leben des Landhauses durch antike Vorbilder zu steuern und zu sublimieren. Darüber hinaus bemühten sich die Brüder bei den Häusern der siebziger Jahre – den Häusern Derby, Williams-Wynn, Chandos, Home –, den luxuriösen Lebensstil der Aristokratie in die Enge des städtischen Umfelds hereinzuholen, und zwar durch eine Planungsmethode von bewunderungswürdiger Virtuosität. Das geschah in der Überlegung, damit einem von hoher Verdichtung geprägten Städtebau den Weg zu ebnen. Für die Brüder Adam repräsentierte Edinburgh fraglos eine Art idealisiertes, wenn auch unvollkommenes Gemeinwesen, das sie auch nach London zu übertragen versuchten und das ihnen mit dem Adelphi beinahe gelang. In sehr viel größerem Maßstab verfolgten sie dieses urbane Anliegen dann im Projekt für South Bridge in Edinburgh und für die Gegend um die Universität, und wenn Dichte und Maßstab für ihre Zeitgenossen auch unannehmbar waren, so äußerten sie ihre Ziele doch auf jeden Fall unmißverständlich. Als einzige unter den britischen Architekten ihrer Generation hatten sie eine klare Vorstellung vom Stadtleben, die fest in ihrer schottischen Herkunft verwurzelt war, aber auch den Filter ihrer europäischen Erfahrungen passiert hatte. Insoweit waren sie in der Tat Schöpfer eines Stils, auch wenn das Adelphi als urbane Neuerscheinung eine Ausnahme blieb und ihre aufwendige Grundrißökonomie kaum Nachahmer fand.

Roberts individueller Umgang mit der Antike erwies sich als nützlich für seine Nachfolger. Er hatte eine Reihe formaler Typen identifiziert – die dreigeteilte Kolonnade, das Segmentgewölbe und den Segmentbogen, das abgeflachte Thermenfenster, das vertiefte Paneel im Attikageschoß einer Ordnung, das Gebälk ohne Architrav –, die ihnen allen brauchbar erschienen. Und darüber hinaus zeigte Robert neue Wege der Zusammenstellung dieser Elemente auf. Darin bestand seine unmittelbar nachvollziehbare und ganz offenkundige Leistung; und dennoch konnte sie – da die Methode die handwerkliche Improvisation untergrub – nicht als Sprungbrett für ein originales Talent dienen. Sie mußte kopiert oder aber ignoriert werden. Eben diese Rigidität der Methode macht Robert Adam zum Architekten der neuen Unternehmerschicht. Die vorsichtige Annäherung an Boulton, die Forderung, daß alle Ausführenden sich strikt an die von ihm gelieferten Zeichnungen zu halten hatten – das alles deutet auf eine neue Art der Gestaltung des Milieus. Deshalb kommt der – visuellen und mechanischen – Kontrolle in seiner Architektur eine so große Bedeutung zu. Diese Intensität wurde von keinem seiner Nachfolger erreicht.

Anmerkungen

1 Sir John Soane (Hsg. A. T. Bolton, 1929), S. 172.
2 E. Harris (1963); John Moyr Smith (1887), S. 49, 104, und A. Speltz (übers. und hsg. von R. Phene Spiers, 1904), S. 565. J. Swarbrick spricht zwar von einem »eingeführten Begriff« (1915), aber das gilt nicht für den nichtenglischen Sprachgebrauch. Als man in Wien über den Bau einer neuen Wasserleitung sprach, schlug ein Stadtbaumeister, der das Ornament vermeiden wollte, vor, sie »im Stil Adams« zu halten: »nämlich nackt und stark«. E. Süss, Erinnerungen (1916); zitiert in C. E. Schorske (1981), S. 45.
3 R. und J. Adam (1773 ff./1931), s. v.
4 Ibidem.
5 R. Adam in J. Fleming (1962), S. 178.
6 Ibidem, S. 242 f.
7 Über die Vorfahren der Familie Adam siehe ibidem, S. 1 ff., und J. Simpson in W. Adam (1812/1980), S. 1 und 12, Anm. 2.
8 Sir John Clerk in J. Fleming (1962), S. 7.
9 H. Fenwick (1970), S. 4 ff.
10 John G. Dunbar (1966), S. 94 ff.; H. Fenwick (1970), S. 11 ff., 68.
11 John G. Dunbar (1966), S. 96; H. Fenwick (1970), S. 20 ff.
12 N. Pevsner/I. Nairn (1962), S. 252 ff. erwähnen Bruce nicht; siehe jedoch H. Fenwick (1970), S. 9, 13, 25 f. und *passim,* und H. Colvin (1978), S. 154.
13 H. Fenwick (1970), S. 61.
14 J. Simpson in W. Adam (1812/1980), S. 27; W. Adam, T. 1–6; H. Fenwick (1970), S. 10, 18, 24 ff., 98 und passim.
15 J. Simpson in W. Adam (1812/1980), S. 29, T. 66 ff.; H. Fenwick (1970), S. 10 ff., 19, 25 und passim; auch Leslie House genannt.
16 J. Simpson in W. Adam (1812/1980), S. 29, T. 61 f., 62 ist die einzige »gestaltete« Perspektive in dem Buch und möglicherweise für eine andere Veröffentlichung gedacht gewesen. John G. Dunbar (1966), S. 96 f.; H. Fenwick (1970), passim, vor allem S. 80–95.
17 H. Fenwick (1970), S. 8.
18 Daniel Defoe, zitiert in H. Fenwick (1970), S. XV, und David Marshall, zitiert ibidem.
19 C. Campbell (1715/1967), Vol. II, S. 3.
20 H. Colvin (1978), S. 755.
21 H. Fenwick (1970), S. 72; W. Adam (1812), T. 5; H. Colvin (1978), S. 755 f.
22 John G. Dunbar (1966), S. 55 f., 101, 164.
23 J. Simpson in W. Adam (1980), T. 25 ff., S. 35; N. Pevsner/C. McWilliam (1978), S. 211 ff.
24 H. Colvin (1978), S. 758.
25 Howard E. Stutchbury (1967), S. 168; H. Fenwick (1970), S. 112.
26 H. Colvin (1978), S. 756.
27 Ibidem, S. 530.
28 W. Adam (1812/1980), S. 31; T. 31; J. Mordaunt-Crook (1981), S. 284 ff.
29 J. Fleming (1962), S. 35, 68 und 331 Anm., und T. 7; J. Simpson in W. Adam (1812/1980), S. 1.
30 J. Fleming (1962), S. 6 f., 45 f.
31 C. Campbell (1715/1967), Vol. II, T. 75 ff.
32 N. Pevsner/C. McWilliam (1978), S. 211 ff.
33 J. Simpson in W. Adam (1812/1980), S. 2.
34 J. Fleming (1962), S. 52; J. Simpson in W. Adam (1812/1980), S. 3.
35 J. Fleming (1962), S. 52; H. Colvin (1978), S. 56; J. Simpson in W. Adam (1812/1980), S. 4.
36 J. Simpson in W. Adam (1812/1980), S. 31, T. 32 ff.; J. Fleming (1962), S. 70 ff. und Anm.; John G. Dunbar (1966), S. 117.
37 H. Colvin (1978), S. 57.
38 J. Simpson in W. Adam (1812/1980), S. 30, T. 46 f.; J. Fleming (1962), S. 33 und passim; N. Pevsner/C. McWilliam (1978), S. 314 ff.
39 J. Simpson in W. Adam (1812/1980), S. 24, T. 48 f.; L. Whistler (1939), S. 122 Anm., 298; J. Fleming (1962), S. 34 ff.; M. Binney in Country Life, 11. und 18. Mai 1978.
40 J. Fleming (1962), S. 22 ff.
41 Ibidem, S. 26.
42 Ibidem, S. 27.
43 Ibidem.
44 Ibidem.
45 J. Rykwert (1980), S. 249, Anm. 368.
46 Es ist zum Teil veröffentlicht von J. Dixon Hunt und P. Willis (1975), S. 196 ff.
47 A. Smart (1952), S. 12 f.; J. Fleming (1962), S. 15 ff.
48 U. Thieme und F. Becker (1910–1950), s. v.
49 J. Fleming (1962), S. 28 und Anm., S. 328; H. Colvin (1978), S. 220; N. Pevsner/C. McWilliam (1978), S. 385 f. Das Haus brannte 1889 völlig aus.
50 Auch unter dem Namen Somerville House bekannt. J. Simpson in W. Adam (1812/1980), S. 33 f., T. 37 f.; J. Fleming (1962), S. 49 ff.; John G. Dunbar (1966), S. 108.
51 J. Fleming (1962), S. 42.
52 J. Simpson in W. Adam (1812/1980), S. 16, T. 39 ff.; J. Fleming (1962), S. 50 f., 68 f. und passim; N. Pevsner/C. McWilliam (1978), S. 79 ff.; M. Cosh in Architectural History, 27, 1984, S. 214 ff.
53 J. Simpson in W. Adam (1812/1980), S. 22, T. 57 f., 69 f.; J. Fleming (1962), S. 35 f., 55 f. und passim. Tafel 8, die von Fleming Adam zugeschrieben wurde, ist in Wahrheit vom Earl of Mar.
54 J. Simpson in W. Adam (1812/1980) führt folgende Bauten auf: R. Gordon's Hospital, S. 24, T. 107 f.; Dundee Town House, S. 22, T. 104; Glasgow College Library, S. 24, T. 155 ff.; G. Watson's Hospital, S. 35, T. 151; Tay Bridge, S. 34, T. 112; zusammen aufgeführt in H. Colvin (1978), S. 57; John G. Dunbar (1966), S. 107, 202, 209, 218, 222.
55 Aufgeführt als »Dogg Kennel at Hamilton« von W. Adam (1812), T. 160 (letzte Tafel). J. Simpson in W. Adam (1812/1980), S. 25; A. A. Tait in Burlington Magazine, Juni 1962.
56 J. Simpson in W. Adam (1812/1980), S. 21 f., T. 146 ff., und J. Simpson in Architect's Journal, CXXX, 1973, S. 22; H. Colvin (1978), S. 57 f.
57 J. Summerson (1970), S. 264; H. Colvin (1978), S. 904. Stich in C. Campbell (1715), Vol. I, T. 43, 44.
58 N. Pevsner/C. McWilliam (1978), S. 251 ff.; J. Fleming (1962), S. 44 ff., 91 f.; J. Simpson in W. Adam (1812/1980), S. 28 (Williams ursprüngliches Projekt T. 14 ff.); A. Rowan in Architectural History, 27, 1984, S. 184 ff.
59 Wegen der Zusammenhänge siehe J. Macaulay (1975), S. 40 ff. Tafeln in W. Adam (1812/1980), T. 71 ff.
60 Gestochen nach 1757 von William Wollett in W. Wollett und L. Sullivan (1757); vgl. J. Macaulay (1975), S. 46 f.; B. Little (1955), S. 94; M. Cosh in Country Life, 13. Juli 1972; H. Colvin (1978), S. 343; zur späteren Geschichte siehe J. Harris (1970), S. 198 f.

61 B. Little (1955), S. 98ff.; M. Cosh in Country Life, 20. Juli 1972.
62 M. P. G. Draper und W. A. Eden (1970), S. 10ff.; vgl. J. Rykwert (1980), S. 257, Anm. 411.
63 I. G. Lindsay und M. Cosh (1973), T. 17.
64 Ibidem, S. 45 und T. 19.
65 J. Macaulay (1975), S. 32ff.; M. Whiffen (1947/48), S. 11f., 20ff.; vgl. C. L. Eastlake (1872), S. 27ff.
66 E. F. Sekler (1956), S. 75; S. Wren (1750/1965), S. 303ff.
67 S. Wren (1750/1965), S. 302.
68 K. Downes (1980), S. 214f., 255f.
69 Ibidem, S. 136ff., T. 41ff.
70 J. Fleming (1962), S. 23f.; vgl. L. Whistler (1939), S. 200ff.
71 M. Jourdain (1948), S. 73, 90, Abb. 12f.; vgl. H. Walpole (1821), Vol IV, S. 227f. Das Buch erschien 1751.
72 M. Jourdain (1948), S. 48, 104.
73 Ibidem, S. 49. J. Rykwert (1980), S. 173ff., 244f., Anm. 333, 335.
74 M. Jourdain (1948), S. 43, 78, 164; J. Dixon-Hunt und P. Willis (1975), S. 23, 26, 316. William Mason über Esher Place in »Heroic Epistle to Sir William Chambers«, ibidem, S. 323; T. Jefferson über Esher in »Memorandums made on a tour to some of the gardens in England« (1786), ibidem, S. 334.
75 M. Jourdain (1948), S. 24, 48; J. Rykwert (1980), S. 173, 181ff.
76 M. R. Brownell (1978), S. 188ff., T. 39, 57.
77 I. G. Lindsay und M. Cosh (1973), S. 21ff.
78 Ibidem, S. 145ff.
79 Ibidem, S. 46ff.
80 Ibidem, S. 32, 65; J. Fleming (1962), S. 64ff., 82f.
81 Ibidem, S. 84.
82 Ibidem, S. 85. Skizzenbuch in Blair Adam, heute aufbewahrt im West Register House und ein weiteres im RIBA; siehe K. Adam (1978).
83 J. Macaulay (1975), T. 11.
84 J. Lees-Milne (1947), T. 25; vgl. S. 18.
85 H. Walpole (1828), Vol. IV, S. 212ff. Batty arbeitete zuweilen mit seinem Bruder, dem Stecher Thomas.
86 J. Harris (1970), S. 5, 34ff., 142f.; H. Colvin (1978), S. 566ff.; W. Chambers (Hsg. J. Gwilt, 1825), S. 5ff., 128f.
87 In J. Dixon-Hunt und P. Willis (1975), S. 203.
88 H. Walpole (1937ff.), Vol. XX, S. 372.
89 A. Pope in W. Shakespeare (Hsg. A. Pope, 1725), Vol. I, S. XLII.
90 J. F. Félibien (in A. Félibien, 1725/1967), Vol. VI, S. 228f.
91 W. Warburton in A. Pope (Hsg. W. Warburton, 1760), Vol. III, S. 327ff.
92 F. Hutcheson (1725), S. XLIIff.
93 Vor allem mit *The Gentle Shepherd* (1725–1728). Die zweite Version war ein ganz großer Erfolg.
94 J. Rendall (1978), S. 7ff.; W. Ferguson (1968), S. 98ff., 218f.; D. Davie (1977), S. 182ff.
95 W. Hogarth (Hsg. J. Burke, 1955); vgl. H. Bauer (1962), S. 69; und J. Rykwert (1980), S. 191ff.
96 A. Pope (1760), Vol. VI, S. 77f.; vgl. M. R. Brownell (1978), S. 254ff.
97 A. Pope in M. R. Brownell (1978), S. 254.
98 J. Ireland (1793), Vol. II, S. 313ff.
99 I. Ware (1768), T. 81ff.; J. Lees-Milne (1947), S. 7f.; M. Girouard in Country Life, 27. Januar 1966; N. Lloyd (1951), Abb. 246f., 653.
100 D. Stillman (1973), S. 6ff.
101 Zu den Neilson-Boucher-Tapisserien siehe G. Beard (1981), S. 58, 61; vgl. Lady Dilke (1901), S. 113ff., zur Partnerschaft Neilson-Boucher und der schwierigen Zusammenarbeit mit England.
102 P. Ward-Jackson (1958), S. 8; M. Girouard in Country Life, 13. und 27. Januar und 3. Februar 1966.
103 J. Fleming (1962), S. 102ff.; siehe aber S. 142.
104 H. Colvin (1978), S. 45; J. Fleming (1962), S. 84.
105 J. Fleming (1962), S. 84f.
106 Ibidem, S. 106ff. und passim. Er übernahm den Familiennamen seiner ersten Frau und war bekannt als Hon. Charles Hope-Weir.
107 J. Fleming (1962), S. 52ff., 91ff.
108 H. Colvin (1978), S. 607ff.; A. E. Richardson (1946).
109 J. Fleming (1962), S. 96ff.
110 Dictionary of National Biography, s.v.
111 A. J. Youngson (1966), S. 15ff.
112 Ibidem, S. 55ff.
113 R. Adam in I. G. Lindsay und M. Cosh (1973), S. 70; J. Fleming (1962), S. 105.
114 Ibidem, S. 106ff.
115 R. Burns (1891), S. 4.
116 A. Carlyle (Hsg.), J. Kinsley (1973), S. 153f.
117 J. Fleming (1962), S. 110f.
118 Ibidem, S. 111; siehe unten.
119 Ibidem, S. 342.
120 Ibidem, S. 114.
121 Ibidem, S. 114.
122 Ibidem, S. 115, 343.
123 Ibidem, S. 115. Über Cochins Artikel und ihre Wirkung vgl. S. Eriksen (1974), S. 233ff.
124 J. Fleming (1962), S. 117f.
125 Ibidem, S. 116f.
126 Ibidem, S. 120; vgl. *Thieme-Becker,* Vernet, Claude-Joseph.
127 Ibidem, S. 112, 122 und passim.
128 Zu J. Wilton und G. Mercer siehe R. Gunnis; J. Fleming (1962), S. 133, 347f.
129 Zu Ignatius Hugford, Sammler, Erfinder und *Rekusant,* siehe G. Previtali (1964), S. 222ff., 245; J. Fleming (1955).
130 J. Harris (1970), S. 23f.; T. J. McCormick (1971), S. 30ff.
131 H. Lapauze (1924), S. 214f.
132 J. Fleming (1962), S. 162ff., 352. Zu seiner anhaltenden Beziehung zu Chambers siehe S. 359.
133 J. Harris (1970), S. 5f., 18ff. Zu dieser Schule und ihrer Lehre siehe R. Middleton (1959).
134 J. Harris (1970), S. 5, 23, 33ff., 212f.
135 Ibidem, S. 18ff.; J. Fleming (1962), S. 135, 138, 167f.
136 J. Fleming (1962), S. 161.
137 *Prima Parte,* 1743; *Capricci,* 1744/5 (?); *Carceri,* erster Zustand, 1745 (?); *Antichità . . . Repubblica,* 1748.
138 *Magnificenza e Architettura* . . . Die Druckerlaubnis wurde am 27. Mai 1760 erteilt. Mit der Veröffentlichung mußte gewartet werden, bis Cunego das Papstportrait fertiggestellt hatte.
139 R. Adam in J. Fleming (1962), S. 165.
140 T. McCormick (1971), S. 22, 26f.; vgl. H. Lapauze (1924), Vol. I, S. 295ff.

141 Wie zum Beispiel auf dem Titelblatt der *Prima Parte,* auf dem Portrait von Francesco Pollanzani und auf seinem Grabmal in Santa Maria del Priorato.
142 R. Adam in J. Fleming (1962), S. 141.
143 Ibidem, S. 152.
144 Ibidem, S. 149 ff., 157 f., 178 f.
145 Dienstags; ibidem, S. 164; vgl. C. Justi (1923), Vol. III, S. 40.
146 J. Winckelmann (1961), S. 206; vgl. C. Justi (1923), Vol. III, S. 40.
147 J. Fleming (1962), S. 146 ff.
148 Dictionary of National Biography, s.v. F. Egerton, 3rd Duke of Bridgewater.
149 Palmyra, 1753; Baalbek, 1757.
150 Thomas Gray an Thomas Wharton (Hsg. E. Gosse, 1884, Vol. II, S. 331).
151 Dictionary of National Biography, loc. cit.
152 J. Fleming (1962), S. 159, 161.
153 R. Adam in J. Fleming (1962), S. 161 f.
154 Ibidem, S. 162.
155 J. Fleming (1962), S. 162.
156 O. Michel in G. Brunel (1978), S. 333 ff.
157 R. Adam in J. Fleming (1962), S. 166; A. A. Tait in Architectural History, 27, 1984, S. 524 ff.
158 R. Adam in J. Fleming (1962), S. 168 f.
159 J. Fleming (1962), S. 170 ff. und passim.
160 R. Adam in J. Fleming (1962), S. 168.
161 Siehe J. Wilton-Ely in A. Bettagno (1978), S. 39 f.
162 1757.
163 J. Harris (1970), S. 17, 42 ff.
164 G. B. Piranesi (1757), passim. Über Ramsay und Piranesi siehe A. Smart (1952), S. 90 f.; J. Wilton-Ely (1978), S. 41, 67 ff.
165 R. Adam in J. Fleming (1962), S. 180 f.
166 Clerk-Collection, Penicuick. J. Fleming, T. 47.
167 R. Adam in J. Fleming (1962), S. 182 f.
168 J. Fleming (1962), S. 182.
169 Ibidem, S. 204.
170 Ibidem.
171 Ibidem, S. 205.
172 So R. Mylne in seinen Briefen nach Hause; siehe C. Gotch: in Architectural Review (1951).
173 H. Lavedan (1959), Vol. III, S. 329 ff., 408 ff.; J.-A. França (1972), S. 73 ff.
174 J. Fleming (1962), S. 211.
175 R. Adam in J. Fleming (1962), S. 211 f.; vgl. A. E. Richardson (1955), S. 13 f.
176 R. Adam in J. Fleming (1962), S. 216 f.
177 Ibidem, S. 217.
178 J. Fleming (1962), S. 220 f.
179 Ibidem, S. 230 ff.
180 Ibidem.
181 Ibidem.
182 S. Zamboni in A. Bettagno (1978), S. 45.
183 J. Fleming (1962), S. 232.
184 Ibidem, S. 234.
185 Ibidem, S. 234 ff.
186 Ibidem, S. 235.
187 Ibidem, S. 237.
188 T. Allason (1819).
189 J. Fleming (1962), S. 112 f.
190 Ibidem, S. 239.
191 R. Adam in J. Fleming (1962), S. 241.
192 J. Fleming (1962), S. 241.
193 R. Adam in J. Fleming (1962), S. 243 ff.
194 J. Fleming (1962), S. 243 f.
195 J. Adam in J. Fleming (1962), S. 246.
196 H. Trueman Wood (Hsg. G. K. Menzies, 1934), S. 2 ff.; S. C. Hutchison (1968), S. 28 ff.
197 J. Harris (1970), S. 166 f.
198 R. Adam in J. Fleming (1962), S. 162 f., 204 f.
199 *An Essay on Architecture in which its true Principles are explained and invariable Rules proposed,* London, Osborne and Shipton, 1755. Der Name des Übersetzers ist nicht bekannt.
200 J. Rykwert (1980), S. 298 ff., 378 ff.; J. Wilton-Ely in G. Brunel (1978), S. 529 ff.
201 J. A. Meissonnier (Hsg. D. Nyberg, 1969), S. 29 ff.
202 J. Fleming (1962), S. 134, 262.
203 M. Jourdain (1948), S. 71 f.
204 R. Adam in J. Fleming (1962), S. 196 f. Zur 5-Prozent-Forderung siehe F. Jenkins (1961), S. 141 ff.
205 J. Harris (1970), S. 5, 33 f., 212 f.
206 Ibidem, S. 24 ff., 213.
207 So berichtet in J. Ireland (1793), S. 132.
208 A. Carlyle (Hsg. J. Kinsley, 1973), S. 172 ff.
209 J. Fleming (1962), S. 250 ff.
210 Ibidem, S. 254.
211 A. Carlyle (Hsg. J. Kinsley, 1973), S. 182.
212 In einem Brief an Alexander MacMillan in Dunmore: J. Lees-Milne (1947), S. 24 f.
213 J. Fleming (1962), S. 248 f., 256 f.
214 Ibidem, S. 266, 313.
215 A. Pope (1760), Vol. III, S. 325. M. R. Brownell (1978), S. 298 f., 303 f.
216 A. T. Bolton (1922), Vol. I, S. 133 ff.
217 J. Lees-Milne (1947), S. 52.
218 D. Stillman (1973), S. 18, 35 ff., 62, 90, 96 f. Die originale Decke ist zerstört. Die beschriebene Decke ist eine Replik in einem anderen Raum. N. Pevsner/I. Nairn (1962), S. 265 f.
219 J. Fleming (1962), T. 84 f., S. 261.
220 In Twistleworth House, D. Stillman (1973), S. 15 f.
221 J. Fleming (1962), S. 369.
222 Zur Laufbahn von Dewez siehe *Academie de Belgique* (1872 ff.), s.v. vgl. X. Duquenne (1978), passim.
223 J. Fleming (1962), S. 62 f.
224 Ibidem, S. 63 ff.
225 J. Lees-Milne (1947), S. 26, T. 33; vgl. J. T. Smith (Hsg. W. Sichel, 1929), S. 121.
226 A. T. Bolton (1922), Vol. I, S. 39. Nichts scheint bekannt zu sein über »Wm. Hayward, sculptor«, der das berichtet.
227 J. Fleming (1962), S. 269 ff.
228 Ibidem, S. 270 f.; T. McCormick (1971), S. 92 ff.
229 J. Fleming (1962), S. 271 ff.
230 J. Rykwert (1980), S. 290 ff.
231 J. Fleming (1962), S. 272 f.
232 Ibidem, S. 272.
233 *Thieme-Becker,* s.v.
234 J. Fleming (1962), S. 275.
235 Ibidem, S. 277.
236 Ibidem, S. 280.
237 Ibidem, S. 281 f.
238 Ibidem, S. 284 f.; T. McCormick (1971), S. 93 ff.
239 J. Fleming (1962), S. 287 ff. Über Robert Adams bekannter gewordenen »theoretischen« Brief an Kames s. J. Swarbrick 1915, S. 144 ff.; J. Lees-Milne (1947), S. 79.
240 J. Fleming (1962), S. 291 f.
241 Ibidem, S. 292.
242 Ibidem, S. 293.
243 Den Grundstock zu dieser Sammlung legte Cassiano del Pozzo. A. F. Blunt und H. L. Cooke (1960), S. 7 ff.; C. Justi (1923), Vol. II, S. 335 ff. Zu der Transaktion siehe J. Fleming (1962), S. 296 ff.; L. Lewis (1961), S. 182 ff. und C. C. Vermeule III (1966),

S. 5f. Es hat geheißen, daß einige der Albani-Zeichnungen ihren Weg in die Sammlung der Brüder gefunden hätten, aber diesem Umstand ist niemals nachgeforscht worden.

244 J. J. Winckelmann (Hsg. G. Zampa, 1961), S. 204; Brief an Raffael Mengs.

245 J. Fleming (1962), S. 299f.

246 A. Ashley Cooper, Earl of Shaftesbury (1732), Vol. III, S. 400f.; M. Jourdain (1948), S. 46ff., vgl. J. Rykwert (1980), S. 154f., 173f.

247 J. Fleming (1962), S. 301f.

248 Ibidem, S. 305f.

249 Dieses Portrait, das von Baron J. Bonde am 26. Juni 1984 bei Christie's an einen anonymen Käufer verkauft wurde, war lange Zeit Pompeo Batoni zugeschrieben. Die Zuschreibung wird aber von E. P. Bowron und F. Russell in P. Batoni (1982) in Zweifel gezogen. Das Bild könnte von George Willison (1741–1797) stammen, einem schottischen Maler, der sich von 1760 bis 1767 in Rom aufhielt und dem inzwischen auch das viel spätere Portrait Roberts (Abb. 3 in diesem Buch) zugeschrieben wird.

250 R. und J. Adam (1773), Vol. I, Teil 5, T. 1.

251 A. T. Bolton (1922), Vol I, S. 261; J. Fleming (1962), S. 302; G. Beard (1978), S. 59; G. Beard (1981), S. 209f.

252 J. Fleming (1962), S. 302; T. McCormick (1971), S. 114ff.

253 J. Fleming (1962), S. 302.

254 Ibidem, S. 87, 294.

255 H. M. Colvin (1963–1981), Vol. V, S. 90ff.; A. T. Bolton (1922), Vol. I, S. 48.

256 H. M. Colvin (1978), s.v. (S. 917); H. M. Colvin (1963–1981), Vol. V, S. 76ff.; H. Walpole (Hsg. D. Le Marchant und G. F. Russell Barker, 1894), Vol. I, S. 28f.

257 J. M. Crook in J. Harris (1970), S. 113; J. Harris (1970), S. 167; H. M. Colvin (1963–1981), Vol. V, S. 92.

258 H. M. Colvin (1963–1981), Vol. V, S. 89ff.; H. M. Colvin (1978), s.v.

259 H. M. Colvin (1963–1981), Vol. V, S. 439, 454; H. M. Colvin (1978), s.v.; E. Croft-Murray (1970), Vol. II, S. 251f.

260 H. M. Colvin (1978), s.v.; F. Jenkins (1961), S. 92f., 111; J. Summerson (1970), S. 368ff.; D. Stroud (1971), S. 37ff.; R. Gunnis (1968), s.v.

261 H. M. Colvin (1978), s.v.; D. Watkin (1982), S. 35ff.

262 J. Summerson (1970), S. 373ff.; H. M. Colvin (1978), s.v.

263 J. Summerson (1970), S. 367ff.; H. M. Colvin (1978), s.v.

264 So zum Beispiel J. Gwilt in W. Chambers (Hsg. J. Gwilt, 1825), Vol. I, S. XLIX.

265 J. Fleming (1962), S. 271ff.; J. M. Crook (1972), S. 21, 72.

266 J. M. Crook (1972), S. 3ff.; J. Rykwert (1980), S. 262ff.; D. Wiebenson (1969), passim.

267 J. Rykwert (1980), S. 285, Anm. 41.

268 D. Watkin (1982), S. 15f.

269 Ibidem, S. 19; vgl. C. Justi (1923), Vol. II, S. 402, 421.

270 In J. Fleming (1962), S. 259f.

271 D. Watkin (1982), S. 23ff.

272 Ibidem, S. 35ff.; J. Fleming (1962), S. 258.

273 Ibidem, S. 46ff.

274 Ibidem, S. 42f.; Arthur I. Dasent (1895), S. 220, 238.

275 G. Carandente (1975), S. 239ff., über Genesio del Barba und Filippo Sciugatrosce im Palazzo Doria Pamphili.

276 J. Gaus (1967), S. 55ff.; Cooper Hewitt Collection (1973), S. 16f.

277 P. Santo Bartoli (1697) und (1702).

278 J. Fleming (1962), S. 257ff.; D. Watkin (1982), S. 34ff.

279 A. T. Bolton (1922), Vol. I, S. 229ff.; D. Watkin (1982), S. 32ff.; J. Hardy und H. Hayward (1978).

280 A. T. Bolton (1922), Vol. I, S. 232ff.

281 M. Jourdain (1946), S. 51ff.; P. Ward-Jackson (1958), S. 25, 54f.; A. Coleridge (1968), S. 62, 150ff.

282 Über die Vorliebe dieser Zeit für die Allegorie siehe J. Rykwert (1980), S. 46ff., 502f.

283 Siehe unten.

284 C. Musgrave (1966), S. 120ff.

285 P. Ward-Jackson (1958), S. 5, 32; C. Musgrave (1966), S. 86f., 189.

286 R. Gunnis (1968), s.v. Spang, M.

287 D. Stillman (1973), S. 67f.

288 J. Summerson (1970), S. 340; A. T. Bolton (1922), Vol. I, S. 231; J. Lees-Milne (1947), S. 97ff.; J. Paine (1767–1783), Vol. II, T. 14; Vitruvius Britannicus (J. Woolfe und J. Gandon, 1767), Vol. I, T. 45ff.

289 G. Beard (1978), S. 39; A. T. Bolton (1922), Vol. I, S. 238.

290 Die Maße sind den Adamschen *Works* und dem *Palace of Diocletian* entnommen.

291 Über George Richardson siehe H. M. Colvin (1978), s.v.; über seine frühe Beziehung zu den Adams siehe J. Fleming (1962), S. 262 und passim. Er veröffentlichte die Decke als sein (1776) eigenes Buch; vgl. G. P. Bankart (1908), S. 309f.

292 Über William Hamilton und Biagio Rebecca siehe unten, S. 99. Jasperware in J. Wedgwood and Sons (1951), S. 24ff.; sie wurde nicht vor 1774 hergestellt.

293 Adam zeichnete den Tempel 1756 (J. Fleming, 1962, S. 50). Das Blatt befindet sich in der Sir J. Clerk Collection.

294 J. Fleming (1962), S. 256f., 367; J. Lees-Milne (1947), S. 91ff.; A. T. Bolton (1922), Vol. I, S. 157ff.

295 Unten, S. 100 und S. 128.

296 H. M. Colvin (1978), s.v.

297 A. T. Bolton (1922), Vol. I, S. 144ff.; vgl. J. Harris (1970), S. 47ff., 52, Anm.

298 J. Harris (1962), S. 275.

299 A. Coleridge (1968), S. 151.

300 J. Harris (1962), S. 275; J. M. Robinson (1979), S. 245.

301 Dictionary of National Biography, s.v. Percy, Sir Hugh.

302 Ibidem.

303 Siehe unten, S. 54. Der Herzog interessierte sich persönlich für alle Einzelheiten.

304 Siehe oben, Seite 59.

305 G. B. Piranesi (1760), T. XX.

306 James an Helen Adam in D. Stillman (1966), S. 55, Anm. 95, und S. 65.

307 Der Spitalfields-Seidendamast ist original und wurde 1965 restauriert.

308 A. T. Bolton (1922), Vol. I, S. 265; vgl. English Life Publications (1979), S. 8, wo sie Matthew Boulton zugeschrieben werden; siehe aber G. Beard (1978), S. 53.

309 A. T. Bolton (1922), Vol. I, S. 261f.

310 »Unausgeführt«, so D. Stillman zum Entwurf für das runde Boudoir im Soane Museum (1973), S. 68; siehe aber A. T. Bolton (1922), Vol. I, S. 269f., 272.

311 J. Summerson (1970), S. 433f.
312 M. Jourdain (1948), S. 58f.; Colen Campbell (WG), Vol. I, T. 19f.
313 A. T. Bolton (1922), Vol. II, S. 1.
314 Dictionary of National Biography, s. v. Stuart, John. H. Walpole (Hsg. G. F. Russell Barker, 1894), Vol. I, S. 203ff., 236ff.; Vol. III, S. 146.
315 Dictionary of National Biography, s. v. Petty, Sir William.
316 N. Pevsner (1981), S. 122f.; J. Lees-Milne (1947), S. 102f.; A. T. Bolton (1922), Vol. I, S. 204ff.
317 Vgl. D. Watkin (1982), S. 28ff.
318 A. T. Bolton (1922), Vol. II, S. 1ff.
319 Ibidem, S. 2, Abb.
320 J. Lees-Milne (1947), S. 170ff.; A. T. Bolton (1922), Vol. II, S. 4ff.
321 A. T. Bolton (1922), Vol. II, S. 10, 17.
322 Siehe oben, S. 79.
323 Heute zusammen mit einigen Stücken aus dem mit der Apsis versehenen Vorraum im Metropolitan Museum, New York. H. Potterton (1972). D. Stillman (1973), S. 69f.
324 Der dem Speiseraum zunächst gelegene ist heute im Philadelphia Museum. Siehe S. Fiske Kimball (1943).
325 Ein Entwurf von Pannini *(fils)* für die Galerie befindet sich in der Soane Collection; zur Fertigstellung siehe A. T. Bolton (1922), Vol. II, S. 15ff., und J. Soane (Hsg. A. T. Bolton, 1929), S. 126.
326 A. T. Bolton (1922), Vol. II, S. 8 und Appendix, S. 35.
327 J. M. Crook in H. M. Colvin (1963–1981), Vol. V, S. 76f.; A. T. Bolton (1922), Vol. I, S. 48f.
328 Siehe oben, S. 57.
329 H. M. Colvin (1978), S. 58f.
330 J. M. Crook in H. M. Colvin (1963–1981), Vol. V, S. 82ff.; A. T. Bolton (1922), Vol. I, S. 48f.; Vol. II, S. 292ff.; vgl. H. M. Colvin (1978), S. 46f.
331 Zu den Chinea-Illuminationen siehe J. Rykwert (1980), S. 357ff.; J. Harris (1969), S. 192ff.; S. Eriksen (1974), S. 31f., 289ff.
332 R. Adam an J. Adam, 19. Februar 1775. J. Fleming (1962), S. 135; T. McCormick (1971), S. 36f.; vgl. 1 John 47.
333 J. Fleming (1962), S. 284ff.; T. McCormick (1971), S. 60ff., 74ff.
334 G. Richardson an A. Shiells, 16. Oktober 1762; zitiert in J. Fleming (1962), S. 377.
335 Agostino (auch Austin, Abraham, Auguste) Brunias in E. Croft-Murray (1970), S. 177; J. Fleming (1962), S. 216f. und passim; D. Stillman (1973), S. 44f.
336 J. Fleming (1962), S. 274, 373.
337 Ibidem, S. 274, *Thieme-Becker,* s. v.
338 H. M. Colvin (1978), s. v.; D. Stillman (1973), S. 42f.; J. Harris (1971), S. 136f.; Riba-Zeichnungen.
339 H. M. Colvin (1978), s. v.; E. Croft-Murray (1970), S. 172.
340 Joseph Bowes 1794, Christopher Minifee 1797; D. Stillman (1973), S. 54, Anm. 82.
341 *Thieme-Becker,* s. v.; E. Croft-Murray (1970), S. 296ff.; D. Stillman (1973), S. 21, 43ff.; J. Fleming (1962), S. 270ff., 370ff.; A. Hartcup (1954), S. 56f., 114f., 125ff. und passim; A. T. Bolton (1922), Vol. I, S. 85, 175f., 309ff.; Vol. II, S. 22, 301, 312ff. Angelika Kauffmann arbeitete ebenfalls für die Brüder.
342 E. Croft-Murray (1970), S. 185ff.; J. Harris (1970), S. 42, 62, 66, 69, 81ff., 104, 205ff. und passim; A. T. Bolton (1922), Vol. I, S. 46, 73, 258ff., 302; Vol. II, S. 9, 34ff., 100, 116.
343 D. Stillman (1973), S. 45f.; E. Croft-Murray (1970), S. 256f.; M. A. Pergolesi (1777–1792).
344 E. Croft-Murray (1970), S. 258ff.; *Thieme-Becker,* s. v.; A. T. Bolton (1922), Vol. II, S. 315. Dr. Johnson und Boswell nannten ihn Rebecchi.
345 E. Croft-Murray (1970), S. 217; A. T. Bolton (1922), Vol. I, S. 237ff., 316.
346 J. Fleming (1962), S. 270f.; A. T. Bolton (1922), S. 314; *Thieme-Becker,* s. v. Antonio Zucchis jüngerer Bruder Giuseppe kam ebenfalls nach England und stach einige Platten für die *Works.*
347 D. Stillman (1973), S. 21, 47f., 55, 63ff.; J. Lees-Milne (1974), S. 100, 109ff., 167, 176; J. Harris (1970), S. 58ff., 197, 237; A. T. Bolton (1922), Vol. I, S. 167ff., 248ff., 309ff.; Vol. II, S. 96, 112. Eine gewisse Verwirrung entstand dadurch, daß es zur gleichen Zeit von drei Generationen von Maurer-Bildhauern gab, die alle Joseph Rose hießen.
348 Für den Besitzer von Sledmere House, Sir Christopher Sykes. N. Pevsner (1971), S. 344ff.; J. Lees-Milne (1947), S. 176.
349 C. Musgrave (1966), S. 66ff. und passim; E. Harris (1963), S. 23ff. und passim; D. Stillman (1973), S. 49
350 P. Mantoux (1961), S. 322ff., 372ff.
351 C. Musgrave (1966), S. 113ff.
352 A. Coleridge (1968), S. 55ff., 66ff., 94, 111ff., 121f., 140ff.; vgl. T. Chippendale (1762).
353 C. Musgrave (1966), S. 104, 117, 125.
354 E. Harris (1962), S. 106.
355 A. J. Rowan, *JRSA* (1974), S. 661ff.
356 D. Hume an A. Smith, 27. Juni 1772. In A. T. Bolton (1922), Vol. I, S. 116, nur mit Bezug auf zu entlassende Arbeiter. A. Rowan, *JRSA* (1974), S. 667. Das *Scots Magazine* gab die Zahl mit 2000 an.
357 A. Rowan, *JRSA* (1974), S. 668; J. Swarbrick (1915), S. 247, 278ff. Der ölgebundene Liardet-Stuck sollte ein Kunststein sein.
358 A. Rowan, *JRSA* (1974), S. 668.
359 J. Adam in D. Stillman (1973), S. 31.
360 J. Boswell (1971), S. 324f.
361 D. Stillman (1973), S. 44f.
362 J. Harris (1973).
363 J. Harris (1970), S. 210; J. Harris (1973), Abb. 5, 6, 7.
364 E. Harris (1962).
365 A. Lejard (1946), S. 76f.; G. Geffroy (o.J.), S. 37ff.; E. F. S. Dilke (1901), S. 103ff., 114ff.; W. G. Thomson (1930), S. 445ff.; G. Reitlinger (1961–1970), Vol. II, S. 174ff.
366 E. Harris (1962), S. 101; M. Gallet und D. Ternois (1980), S. 62f.; J. Mondain-Monval (1918), S. 326ff.
367 Bezüglich eines englischen Auftrages vor Friedensschluß siehe aber J. Mondain-Monval (1918), S. 124f. (Milord Foleys, vermutlich Lord Foley).
368 Oben, Seite 37.
369 G. Reitlinger (1961–70), Vol. II, S. 174.
370 E. Harris (1962), S. 102.
371 D. Stillman (1973), S. 75.
372 C. Musgrave (1966), S. 62f., 194f.; E. Harris (1962), S. 96f.
373 C. Musgrave. loc. cit.

374 J. Rykwert (1980), S. 195 ff.; S. Fiske Kimball (1964), S. 185.
375 A. T. Bolton (1922), Vol. I, S. 54 f., Abb. auf S. 80.
376 D. Stroud (1956), S. 47 ff., S. 98; H. M. Colvin (1978), s. v. Miller, Sanderson. A. T. Bolton (1922), Vol. I, S. 178 ff.
377 G. Beard (1981), S. 44 f.; A. T. Bolton (1922), Vol. I, S. 187.
378 A. Rowan, *JRSA* (1974), S. 679 ff.
379 D. Stillman (1973), S. 111.
380 A. Rowan, Country Life, 27. Juni 1967, S. 207 f.
381 D. Stroud (1950), S. 77 ff.
382 A. Rowan (1973, *JRSA*), S. 673 ff.; A. T. Bolton (1922), Vol. II, Appendix, S. 21.
383 A. T. Bolton (1922), Vol. I, S. 67.
384 Sie folgen einer in Spalato ermessenen Ordnung; R. Adam (1764), T. 49. Innen findet sich eine »schottische« oder Distel-Ordnung. R. und J. Adam (1773), Vol. I, Teil 3, T. vi.
385 R. und J. Adam (1773), Vol. I, Teil 3, T. i, fii.
386 Lord Bute an Baron Mure, 25. Februar 1772, in A. Bolton (1922), Vol. I, S. 69.
387 J. Lees-Milne (1947), S. 30 f.
388 S. Johnson und H. Thrale, zitiert in A. T. Bolton (1922), Vol. I, S. 100 f.
389 A. Palladio (Hsg. R., Lord Burlington, 1730), T. 7 f. Zur Groteske siehe oben, Seite 50.
390 Siehe Anm. 386.
391 A. T. Bolton (1922), Vol. I, S. 67, 74 ff.; C. Musgrave (1966), S. 36, 81, 141, 186 f.
392 G. Beard (1978), S. 44; D. Stillman (1973), S. 99 f.
393 J. Harris (1970), S. 240; H. M. Colvin (1978), s. v. B. Mainwaring.
394 P. Ward-Jackson (1959), S. 51 f.; P. Thornton und M. Tomlin (1976), S. 49 ff.; A. T. Bolton (1922), Vol. I, S. 286 ff.
395 J. Summerson (1970), S. 427, 433; J. Harris (1958, Architectural Review), S. 108 f.
396 R. und J. Adam (1773).
397 R. und J. Adam (1773), Vol. II, Teil 4, T. viii.
398 D. Stillman (1973), S. 97 ff. Die Faszien tauchen auch an anderen Decken auf, so etwa im Vorraum in Syon.
399 D. Stillman (1973), S. 87 ff.; C. Musgrave (1966), S. 143 ff.
400 P. Ward-Jackson (1959); C. Musgrave (1966), S. 192 ff.
401 22. Januar 1768; zitiert in C. Musgrave (1966), S. 193.
402 *Mercure de France,* 1764, zitiert in S. Eriksen (1974), S. 345 f.; vgl. S. 144 Anm. 396. Die Franzosen bevorzugten Lyren auf Uhren.
403 J. Rykwert (1980), S. 421 ff.
404 Zur in jüngster Zeit umstrittenen Frage nach seinem »Erfinder« siehe D. Watkin (1982), S. 34 f.
405 S. Raffei (1772, Suppl. J. J. Winckelmann, 1767), Vol. III, S. 1 ff.
406 J.-C. Delafosse (1768), *Thieme-Becker,* s. v.; S. Eriksen (1974), S. 170.
407 J. Rykwert (1980), S. 502 f., Anm. 180.
408 J.-A. Meissonnier (Hsg. D. Nyberg, 1969), Folios 41, 46, 47, 56; vgl. S. Giedion (1948), S. 318 ff.; D. Stillman (1973), S. 28 ff.
409 R. Wood (1753), T. XIX B.
410 C. Musgrave (1966), S. 98 f., 153; P. Thornton und M. Tomlin (1976), S. 25 ff.
411 Oben, S. 110 f. und Anm. 364–366. P. Thornton und M. Tomlin (1976), S. 30 ff.
412 Oben, S. 111, Anm. 371, 373.
413 E. Harris (1962); vgl. A. Lejard (1946), S. 76 f.
414 21. Juni 1773. H. Walpole (1937 ff.), Vol. XXXII, S. 126.
415 An den Rev. W. Mason, 16. Juli 1778. H. Walpole (1937 ff.), Vol. XXXIII, S. 412 ff.
416 Folgende Bücher sind gemeint: Caylus, Anne Claude Philippe de Tubieres, Comte de, *Recueil d'Antiquités Egyptiennes, Etrusques et Romaines,* Paris, 1752–1767. Passeri, Conte Giovanni Battista, *Picturae Etruscorum in Vasculis,* Rom, 1767–1775. (Passeri, Conte Giovanni Battista), *Lucernae Fictiles Musei Passerii,* Pesaro, 1739–1743. Gori, Antonio Francesco, *Museum Florentinum,* Florenz, 1731–1766. Gori, Antonio Francesco, *Musei Guarnacci Antiqua Monumenta,* Volterra, 1744. Gori, Antonio Francesco, *Museum Cortonense,* Cortona, 1750. Montfaucon, Bernard de, *L'Antiquité expliquée et representée en Figures,* Paris, 1719–1724. Dempster, Thomas, *De Etruria Regali Libri VII,* Florenz, 1723–1726. Maffei, Marchese Francesco Scipione de', *Raggionamento sopra gli Italiani Primitivi,* Verona, 1727. Maffei, Marchese Francesco Scipione de', *Osservazioni Letterarie,* Verona, 1737–1740. Mariani, Francesco, *De Etruriae Metropoli,* Rom 1728. Mariani, Francesco, *Oratorio pro Annio Viterbiensis,* Rom, o. J. Cluver (oder Cluwer), Philip, *Italia Antiqua,* Leyden 1624. Caylus, Passeri (1767–1775), Montfaucon (2 Exemplare) und Gori (1750) waren im Verkaufskatalog von 1818/1821 als Adamsches Eigentum aufgeführt.
417 D'Harcanville, Comte (P. F. Hugues), *Collection of Etruscan, Greek and Roman Antiquities from the Cabinet of the Hon. W. Hamilton,* Neapel (1766/67). Zu dem Adamschen Raum siehe B. Fothergill (1969), S. 59.
418 R. und J. Adam (1773), Vol. II, Teil 1.
419 J. Rykwert (1980), S. 275 ff.
420 A. Henry Higginson (1937), S. 19 f.; B. Fothergill (1979), S. 18 ff., 32 ff.; A. T. Bolton (1922), Appendix, S. 13, 31. Stich in C. Campbell *et al.* (1715; 1967), Vol. II, Teil 2, T. 38 ff.; N. Pevsner/B. Cherry (1981), S. 246 ff.
421 J. D. Williams (1966), S. 28 f., 33 ff., 46; Sir William Addison (1953), S. 115 ff., 123 f.; N. Pevsner/E. Radcliffe (1965), S. 63 f.; A. T. Bolton (1922), Vol. II, S. 315, Appendix, S. 2.
422 J. Adam (1789), vgl. A. T. Bolton (1922), Vol. I, S. 9, 23, Anm. 16, 129.
423 A. T. Bolton (1922), Vol. I, S. 60 ff.
424 A. T. Bolton (1922), Vol. I, S. 56 ff.; G. Jackson-Stopes (1972), S. 10 ff.; E. Croft-Murray (1962, 1970), Vol. II, S. 30 f.
425 Oben, Nr. 409. Das Muster aus dem Sonnentempel wurde auch an der Decke von Wycombe House und der Pfarrkirche von High Wycombe verwendet.
426 A. T. Bolton (1922), Vol. I, S. 216 ff.
427 Zu Galilei siehe *Thieme-Becker,* s. v.; zu seinem Besuch in England siehe I. Toesca (1952), S. 189 ff. Er war von John Molesworth aufgefordert worden, nach England zu kommen, der Gesandter in Florenz und Turin gewesen war.

428 A. T. Bolton (1922), Vol. I, S. 62, 73, Anm. 42; J. Harris (1970), S. 174f., 226f.
429 A. T. Bolton (1922), Vol. II, S. 117ff.; G. Beard (1978), S. 46f., 60f.; D. Stillman (1973), S. 90ff.; C. Musgrave (1966), S. 193ff.
430 A. T. Bolton (1922), Vol. II, S. 133ff.; N. Pevsner/E. Radcliffe (1974), S. 375ff.
431 Oben, S. 111.
432 J. Harris (1973).
433 C. P. Curran (1967), S. 79ff.
434 A. T. Bolton (1922), Vol. I, S. 23; Vol. II, Appendix S. 43; A. Carlyle (1910), S. 206, 456; W. Ferguson (1968), S. 218f.; auch Dictionary of National Biography, s. v. Millar, Andrew.
435 A. T. Bolton (1922), Vol. I, S. 181ff.; Vol. II, App. S. 42. N. Pevsner/B. Cherry (1981), S. 628; A. T. Bolton (1922) Vol. II, App. S. 39.
436 20. Juli 1779. R. Huchon (1907), S. 213; vgl. R. Blunt (1923), Vol. II, S. 13.
437 Der ganze Brief ist zitiert bei A. T. Bolton (1922), Vol. II, S. 319; vgl. E. J. Climenson (1906).
438 A. T. Bolton (1922), Vol. II, App. S. 51.
439 A. T. Bolton (1922), Vol. II, App. S. 2; Dictionary of National Biography, s. v. Oswald, Richard; A. Carlyle (1910), S. 97f., 372f.
440 A. T. Bolton (1922), Vol. I, S. 182ff.; N. Pevsner/B. Cherry (1981), S. 121ff.
441 A. T. Bolton (1922), Vol. II, App. S. 45; R. und J. Adam (1773, 1931), Vol. III, T. 16f.; Soane Museum, Adam-Zeichnungen, Vol. 37, Nr. 29f. Vgl. A. T. Bolton (1922), Vol. II, App. S. 13; Du Prey, Pierre de la Ruffiniere (1982), S. 272f.
442 Dictionary of National Biography, s. v. Murray, William 1st Earl of Mansfield; J. Boswell (Hsg. G. B. Hill und L. F. Powell 1934–1950), Vol. II, S. 194.
443 R. und J. Adam (1773, 1931), Vol. I, fasc. ii; A. T. Bolton (1922), Vol. I, S. 303ff.
444 E. Croft-Murray (1962–1970), Vol. II, S. 52 ff.; G. Beard (1981), S. 210ff., 280f. Zur Kolorierung der *Works* R. und J. Adam (1773, 1931), Vol. I, S. vii, und G. Beard (1978), S. 12f.
445 L. Namier und J. Brooke (1964), S. 7f.; H. M. Colvin (1963), Vol. V, S. 76f., 90ff.; J. M. Crook in J. Harris (1970), S. 108ff.
446 R. Adam: in A. T. Bolton (1922), Vol. I, S. 50f.
447 H. Walpole (Hsg. J. Dallaway, 1828), Vol. I, S. XXi.
448 J. Harris (1970), S. 85f., 242ff.
449 A. Rowan (1974), S. 660f.; George III (Hsg. W. Bodham Donne, 1867), Vol. II, S. 74.
450 A. T. Bolton (1922), Vol. I, S. 112ff.; Vol. II, S. 18ff.; A. Rowan (1974), *JRSA,* S. 661ff.; *Survey of London,* Vol. XVIII (1937).
451 A. T. Bolton (1922), Vol. I, S. 199ff.; Dictionary of National Biography, s. v. Petty, Sir William, 1st Marquis of Lansdowne.
452 A. T. Bolton (1922), Vol. I, S. 91ff.
453 *Survey of London,* Vol. XVIII, S. 98; A. T. Bolton (1922), Vol. II, S. 39.
454 Das Adelphi war eine der ersten Gegenden in London, in deren Straßen die Häuser mit Nummern versehen waren. In Adelphi Terrace waren die ersten Bewohner Topham Beauclerk in Nummer 3, Robert und James Adam in Nummer 4 und Garrick in Nummer 5. Die Nummern 6 und 8 kamen in die Lotterie. Grahams »Temple of Health« befand sich in Nummer 4, nachdem die Brüder wegen des Fiaskos mit dem Liardet-Patent und des De-Bruges-Schwindels in die Robert Street Nr. 3 gezogen waren. A. Rowan (1974), S. 668; F. Kelsall in Architectural History, 27, S. 118ff.: *Survey of London,* Vol. XVIII, S. 104ff., 109f. Das Haus in der Robert Street hatte einen ganz ungewöhnlichen Grundriß. William wohnte zunächst in der Adam Street Nr. 6, zog aber dann etwas früher in die Robert Street Nr. 6. *Survey of London,* Vol. XVIII., S. 110, 118. Zu den Innenräumen von Nr. 4 siehe ibidem, S. 4, T.77ff.
455 A. Rowan (1974), *JRSA,* S. 666ff.; D. Hume (Hsg. R. Klibansky und E. C. Mossner, 1954), S. 82f.
456 D. G. C. Allan (1974).
457 A. T. Bolton (1922), Vol. I, S. 100ff.; Vol. II, S. 22ff.; A. Rowan (1974), *JRSA,* S. 667.
458 Dictionary of National Biography s. v. Graham, James. Er zog 1781 nach Pall Mall. Zu Emma Lyon und Grahams »Tempel« siehe B. Fothergill (1969), S. 198ff.
459 J. Summerson (1945), S. 86f.; J. Summerson (1970), S. 384ff.
460 A. T. Bolton (1922), Vol. I, S. 110ff.; Vol. II, S. 102ff.
461 R. und J. Adam (1773/1931), Vol. II, Fasc. 2; A. T. Bolton (1922), Vol. II, S. 54ff.; D. Stillman (1973), S. 73, 92f.; G. Beard (1978), S. 64. Zu Williams-Wynns Patronanz allgemein siehe Brinsley Ford (1974); sein Portrait von Pompeo Batoni mit seinen römischen Gefährten in P. Batoni (1982); zu seinem Patronanzverhalten und seinen Reisen mit dem Adam-Freund Paul Sandby siehe P. Hughes (1972); ferner David H. Solkin (1982), S. 130, zur Patronanz von Sir Watkin Williams-Wynn gegenüber Richard Wilson.
462 R. und J. Adam (1773/1931), Vol. II, Fasc. 1; A. T. Bolton (1922), S. 49ff.; D. Stillman (1973), S. 74, 110; G. Beard (1981), S. 211.
463 Zu diesem Detail siehe H. Bauer (1962), S. 11ff.; P. S. Bartoli (1697), T. 8, 15; G. B. Piranesi (1764), Extratafeln 2, 6 und (1769) S. 21ff. und T. 1, 15, 18, 32, 46, 19, 57; vgl. D. Stillman (1973), S. 35.
464 A. T. Bolton (1922), Vol. II, S. 80ff.; D. Stillman (1973), S. 76f.; L. Lewis in Burlington Magazine (1967), S. 443ff.
465 A. T. Bolton (1922), Vol. I, S. 241f.; D. Stillman (1973), S. 86f. und vgl. R. und J. Adam (1773), Vol. II, Fasc. 2, T. 8.
466 C. Musgrave (1966), S. 162ff.
467 A. T. Bolton (1922), Vol. I, S. 76; Vol. II, S. 72ff.
468 Ibidem, Vol. II, App. S. 20, 24.
469 J. Harris (1970), S. 244.
470 A. T. Bolton (1922), Vol. I, S. 24.
471 Ibidem, Vol. II, App. S. 42; D. Stillman (1973), S. 74, 93f., 102; *Survey of London,* Vol. XVIII, Victoria and Albert Museum.
472 John Adam in J. Fleming (1962), S. 263; vgl. J. Macaulay (1975), S. 25, 61; J. Lees-Milne (1947), S. 27f.; D. Stillman (1973), S. 110f.
473 J. Macaulay (1975), S. 473. N. Pevsner/Ian A. Richmond (1979), S. 70, 72 und, zu ähnlichen Arbeiten in Ford Castle, S. 155; A. Rowan (1974), S. 688.
474 J. Macaulay (1975), S. 68ff.
475 Louis Duten (zu diesem siehe Dictionary of National Biography, s. v.) in A. T. Bolton (1922), Vol. I, S. 253.

476 Thomas Percy (1767), S. vii f.
477 Oben, Anm. 437.
478 A. T. Bolton (1922), Vol. I, S. 33 f., 65; J. Macaulay (1975), S. 84 ff.; A. Rowan, *JRSA,* (1974), S. 688 ff.
479 A. Rowand in Country Life (1974), S. 345 ff.
480 D. Stillman (1973), S. 111 ff.; J. Macaulay (1975), S. 80 ff., 122.
481 A. T. Bolton (1922), Vol. II, S. 252 ff.; J. Cornforth in Country Life (28. August und 4. September 1958).
482 W. Adam (1980), T. 135; H. M. Colvin (1978), S. 46.
483 J. Fleming in Country Life (1968).
484 A. T. Bolton (1922), Vol. II, S. 263 ff.; G. Beard (1981), S. 50 f., 64 f.
485 A. T. Bolton (1922), Vol. II, App. S. 5, 30; H. M. Colvin (1978), S. 53 f.
486 A. Rowan in Country Life (1974) für Oxenfoord; für Auchencruive A. Rowan (1974), S. 494 f.
487 A. T. Bolton (1922), Vol. I, S. 13 ff.
488 Ibidem, Vol. II, S. 14; H. M. Colvin (1978), S. 55.
489 A. Rowan (1974), S. 494 f., A. T. Bolton (1922), Vol. II., App. S. 9.
490 A. T. Bolton (1922), Vol. II, App. S. 28; J. Fleming in Country Life (1968); A. Rowan (1974), S. 686 f.
491 A. T. Bolton (1922), Vol. II, App. S. 1; J. Fleming in Country Life (1968); A. Rowan (1974), S. 701 ff.
492 A. T. Bolton (1922), Vol. II, App. S. 22; A. Rowan (1974), S. 686 f.
493 A. T. Bolton (1922), Vol. II, App. S. 7; A. Rowan (1974), S. 697.
494 P. Oppe (1942); K. Adam (1978).
495 H. M. Colvin (1978), S. 940 ff.; J. M. Robinson (1979), S. 58.
496 A. T. Bolton (1922), Vol. I, S. 99, 170; E. Beresford-Chancellor (1920), S. 94 ff.; J. M. Robinson (1979), S. 24, 58 f., 243.
497 J. M. Robinson (1979), S. 26; G. Beard (1981), S. 85 f., 211 ff.
498 A. T. Bolton (1922), Vol. I, S. 78 ff., 99 ff.; J. Lees-Milne (1947), S. 77 ff. Der erste Band erschien als lose Folge von Stichen (1773–1778), im letztgenannten Jahr als Buch. Der zweite Band wurde 1786 »zusammengestellt«. Nach dem Verkauf des Vermögens 1821 erwarben die Verleger Priestley und Weale ungebundene Blätter des ersten Bandes und die Originalplatten. Die erste »vollständige« Ausgabe bestand aus gebundenen Lieferungen der Erstausgabe der Tafeln, einem modifizierten zweiten Band und einem neu »zusammengestellten« dritten Band, die jetzt 1778, 1822 und 1822 datiert waren.
499 Es war signiert mit dem Pseudonym Roger Shanhagan, Gent. A. T. Bolton (1922), Vol. I, S. 105 ff. Das Titelblatt zeigte den neuen Architekturraum der Akademie in Somerset House, zu dem die Brüder nichts beigetragen hatten.
500 A. T. Bolton (1922), Vol. II, App. S. 3; W. Ison (1948), S. 65 ff., 164, 199 ff.; R. S. Neale (1981), S. 226 ff.
501 Royal Commission for Ancient Monuments (Scotland; 1951), S. ixxii; A. J. Youngson (1966), S. 71, 77 ff.
502 A. J. Youngson (1966), S. 71; H. M. Colvin (1978) s. v. James Craig.
503 A. J. Youngson (1966), S. 62 ff.; R. Commission for Ancient Monuments (Scotland; 1951), S. lxxiii.
504 A. T. Bolton (1922), Vol. II, S. 221 ff.; R. Commission for Ancient Monuments (Scotland; 1951), S. 65 ff.; A. J. Youngson (1966), S. 65 ff.
505 A. T. Bolton (1922), Vol. II, S. 231 ff.
506 Ibidem, S. 218 ff.; R. Commission for Ancient Monuments (Scotland; 1951), S. 90 ff., 121 f.; A. J. Youngson (1966), S. 192 f.
507 A. T. Bolton (1922), Vol. II, S. 203 f.; A. Rowan (1974), S. 671 f.
508 A. J. Youngson (1966), S. 117 f.; M. K. Meade (1971), S. 40 ff.
509 A. T. Bolton (1922), Vol. II, S. 236 ff.; R. Commission for Ancient Monuments (Scotland; 1951), S. 114 ff.; A. J. Youngson (1966), S. 125 ff.
510 A. T. Bolton (1922), Vol. II, S. 238.
511 A. T. Bolton (1922), Vol. II, S. 212 ff.; A. J. Youngson (1966), S. 189 ff.; A. Rowan (1974), S. 674 f.
512 J. Summerson (1978), S. 138, 173.
513 J. Summerson (1970), S. 481 ff.; J. Summerson (1980), S. 58 ff., 114 ff.
514 A. T. Bolton (1922), Vol. II, S. 278 ff.
515 Ibidem, S. 207 ff.
516 Ibidem, App. S. 15; N. Pevsner (1962), S. 157.
517 A. T. Bolton (1922), Vol. II, S. 146 ff.; N. Pevsner/E. Radcliffe (1965), S. 299.
518 J. Harris (1970), S. 96 ff., 229 ff.
519 S. Smiles (1878), S. 124 f.; L. T. C. Rolt (1958), S. 9, 11.
520 A. T. Bolton (1922), Vol. II, S. 196 ff.; N. Pevsner/C. McWilliam (1978), S. 222 ff.
521 J. Fleming in H. M. Colvin und J. Harris (1970), S. 178 ff.
522 A. T. Bolton (1922), Vol. II, App. S. 42 ff.; N. Pevsner/B. Cherry (1981), S. 504. J. M. Robinson (1979) S. 100 f.; A. I. Dasent (1920), S. 294 ff.
523 A. T. Bolton (1922), Vol. II, App. S. 3, 22; A. Rowan in Country Life (1974), S. 497; A. Rowan (1974), S. 686 f.
524 A. T. Bolton (1922), Vol. II, App. S. 11; R. Evans (1982), S. 228 ff., 412; A. J. Youngson (1966), S. 122 ff., 135 ff.
525 A. T. Bolton (1922), Vol. II, App. S. 10, 14; D. Stroud (1966), S. 151.
526 R. und J. Adam, *Works* (1773/1931), Vol. II, Fasc. V, T. 4.
527 Zur Adelphi Tavern siehe A. T. Bolton (1922), Vol. II, App. S. 33.
528 P. Fitzgerald (1899), Vol. II, S. 444 ff.
529 A. T. Bolton (1922), Vol. I, S. 130; Vol. II, S. 337. Der Verkauf der Adamschen Effekten 1818 und 1821 erfolgte in diesem Haus, und William, der überlebende Bruder, zog in die Welbeck Street Nr. 43, wo er starb. Heute befindet sich die Royal Arcade am Ort des ursprünglichen Hauses.
530 Ibidem, Vol. I, S. 94 ff.; Vol. II, S. 173 ff. J. Lees-Milne (1947), S. 137 ff. Zu Gibbs unguten Erfahrungen auf dem gleichen Gelände siehe B. Little (1955), S. 55. A. T. Bolton (1922), Vol. I, S. 98; R. Willis und J. W. Clarke (1886), Vol. I, S. 527.
531 A. T. Bolton (1922), Vol. II, S. 181 ff.
532 A. T. Bolton (1922), Vol. I, S. 129 ff. Die Testamente befinden sich in Vol. II, S. 321 ff. J. Lees-Milne (1947), S. 40 f.; A. Rowan (1974), S. 669, 676.
533 L. Namier und J. Brooke (1964), S. 8 ff.; A. Rowan (1974), loc. cit.
534 Verkaufskatalog in A. T. Bolton (1922), Vol. II, S. 321 ff. Aber siehe auch J. Harris (1971), S. 3 ff., K. Adam (1978), L. Taylor (1982) und RIBA (1966), Vol. I, S. 15 ff.

Die Werke von Robert und James Adam

Diese Angaben entstammen der Liste der ausgeführten Werke in Howard Colvins *Biographical Dictionary of British Architects 1600–1840* (London 1978). Dort ist auch die jeweils zuständige Einrichtung genannt.

1758 Gordon House, St. Sargaret's Road, Isleworth, Middlesex (später Seaton House und heute Marion Grey Training College), erweitert für General Humphry Bland 1758/59.

1758 Hatchlands, Surrey. Innenräume für Admiral Edward Boscawen, 1758–1761.

1759 Harewood House, Westriding of Yorkshire. Modifikation der Pläne John Carrs und Planung der Innenräume für Edwin Lascelles (Lord Harewood), 1759–1771. Das Haus wurde 1843–1850 von C. Barry erheblich verändert.

1759 Shardeloes bei Amersham, Buckinghamshire. Portikus, Innendekorationen und Stallungen für William Drake, 1759–1763.

1760 Croome Court, Worcestershire. Entwurf der Innenräume von Haus, Orangerie, Rotunde und Gartengebäude (»The Owl's Nest«) für den 6. Earl of Coventry. Ab 1760.

1760 Kedleston Hall, Derbyshire. Fertigstellung des Hauses für den 1. Lord Scarsdale, nachdem Matthew Brettingham und James Paine mit dem Mittelblock und den Viertelkreisen begonnen hatten. Die Brüder Adam waren verantwortlich für die Südfront, den Salon, die Innendekoration, die Brücke, das Angelhaus, den gotischen Tempel und andere Gebäude auf dem Grundstück. Ca. 1760–1770.

1760 London: Eingangswand des Admiralitätsgebäudes in Whitehall, 1760. Beeinträchtigt von G. L. Taylor 1827/28, restauriert 1923.

1761 Bowood House, Wiltshire. Hinzufügung des Portikus, Entwurf der Innenräume und Umgestaltung des Amtstrakts für den 2. Earl of Shelburne, 1761–1764. Ferner Entwurf des Mausoleums im Park, das 1764 fertiggestellt wurde. Der Hauptbau wurde 1956 abgebrochen.

1761 Compton Verney, Warwickshire. Verlängerung des Nord- und des Südflügels, Hinzufügung des Portikus, Gestaltung der Großen Halle und Entwurf der Orangerie für den 6. Lord Willoughby de Broke. Um 1761–1767.

1761 High Wycombe, Buckinghamshire. Umbau des als Shambles and Butter Market bezeichneten Gebäudes, 1761. Die Laterne wurde 1900 hinzugefügt.

1762 London: Buckingham House. Transparente zur Feier des Geburtstags von König George III. 1762. Decke und Kamin für Königin Charlotte, um 1762. Heute zerstört.

?1762 London: Lansdowne House, Berkeley Square. Begonnen wahrscheinlich 1762 für den 3. Earl of Bute, der das unfertige Haus an John Shelburne, 1. Marquis Lansdowne, verkaufte, und zwar unter der Bedingung, daß es auf Kosten Butes von Adam fertiggestellt werden müsse. Es war 1768 vollendet bis auf die Galerie, die anschließend von Joseph Bonomi als Bibliothek eingerichtet, dann aber von dem jüngeren G. Dance und von Robert Smirke verändert wurde. Die Fassade wurde 1936 verstümmelt. Der Wohnraum befindet sich heute im Museum of Arts in Philadelphia, USA.

1762 Mersham Hatch (oder Le Hatch), Kent. Für Sir Wyndham Knatchbull 1762–1765 erbaut.

1762 Syon House, Isleworth, Middlesex. Umgestaltung des Innern für den 1. Duke of Northumberland (1762–1769) und Entwurf des 1773 vollendeten Eingangsbereichs.

1762 Witham Park, Somerset. Neues Haus für William Beckford, begonnen ca. 1762 (Entstehungszeit der Zeichnungen), aber nach Beckfords Tod 1770 aufgegeben.

1763 Audley End, Essex. Innendekoration für Sir John Griffin, später 4. Lord Howard de Walden, 1763–1765; dreibogige Brücke, 1764. Siegestempel auf dem Ring Hill, 1772; palladianische Brücke und Teehaus 1782/83.

1763 Croome Church, Worcestershire. Gotische Innendekoration für den 6. Earl of Coventry, 1763. Die Architektur der Kirche war von Lancelot (Capability) Brown entworfen.

1763 Kedleston Church, Derbyshire. Monument für Sir Nathaniel Curzon (gest. 1758), errichtet 1763. Bildhauer J. M. Rysbrack (signiert).

1763 London: 19, Arlington Street. Änderungen und Dekorationen für Sir Lawrence Dundas, Bart, 1763–1766.

1763 Moor Park, Hertfordshire. Tor und Teepavillon für Sir Lawrence Dundas, 1763–1765.

1763 Osterley Park, Middlesex. Umgebaut für Robert Child, 1763–1780. Die Brüder Adam entwarfen auch Pförtnerhaus, Brücke und Gartenhäuser.

1763 St. Michael Penkevil Church, Cornwall. Monument für Admiral Edward Boscawen (gest. 1761), errichtet 1763. Bildhauer J. M. Rysbrack (signiert).

1763 Ugbrooke Park, Devonshire. Umgebaut für den 4. Lord Clifford, 1763–1771, im *Castle*-Stil.

1764 Die Reitschule, York Street, Edinburgh, 1764; abgebrochen ca. 1870.

1764 London: 18 (später 19), Grosvenor Square. Änderungen für den 8. Earl of Thanet, 1764/ 65; abgebrochen.

1764 Kimbolton Castle, Huntingdonshire. Torhaus und Eingang für den 4. Duke of Manchester, 1764/65.

1765 Langford House, Mary Street, Dublin. Decke des Wohnraums etc. für Hercules Rowley, 1765; abgebrochen.

1765 London: 25, Pall Mall, für Andrew Millar, 1765/66; abgebrochen.

1765 London: Coventry House, 29, Piccadilly (heute 106). Innenräume für den 6. Earl of Coventry, 1765/66.

1765 Nostell Priory, West Riding of Yorkshire. Umgestaltung der Halle für Sir Rowland Winn und Dekoration der Haupträume, 1765–1775. Die Adams entwarfen neue Flügel: der nördliche wurde zwischen 1776 und 1785 errichtet, dem Jahr, in dem die Arbeiten eingestellt wurden. Er wurde schließlich im Jahre 1875 vollendet. Mit dem Südflügel wurde gar nicht begonnen. Sie entwarfen 1776/77 auch das Featherstone Gate, das Foulby Gate und das Wragby Gate und um 1776 die Süd- und Westseite des Stallblocks. Nord- und Ostseite (1829) stammen von Pritchett und Watson, die sich Adams Entwurf für die Kuppel zunutze machten (Zeichnungen und Rechnungen in Nostell und im Soane Museum).

1766/78 Auchencruive House, Ayrshire. Innenräume für Richard Oswald, 1766/67; zinnenbewehrter Turm 1778.

1766 London: Fife House, Whitehall. Änderungen für den 2. Earl of Fife, 1766/67; abgebrochen.

1766 London: 18 Hanover Square. Hinzufügung der Bibliothek für Lord Le Despencer, 1766–1768; abgebrochen.

1766 London: Hill Street. Veränderungen im Innern des Hauses für Mrs. Montagu, 1766.

1766 Luton Hoo, Bedfordshire, für den 3. Earl of Bute, 1766–1774; blieb unvollendet. Ab ca. 1815 von R. Smirke verändert. Nach einem Brand 1843 von S. Smirke rekonstruiert. Obergeschoß von Mewes und Davis, 1903.

1766 Strawberry Hill, Middlesex. Gotische Decke und Kamin im Beauclerk-Zimmer für Horace Walpole, 1766/67.

1766 Wimbledon House, Surrey. Innendekoration für Sir Ellis Cunliffe, 1766/67.

1767 Halswell Park, Somerset. Ionischer Tempel für Sir Charles Tynte, Bart, 1767.

1767 Hertford: The Shire and Town Hall, 1767–1769.

1767 Kenwood House, Hampstead, Middlesex. Umgestaltung des bestehenden Hauses und Hinzufügung von Bibliothek und Portikus für den 1. Earl of Mansfield, 1767–1769.

1767 The Great House, Leyton, Essex. Umgestaltung der Haupträume für Thomas Oliver, um 1767–1769; abgebrochen 1905.

1768 London: Die Adelphi Buildings, Strand, mit John Street, Robert Street, William Street und James Street, 1768–1772. Abgebrochen 1936 mit Ausnahme von Nr. 7, Adam Street.

1768 London: Duchess Street, Portland Place. Haus für General Robert Clerk, 1768–1771 (und 1779?); um 1800 Umgestaltung durch Thomas Hope; abgebrochen 1851.

1768 London: Green Park, Deputy-ranger's Lodge, 1768; abgebrochen 1841.

1768 Saltram House, Devonshire. Umgestaltung des Innern für John Parker (Lord Boringdon), 1768–1779.

1768 Whitehaven Castle, Cumberland (zuvor Flatt Hall, heute Krankenhaus). Erweiterung und Umgestaltung für Sir James Lowther um 1768/69; *Castle*-Stil.

1769 Pulteney Bridge, Bath, Somerset, für William Pulteney, 1769–1774. Die Läden sind mehrfach erheblich verändert worden.

1769 Gunton Church, Norfolk, für Sir William Harbord, Bart. Vollendet 1769 (Dispens 1765). Chorgestaltung 1894.

1769 London: 10 Hertford Street, für General John Burgoyne, 1769–1771.

1769 London: 79, Piccadilly (1, Stratton Street). Decke für den 11. Earl of Eglinton, 1769; abgebrochen 1929.

1769 Straford-on-avon, Warwickshire. Hölzerne Rotunde für das Shakespeare-Jubiläum, 1769.

1770–1783 Alnwick Castle, Northumberland. Innendekoration des Turms im gotischen Stil für den 1. Duke of Northumberland, um 1770–1780. Zerstört um 1854. Adam folgte James Paine als herzoglicher Architekt. Die Haupträume, für die er verantwortlich war, waren der Salon, der Wohnraum und die Bibliothek. Die Brüder Adam entwarfen 1773 auch Alnwick Bridge für den Herzog (Alnwick Archives, U.I. 46), 1777–1783 den gotischen Brizlee Tower (ibidem, Zeichnungen im Soane Museum), 1778 das gotische Innere von Hulne Abbey, Alnwick und um 1780 das Aussichtsgebäude auf Ratcheugh Crag (Zeichnung in Alnwick).

1770 Castle House, Calne, Wilthire. Umgestaltung der Gartenfront für David Bull, 1770.

1770 Edinburgh: 8, Queen Street, für Chief Baron Robert Orde, 1770/71.

1170 Hitchin Priory, Hertfordshire. Südfront für John Radcliffe, 1770–1773. Im Soane Museum befinden sich Adam-Zeichnungen sowohl für ein neues Haus auf einem anderen Gelände als auch für die Umgestaltung des alten Hauses. Nichts davon wurde ausgeführt, aber 1770–1773 errichteten Richard Dixon, Zimmermann, und Joseph Dixon, Maurer, beide aus London, eine neue Südfront. Im September 1772 zahlte Radcliffe 140 Pfund an »Messrs. Adams« und im Dezember 26 Pfund 16 Schillinge an »Mr. Nasmith Foreman to Messrs. Adams for plans« (Herts R.O., DE 4422/2). Es scheint also, daß die neue Front mit dem Wohnraum und den Musikzimmern von den Adams entworfen wurde.

1770 Kilduff bei Athelstaneford, East Lothian. Hinzufügung der Flügel für John Home, 1770. Später umgebaut (Brief zitiert bei Bolton, i 116).

1770 London: British Coffee House, Cockspur Street, um 1770; abgebrochen 1886.

1770 London: Chandos House, Chandos Street, Portland Place, für den 3. Duke of Chandos, 1770/71.

1770 London: Mansfield Street, 1770–1775.

1770 London: Northumberland House, Strand. Innendekorationen einschließlich des gläsernen Wohnraums für den 1. Duke of Northumberland, 1770–1775. Abgebaut 1874, zum Teil im Victoria and Albert Museum wieder zusammengefügt.

1770 London: 29, Sackville Street. Decke im Wohnraum für John Parker (Lord Boringdon), 1770.

1770 London: 33, St James's Square für Hon. George Hobart (später 3. Earl of Buckinghamshire), 1770–1772.

1770 Lowthervillage, Westmorland. Musterdorf für Sir James Lowther, ausgeführt um 1770–1775 auf der Grundlage von Plänen, die Adam 1766 erarbeitete.

1770 Mamhead House, Devonshire. Änderungen für den 4. Viscount (später 1. Earl of Lisburne), um 1770; von A. Salvin 1828–1838 umgebaut.

1770 Mellerstain, Berwickshire, für Hon. George Baillie, um 1770–1778, *Castle*-Stil.

1770 Newby Hall, West Riding of Yorkshire. Hinzufügung von Vorbau und Flügeln (mit der Skulpturengalerie und Büroräumen), Umbau der Bibliothek für William Weddell, um 1770–1780.

1771 Kinross County Buildings, Verschönerung der Südfront, 1771 (Inschrift: »This County House was repaired by the Crown, A.D. 1771. Robert Adam, Knight of this Shire, decorated this front at his own expense«).

1771 London: 30, Curzon Street. Veränderungen im Innern für Hon. H. F. Thynne, 1771/72.

1771 London: 20, St. James's Square, für Sir Watkin Williams-Wynn, 1771–1774. Erweitert 1936 durch Mewes und Davis, die das Haus Nr. 21 einbezogen und es mit einer identischen Fassade versahen.

1771 London: 20, Soho Square. Innengestaltung für Baron Grant, 1771/72.

1771 London: Whitehall. Umgestaltung des Hauses im Scotland Yard als Sitzungsgebäude für den *Paymaster-General* und die *Commissioners* des Chelsea Hospital, 1771.

1771 Stowe House, Buckinghamshire. Entwürfe für den Umbau der Südfront für den 1. Earl Temple, 1771. Ausführung (mit Modifikationen) durch Thomas Pitt 1772–1777.

1771 Wedderburn Castle, Duns, Berwickshire, für Patrick Home, 1771–1775, *Castle*-Stil.

1772 Headfort House, Co. Meath, Irland. Innengestaltung für den 1. Earl of Bective, 1772–1775.

1772 London: Apsley House, Piccadilly, für den 2. Earl Bathurst, um 1772–1778. Erweitert und mit einer neuen Fassade versehen durch B. und P. Wyatt, 1828/29.

1772 London: The Royal Society of Arts, John Adam Street, 1772–1774.

1773 Caldwell House, Ayrshire, für William Mure, 1773/74, *Castle*-Stil.

1773 Highcliffe House, Hampshire, für den 3. Earl of Bute, 1773; abgebrochen 1794.

1773 London: Ashburnham House, 19, Dover Street (heute Nummer 30). Änderungen für den 2. Earl of Ashburnham, 1773–1776.

1773 London: Derby House, Grosvenor Square (später Nr. 26) für Lord Stanley (später 12. Earl of Derby), 1773/74; abgebrochen 1862.

1773 London: Home House, 20, Portman Square, für Elizabeth Countess of Home, 1773–1776.

1773 St. Edmund's Hill (heute Moreton Hall), Bury St. Edmunds, Suffolk, für John Symonds, 1773–1776.

1774 The Assembly Rooms, Derby. Entwurf der Innenräume. Fertigstellung 1774; Zerstörung durch Brand 1963 (Korrespondenz mit den Brüder Adam im Archivraum in Kedleston).

1774 The Register House Edinburgh, 1774–1792. Rückwärtiger Teil fertiggestellt 1822–1830 durch Robert Reid.

1774 Great Saxham Hall, Suffolk. Änderungen für Hutchison Mure, 1774. Zerstört durch Brand 1779.

1774 London: 11, St James's Square: Erneuerung der Front und teilweise Neudekoration für Sir Rowland Winn, Bart, 1774–1776.

1774 The Oaks, Carshalton, Surrey. Ephemerer Gartenpavillon für Lord Stanley (später 12. Earl of Derby) für ein Gartenfest am 9. Juni 1774. Die Adams lieferten auch Entwürfe für einen Umbau des Hauses (abgebrochen 1957–1960) und waren möglicherweise verantwortlich für die von D. Hughson geschilderten Hinzufügungen.

1774 Worcester Cathedral. Monument für Bischof James Johnson (gest. 1774). Bildhauer Joseph Nollekens.

1775 Theatre and Market Hall, Bury St. Edmunds, Suffolk (heute Town Hall), 1775–1780.

1775 Hampton, Middlesex. Änderungen an David Garricks Villa und Hinzufügung eines Portikus, 1775.

1775 London: Drury Lane Theatre, Veränderungen und neue Fassade 1775/76; Umbau durch H. Holland 1791–1794.

1775 London: Frederick's Place Old Jewry (ein Platz mit »eight capital Dwelling houses«), 1775/76.

1775 Milton Abbey Church, Dorset. Grabmal für Lady Milton, 1775. Bildhauer A. Carlini.

1775 Woolton Hall, Lancashire. Erheblich erweitert für Nicholas Ashton, um 1775.

1776 London: Chelsea Hospital. Neudekoration der *Council Chamber,* 1776, und weitere kleinere Arbeiten.

1776 London: Portland Place, 1776–ca. 1780. Weitgehender Umbau.

1776 London: Roxburghe House, Hanover Square (später Harewood House). Umbau für den 3. Duke of Roxburghe, 1776; abgebrochen 1908.

1776 Mistley Church, Essex. Umbau der Kirche von 1735 für Richard Rigby, 1776. Abbruch – mit Ausnahme der Zwillingstürme – 1870.

1776 Pontefract, Yorkshire. Umbau des Red Lion Inn für Sir Rowland Winn, 1776.

1776 Wenvoe Castle, Glamorganshire, für Peter Birt, 1776/77, *Castle*-Stil. Abbruch (mit Ausnahme der Stallungen) nach einem Brand 1910. Adams Grund- und Aufrisse im Soane Museum wurden mit Modifikationen ausgeführt. Für die Innenräume gibt es keine Adamschen Zeichnungen. Die Mitteilung im *Gentleman's Magazine* 1785 (ii), 937, daß Wenvoe »vor einigen Jahren in Art eines alten Castle großartig von dem berühmten Architekten Holland umgebaut« worden sei, scheint auf einem Irrtum zu beruhen. Ein Brief von Thomas Roberts (allem Anschein nach des Erbauers) an Birt in der Nationalbibliothek von Wales bestätigt das Datum der Errichtung, sagt aber nichts über die Identität des beteiligten Architekten aus.

1777 Culzean Castle, Ayrshire, für den 10. Earl of Cassilis, 1777–1792, *Castle*-Stil.

1777 London: Drummond's Bank, Charing Cross. Änderungen für Messrs. Drummond, 1777/78; abgebrochen.

1777 Wormleybury, Hertfordshire. Innendekoration für Sir Abraham Hume, Bart, 1777–1779.

1778 Botanical Gardens, Edinburgh: Urne zum Gedächtnis an Sir Charles Linnaeus, 1778.

1778 Old Calton Burying Ground, Edinburgh. Monument für David Hume (gest. 1776), errichtet 1778.

1778 Langside, Renfrewshire, für Thomas Brown, 1778; abgebrochen. (Pläne im Soane Museum, xlii, 20–25, beschriftet »Aikenhead«.)

1778 London: 10, New Burlington Street. Umbau der Innenräume für Sir John Griffin, 1778/79; abgebrochen um 1920.

1778 Weald Hall, Essex. Dekoration des Speisezimmers für Christopher Tower, 1778; abgebrochen 1950/51.

1778 Wyke House, Syon Hill, Isleworh, Middlesex. Hinzufügung des Wohnraumes für John Robinson, 1778/79.

1779 London: 17, Hill Street. Wohnraum für Sir Abraham Hume, Bart, 1779; später verändert.

1780 Byram Hall, West Riding of Yorkshire. Dekoration der Bibliothek etc. für Sir John Ramsden, Bart, 1780; abgebrochen.

1780 Queensbury Square, Dumfries. Säule zum Gedächtnis des 3. Duke of Queensberry (gest. 1778), errichtet 1780; versetzt zu den County Buildings 1934.

1780 Letterfourie House, Banffshire, für einen der Besitzer Gordon, vermutlich um 1780. Pläne im Soane Museum xlv. 90–93 (»design of a House for Gordon, Esq.«).

1780 London: Cumberland House, 86, Pall Mall (früher York House). Änderungen für Henry Frederick, Duke of Cumberland, 1780/81. Abgebrochen 1908–1912.

1780 Mistley Hall, Essex. Änderungen für Richard Rigby, um 1780; abgebrochen 1835.

1780 Oxenfoord Castle, Midlothian. Umgebaut für Sir John Dalrymple, Bart, 1780–1782, *Castle*-Stil. Verändert und erweitert 1842 durch W. Burn.

1781 London: Hanover Square. Veränderungen im Innern und Hinzufügung von Balkons zum Haus von Sir John Hussey Delaval, Bart, 1781/82.

1782 Jerviston House, Holytown, Lanarkshire, für James Cannison, 1782; abgebrochen um 1965.

1782 Heston Church, Middlesex. Monument für Robert Child (gest. 1782); Bildhauer P. M. Vangelder.

1783 Castle Upton, Co. Antrim, Irland. Umbaupläne von 1783 für den 1. Lord Templetown. Die Umbauten waren beim Tod des Lords 1785 vermutlich nicht beendet. Weitere Änderungen einschließlich kastellartiger Stallungen für den 2. Lord Templetown 1788/89. Das Haus wurde um 1830 von E. Blore umgestaltet.

1784 Brasted Place, Kent, für Dr. John Turton, 1784/85. Dacherhöhung etc. 1871.

1785 Ashburnham Place, Sussex. Pförtnerhäuser am Eingang zur Hauptzufahrt für den 2. Earl of Ashburnham, 1785 (Rechnungen früher in Ashburnham Place).

1785 Zugeschrieben: Pitfour Castle, Perthshire, für John Richardson, um 1785, *Castle*-Stil. Erweitert 1825 durch W. Burn (Zuschreibung aus stilistischen Gründen; keine Pläne im Soane Museum).

1785 Sunnyside House, Liberton, Midlothian (später Kingston Grange, heute Liberton Golf Club), für Sir Patrick Inglis, 1785–1787. Südseite im 19. Jahrhundert umgebaut.

1787 Glasserton House, Wigtownshire, für Admiral Keith Stewart, 1787; Vorbau um 1820 von W. Elliot hinzugefügt. Abgebrochen um 1950.

1787 Kirkdale House, Kirkcudbrightshire, für Sir Samuel Hannay, Bart, 1787/88. Mittelblock nach Brand im Innern rekonstruiert. Das oktogonale Gehöft könnte ebenfalls von Adam stammen.

1787 Milburn, Claremont Lane, Surrey, für den 1. Lord Delaval, 1787–1790; seither beträchtlich verändert (Pläne im Soane Museum, xlvi, 1–4; Northumberland Record Office, 2DE/23/1 und 3).

1788 Barholm (oder Balhazy) bei Creetown, Kirkcudbrightshire, für John McCulloch, 1788; abgebrochen 1960. Der ältere, als T. 94 im *Vitruvius Scoticus* veröffentlichte Entwurf wurde nicht ausgeführt.

1788 Yester House, East Lothian. Umbau des Mittelteils der Nordfassade für den 7. Marquis von Tweeddale, 1788–1790.

1789 Alva House, Clackmannanshire. Änderungen und Erweiterung für John Johnstone, 1789; abgebrochen. Johnstonesches Familiengrabmal für John Johnstone, um 1789 (Entwurf im Soane Museum, x. 45).

1789 Castle Upton, Co. Antrim, Irland. Mausoleum zum Gedächtnis des Hon. Arthur Upton (gest. 1768), errichtet 1789.

1789 Universität Edinburgh, begonnen nach Adamschen Plänen 1789–1793; fertiggestellt 1817–1826 nach modifizierten Plänen durch W. H. Playfair. Die Kuppel wurde 1887 von Sir Rowland Anderson hinzugefügt.

1789 Newliston House, West Lothian, für Thomas Hogg, 1789/90. Die Flügel wurden 1845 von D. Bryce hinzugefügt.

1789 Ruscombe House, Hare Hatch, Berkshire, umgebaut für Sir James Eyre 1789; abgebrochen 1830.

1790 Airthrey Castle, Stirlingshire, für Robert Haldane, 1790/91, *Castle*-Stil; erweitert 1891.

1790 Archerfield House, East Lothian. Umgestaltung des Innern für William Nisbet, 1790/91 (Pläne im Soane Museum; Rechnungen in S.R.O., GD 6/1644).

1790 Belleville (oder Balavil) House, Alvie, inverness-shire, für James Macpherson, 1790–1796.

1790 Dalquharran Castle, Ayrshire, für Thomas Kennedy, erbaut 1790 nach Plänen von 1782–1785; erweitert 1881; *Castle*-Stil.

1790 Dunbar Castle, East Lothian (später Castle Park Barracks), für den 8. Earl of Lauderdale, 1790–1792.

1790 Zugeschrieben: Fullarton Castle, Ayrshire. Kastellartige Stallungen für Col. William Fullarton, 1790; abgebrochen 1966 (es existieren keine Pläne zu den Stallungen, aber die Adams fertigten – 1790 datierte – Pläne für ein neues Haus an, die nicht ausgeführt wurden).

1790 Glencarse House, Perthshire, für Thomas Hunter, ab 1790; 1889 erweitert.

1790 Gosford House, East Lothian, für den 7. Earl of Wemyss, 1790–ca. 1800; Flügel um 1810 abgebrochen. 1883–1890 Umbau des Hauses und Errichtung neuer Flügel nach Plänen von W. Young. Mittelblock 1940 ausgebrannt, Nordflügel um 1950 abgedeckt, Südflügel 1951 wiederhergestellt.

1790 London: Fitzroy Square, Süd- und Ostseite, 1790–1794.

1790 Seton Castle, East Lothian, für Alexander Mackenzie, 1790/91, *Castle*-Stil.

1790 Udny House, Teddington, Middlesex. Hinzufügung einer Gemäldegalerie für Robert Fullarton Udny (gest. 1802), wahrscheinlich um 1790; abgebrochen um 1825.

1790 Westerkirk Churchyard, Dumfriesshire. Johnstonesches Familiengrabmal für Sir James Johnstone, 1790.

1790 Wyreside, bei Garstang, Lancashire. Änderungen und Hinzufügung eines Portikus für J. F. Cawthorne, 1790; Umbau im 19. Jahrhundert. Der komplette Umbauplan der Zeichnungen des Soane Museums und des Victoria and Albert Museum (3328–3330) wurde nicht ausgeführt.

1791 Bridewell Prison, Calton Hill, Edinburgh, 1791–1795; abgebrochen um 1884.

1791 Charlotte Square, Edinburgh. Entwurf von Robert Adam 1791, Ausführung mit Modifikationen (besonders an der Ost- und der Westseite) zwischen 1792 und 1807.

1791 Trades House, Glassford Street, Glasgow, 1791–1794. Erweiterung 1808 und 1828. Umbau des Innern 1887.

1791 Walkinshaw House, bei Paisley, Renfrewshire, für D. Macdowall, 1791; abgebrochen ca. 1927.

1792 Dalkeith House, Midlothian, Brücke im Park über den Fluß Esk (»Montagu Bridge«) für den 3. Duke of Buccleuch, 1792.

1792 St. George's Episcopal Chapel and Manse, York Place, Edinburgh, 1792–1794, gotisch, heute Warenhaus.

1792 The Royal Infirmary, Cathedral Square, Glasgow, 1792–1794; abgebrochen um 1907.

1792 Mauldsley Castle, Lanarkshire, für den 5. Earl of Hyndford, 1792–1796, *Castle*-Stil. Verändert 1860 durch David Bryce; abgebrochen 1959.

1792 Stobs Castle, Roxburghshire, für Sir William Elliott, Bart, 1792/93, *Castle*-Stil.

1793 Balbardie House, Bathgate, West Lothian, für Alexander Marjoribanks, 1793; um 1960 bis auf einen Flügel abgebrochen.

1793 College Houses, 169–177 und 179–185, High Street, Glasgow, 1793; beeinträchtigt.

1793 The Tron Kirk, Glasgow, umgebaut 1793/94; heute Warenhaus.

1794 Barnton Castle, Midlothian. Umbau im *Castle*-Stil um 1794 für George Ramsay. Erweiterung um 1810 durch D. Hamilton, um 1920 abgebrochen.

1796 The Assembly Rooms, Ingram Street, Glasgow. Errichtet 1796–1798 nach Plänen von vor 1794; abschließende Pavillons von H. Holland, 1807; abgebrochen um 1889. Ein Teil der Adamschen Fassade wurde als McLellan Arch auf der Grünfläche am Ende der Charlotte Street wiederaufgebaut.

Die Werke von John Adam

1745 Haus in Canongate, Edinburgh, für Andrew Fletcher, Lord Milton, um 1745/50; abgebrochen.

1750 Banff Castle, Banff, umgebaut für Lord Deskford, 1750–1752.

1750 Tweeddale Lodging, 14, High Street, Edinburgh. Änderungen für den 4. Marquess of Tweeddale, um 1750–1753.

1750 Hopetoun House, West Lothian. Fertigstellung der Pavillons, Büros und des größten Teils des Innern für den 2. Earl of Hopetoun, 1750–1756.

1751 Buchanan House, Stirlingshire. Änderungen an Haus und Garten für den 2. Duke of Montrose, 1751; durch Brand 1850 weitgehend zerstört.

1753 Zugeschrieben: Arniston, Midlothian, Speise- und Wohnräume auf der Westseite für Robert Dundas, Lord Arniston (gest. 1787), um 1753–1755.

1753 The Exchange, Edinburgh (heute Sitz der Stadtverwaltung), 1753–1761.

1753 Greyfriars Cemetery, Edinburgh. Grabmal der Familie Adam, 1753 (Inschrift: »Erected in 1750 by John eldest son of William Adam Architect«), in Wahrheit aber nicht vor 1753 begonnen.

1754 Dumfries House, Ayrshire, für den 4. Earl of Dumfries, 1754–1759.

1754 Leith Custom House. Erweiterung des bestehenden Gebäudes, 1754; abgebrochen 1812.

1755 Town oder Court House, Inveraray, Argyllshire, 1755–1757.

1756 Edinburgh: Umbau des Hauses von Lord Lovat in der High Street in ein Amtsgebäude für die »Commissioners for Annexed Estates«, 1756.

1757 Douglas Castle, Lanarkshire, für den Duke of Douglas, 1757–1761, gotisch; abgebrochen um 1939.

1757 Hawkhill Villa, South Leith, Edinburgh, für Andrew Pringle, Lord Alemoor, 1757; abgebrochen 1971.

1758 Yester House, East Lothian. Innengestaltung des großen Salons für den 4. Marquess of Tweeddale, um 1758–1761.

1758–61 Inveraray, Argyllshire. Arbeiten für den 3. Duke of Argyll einschließlich der Cherry Park-Amtsräume, 1760/61, und der gotischen Brücke über den Fluß Aray, 1758–1760; eingestürzt 1772. John Adam scheint auch die Garden oder Frew's Bridge (1759–1761) entworfen zu haben, obwohl sie im *Vitruvius Scoticus* James Adam zugeschrieben ist.

1760 Ballochmyle House, Ayrshire, für Allan Whitefoord (gest. 1767), um 1760. Umbau im Stil Jakobs I. 1887/88.

1761 Moffat House, Moffat, Dumfriesshire, für den 2. Earl of Hopetoun, 1761.

1761 Whim, Peeblesshire. Hinzufügung einer Bibliothek (als Südflügel) für den 3. Duke of Argyll, 1761.

1762 Heriot's Hospital, Edinburgh. Eingang und Pförtnerhaus an der Nordseite, 1762; abgebrochen.

1763 Kerse (oder Zetland) House, Stirlingshire. Entwurf von Amtsräumen für Sir Lawrence Dundas, Bart, 1763.

1763 Moy House, Morayshire. Änderungen im Innern für James Grant, 1763–1765.

1764 The Tolbooth Steeple, Banff, 1764–1767.

1765 Castle Grant, Morayshire. Hinzufügungen für James Grant, 1765.

1766 Broomhall, Fife. Umbau des Hauses für den 5. Earl of Elgin, 1766–1771; erneut umgebaut 1796 durch T. Harrison.

1766 Dunrobin Castle, Sutherland. Entwurf von Stallungen für den 17. Earl of Sutherland, 1766. Es ist nicht sicher, ob sie gebaut wurden.

1767 Cullen House, Banffshire. Kleinere Arbeiten für den 3. Earl of Seafield gemeinsam mit James Adam, 1767–1769 (Briefe in S.R.O.GD 248/982/1).

Bibliographie

Académie Royale des Sciences, des Lettres et des Beaux-Arts de Belgique (Hsg.), *Biographie Nationale,* Brüssel 1872–1949.
Acton, Sir Harold, *The Last Medici,* London ³1980.
Adam, James, *Practical Essays on Agriculture,* London 1789.
Adam, Keith, *Robert Adam at Home, Drawings from the collection at Blair Adam* (Katalog), Edinburgh 1978.
Adam, Robert und James, *The Works in Architecture,* 3 Bände, London 1773–1822; Neudruck 1931.
Adam, Robert (FRS, FSA Architect to the King and Queen), *Ruins of the Palace of the Emperor Diocletian at Spalato in Dalmatia,* für den Autor gedruckt (Venedig) 1764.
Robert Adam and His Style (Ausstellungskatalog), Cooper-Hewitt Museum, Smithsonian Institution, 1982.
Adam, William, *Vitruvius Scoticus* (Einführung und Anmerkungen von James Simpson), Edinburgh 1980.
Addison, Sir William, *Audley End,* London 1953.
Allan, D. G. C., *The Houses of the Royal Society of Arts,* London 1974.
Allason, Thomas, *Picturesque Views of the Antiquities of Pola in Istria,* London 1819.
Apollo of the Arts: Lord Burlington and his Circle (Katalog), Nottingham University Art Gallery 1973.
Bankart, George P., *The Art of the Plasterer,* London 1908.
Bartoli, P. S., *Gli Antichi Sepolcri, ovvero Mausolei Romani et Etruschi,* Rom 1697.
Bartoli, P. S., und Bellori, G. P., *Le Pittore Antiche del Sepolcro de'Nasoni nella via Flaminia,* Rom 1702.
Batoni, Pompeo (Girolamo) and his English Patrons (Katalog), Greater London Council, London 1982.
Bauer, Hermann, *Rocaille.* Zur Herkunft und zum Wesen eines Ornamentmotivs, Neue Münchner Beiträge zur Kunstgeschichte, Hsg. Hans Sedlmayr, Band 4, Berlin 1962.
Baugh, Daniel A. (Hsg.), *Aristocratic Government and Society in Eighteenth-Century England, The Foundations of Stability,* New York 1975.
Beard, G. W., »Robert Adam and Croome Court«, *Connoisseur,* Oktober 1953.
Beard, Geoffrey, *Decorative Plasterwork in Great Britain,* London 1975.
Beard, Geoffrey, *The Work of Robert Adam,* Edinburgh 1978.
Beard, Geoffrey, *Craftsmen and Interior Decoration in England, 1660–1820,* Edinburgh 1981.
Beresford-Chancellor, E., *The Lives of the British Architects from William of Wykeham to Sir William Chambers,* London 1909.
Beresford-Chancellor, E., *The Eighteenth Century in London,* London und New York 1920.
Bettagno, Alessandro (Hsg.), *Piranesi: Incisioni-Rami-Legature, Architetture,* Vicenza 1978.
Bialostocki, Jan, *Teoria i Twórczość. O Tradycji i Inwencji w Teorii Sztuki i Ikongrafii,* Posen 1964.
Binney, M., »The Villas of James Paine«, *Country Life,* 20. Februar 1969.
Binney, M., »Floors Castle, Roxburghshire«, *Country Life,* 11. und 18. Mai 1978.
Blunt, Anthony, *Art and Architecture in France 1500 to 1700,* Harmondsworth 1953.
Blunt, Anthony, und Cooke, Hereward Lester, *The Roman Drawings of the Seventeenth and Eighteenth Centuries,* London 1960.
Blunt, R., *Mrs. Montagu, Queen of the Blues, Her Letters and Friendships, 1762–1800,* London 1923.
Blythe Gerson, Martha, »A Glossary of Robert Adam's Neo-Classical Ornament«, *Architectural History,* 24, 1981.
Boehn, Max von, *Rokoko: Frankreich im XVIII. Jahrhundert,* Berlin 1919.
Bolton, A. T., *The Architecture of Robert and James Adam,* 2 Bände, London 1922, Neudruck 1984.
Bolton, A. T., »The Classical and Romantic Compositions of Robert Adam«, *Architectural Review,* Januar–Mai 1925.
Boswell, James, *The Life of Samuel Johnson LL.D.* (Hsg. A. Birrell), London (Westminster) 1896.
Boswell, James, *The Life of Samuel Johnson LL.D.* (Hsg. George Birbeck Hill und L. F. Powell), Oxford 1934–1950. Deutsch: *Das Leben Samuel Johnsons,* München 1985.
Boswell, James, *Boswell in Extremes 1776–1778* (Hsg. Charles McC. Weis und F. A. Pottle), London und New Haven 1971.
Brereton, Austin, *The Literary History of the Adelphi,* London 1908.
Brett-James, Norman G., *The Growth of Stuart London,* London 1935.
Briganti, Giuliano, *I Vedutisti,* Mailand o.J.
Brinkley, Roberta Florence, *Arthurian Legend in the Seventeenth Century,* Johns Hopkins Monographs in Literary History III, London und Baltimore 1932.
British Artists in Rome 1700–1800 (Katalog), The Iveagh Bequest, Kenwood, London 1974.
Brownell, Morris, R., *Alexander Pope and the Arts of Georgian England,* Oxford 1978.
Brunel, Georges (Hsg.), *Piranèse et les Français, 1740–1790,* Collection Académie de France à Rome, 2 Bände, Paris 1976 und 1978.
Burlington, Richard Boyle, Earl of, *Fabbriche Antiche disegnate da Andrea Palladio Vicentino date in luce da Riccardo Conte di Burlington,* London 1730.
Burns, Robert, *Poems, Songs and Letters, Being the Complete Works,* London 1891.
Burton, John Hill, *The History of Scotland,* 8 Bände, Edinburgh und London 1897.
Campbell, Colen, *Vitruvius Britannicus; or the British Architect, containing the Plans, Elevations and Sections of the Regular Buildings, both public and private in Great Britain,* 3 Bände, London 1715–1725; John Woolfe und James Gandon, 2 Bände, 1767 und 1771; G. Richardson, 2 Bände, 1802 und 1808, neu herausgegeben von Paul Breman und D. Addis, London 1967.
Carandente, Giovanni, *Il Palazzo Doria Pamphili,* Mailand 1975.
Carlyle, Alexander, *Anecdotes and Characters of the Times* (Hsg. John Hill Burton), London und Edinburgh 1910; (Hsg. James Kinsley), London, New York und Toronto 1973.
Chambers, Sir William, *Designs of Chinese Buildings, Furniture, Dresses, Machines and Utensils,* London 1757; Neudruck New York und London 1968.
Chambers, Sir William, *A Treatise on Civil Architecture in which the Principles of that Art are Laid Down,* London 1759; 3. Auflage 1791; Hsg. (mit Hinzufügungen) Joseph Gwilt, London 1825.
Chippendale, T., *The Gentleman and Cabinet-Maker's Director,* 1. Auflage 1754; 3. Auflage 1762; Neudruck New York 1966.
Cilcennin, Viscount, *Admiralty House, Whitehall,* London 1960.
Clark, Sir Kenneth, *The Gothic Revival,* ²1962, Harmondsworth 1964.
Climenson, Emily J., *Elizabeth Montagu, the Queen of the Blue-Stockings,* London 1906.
Coleridge, Anthony, *Chippendale Furniture: the Work of Thomas Chippendale and his Contemporaries in the Rococo Taste, Vile, Cobb, Langlois, Channon, Hallett, Ince and Mayhew, Lock, Johnson and others circa 1745–1765,* London 1968.

Colvin, Howard M., *Royal Buildings,* RIBA Drawings Series, London 1968.
Colvin, Howard, und Harris, John, *The Country Seat, Studies in the British Country House,* Sir John Summerson gewidmet, London 1970.
Colvin, Howard (Hsg.), *The History of the King's Works,* London 1963–1981.
Colvin, Howard M., *A Biographical Dictionary of British Architects 1600–1840,* London 1978.
Cook, Thomas, *Hogarth Restored, being a Complete Edition of the Works of that Much Admired Artist, William Hogarth,* London o.J.
Cornforth, J., »Mellerstain, Berwickshire«, *Country Life,* 28. August, 4. September 1958.
Cosh, Mary, »Two Dukes and Their Houses«, *Country Life,* 13. und 20. Juli 1972.
Cosh, Mary, »The Adam Family and Arniston«, *Architectural History,* 27, 1984, S. 214 ff.
Croft-Murray, Edward, *Decorative Painting in England 1537–1837,* 2 Bände, London 1962 und 1970.
Curran, C. P., *Dublin Decorative Plasterwork,* London 1967.
Daiches, David, *Charles Edward Stuart, The Life and Times of Bonnie Prince Charlie,* London 1973.
Daiches, David, *Scotland and the Union,* London 1977.
Dasent, Arthur Irwin, *The History of St. James's Square and the Foundations of the West End of London,* London 1895.
Dasent, Arthur, *Piccadilly in Three Centuries,* London 1920.
De Seta, Cesare, *Architettura, Ambiente e Società a Napoli nel '700,* Turin 1981.
Desgodetz, Antoine, *Les Edifices Antiques de Rome Dessinés et Mesurés Très Exactement,* Paris 1683.
Dilke, Lady Emilia Frances Strong, *French Furniture and Decoration in the Eighteenth Century,* London 1901.
Dixon-Hunt, John, und Willis, Peter (Hsg.), *The Genius of the Place. The English Landscape Garden 1620–1820,* New York und London 1975.
Downes, Kerry, *Hawksmoor,* Cambridge Mass. und London 1979/1980.
Draper, Marie P. G., und Eden, W. A., *Marble Hill House and its Owners,* London 1970.
Du Prey, Pierre de la Ruffinière, *John Soane: The Making of an Architect,* Chicago 1982.
Dunbar, John G., *The Historic Architecture of Scotland,* London 1966.
Duquenne, Xavier, *Le Château de Seneffe,* Brüssel 1978.
Eastlake, C. L., *A History of the Gothic Revival in England,* London 1872.
Edwards, Ralph, und Jourdain, Margaret, *Georgian Cabinet-Makers,* London 1946.
Eriksen, Svend, *Early Neo-Classicism in France,* London 1974.
Erouart, Gilbert, *L'Architecture au Pinceau: Jean-Laurent Legeay, un Piranèse Français dans l'Europe des Lumières,* Mailand und Paris 1982.
Evans, Robin, *The Fabrication of Virtue,* Cambridge 1982.
Feiling, Keith, *A History of England from the Coming of the English to 1918,* London 1950.
Félibien, J. F., »Dissertation touchant l'Architecture Antique et l'Architecture Gothique« in A. Félibien, *Entretiens sur les Vies des plus excellens Peintres . . . avec la Vie des Architectes* (Hsg. A. F. Blunt), Trévoux 1725; Neudruck Farnborough, Hants. 1967.
Fenwick, Hubert, *Architect Royal: the Life and Works of Sir William Bruce 1630–1710,* Kineton 1970.
Ferguson, William, *Scotland: 1689 to the Present,* Edinburgh und London 1968.
Finlay, Ian, *The Lowlands,* London 1967.
Fitzgerald, P., *The Life of David Garrick,* London 1899.
Fleming, John, »The Hugfords of Florence«, *The Connoisseur,* November 1955, S. 197 ff.
Fleming, John, *Robert Adam and His Circle in Edinburgh and Rome,* London 1962.
Fleming, John, »Robert Adam's Castle Style«, *Country Life,* 23. und 30. Mai 1968.
Focillon, Henri, *Giovanni Battista Piranesi 1720–1778* (Dissertation), Paris 1918.
Folkierski, Wladislaw, *Entre le Classicisme et le Romantisme,* Paris 1925.
Ford, Brinsley, »Thomas Jenkins, Banker, Dealer and Unofficial English Agent«, *Apollo,* XCIX, Juni 1974, S. 416 ff.
Ford, Brinsley, »Sir Watkin Williams-Wynn, a Welsh Maecaenas«, *Apollo,* XCIX, Juni 1974, S. 435 ff.
Ford, Brinsley, »James Byers, Principal Antiquarian for the English Visitors to Rome«, *Apollo,* XCIX, Juni 1974, S. 446 ff.
Fothergill, Brian, *Sir William Hamilton: Envoy Extraordinary,* London 1969.
Fothergill, Brian, *Beckford of Fonthill,* London 1979.
França, José-Augusto, *Una Città dell'Illuminismo: La Lisbona del Marchese di Pombal,* Rom 1972.
Fraser, Douglas, Hibberd, Howard, und Lewine, Milton, J., *Essays in the History of Architecture Presented to Rudolf Wittkower,* London 1967.
Gallet, M., und Ternois, D., *Soufflot et son Temps* (Ausstellungskatalog), Paris 1980.
Gandon, J., und Mulvany, T., *The Life of James Gandon,* London 1846; Neudruck 1969.
Garrick, David, *The Letters,* London 1963.
Gaus, J., *Carlo Marchionni, Ein Beitrag zur römischen Architektur des Settecento,* Köln und Graz 1967.
Gavuzzo-Stewart, S., »Nota sulle Carceri Piranesiane«, *L'Arte,* 15–16.
Geffroy, G., *Les Gobelins,* Paris o.J.
George III, King of England & C., *The Correspondence of George III with Lord North from 1768 to 1785* (Hsg. W. Bodham Donne), London 1867.
George III, King of Great Britain & C., *The Correspondence* (Hsg. Sir John Fortescue), London 1928.
George III, King of Great Britain & C., *Letters from George III to Lord Bute* (Hsg. Romney Sedgwick), London 1939.
Gerard, Alexander, *An Essay on Taste with Three Dissertations on the Same Subject by Mr de Voltaire, Mr D'Alembert, Mr De Montesquieu,* London 1759; Neudruck Menston, Yorks. 1971.
Germann, Georg, *Gothic Revival in Europe and Britain: Sources, Influences and Ideas,* London 1972. Deutsch: *Neugotik,* Stuttgart 1974.
Gerson, Martha Blythe, »A Glossary of Robert Adam's Neo-Classical Ornament«, *Architectural History,* 24, 1981.
Gibbs, James, *A Book of Architecture, Containing Designs of Buildings and Ornaments,* London 1728; Neudruck New York 1968.
Giedion, Sigfried, *Mechanization Takes Command, a Contribution to Anonymous History,* New York 1948. Deutsch: *Die Herrschaft der Mechanisierung,* Frankfurt 1982.
Giesecke, Albert, *Studien über Giov. Batt. Piranesi,* Berlin 1911.
Girouard, Mark, »Mellerstain, Berwickshire«, *Country Life,* 28. August und 2. September 1958.
Girouard, Mark, »Coffee at Slaughter's: English Art and the Rococo«, *Country Life,* 13. Januar 1966.
Girouard, Mark, »Hogarth and his Friends: English Art and the Rococo«, *Country Life,* 27. Januar 1966.

Girouard, Mark, »The Two Worlds of St. Martin's Lane, English Art and the Rococo«, *Country Life,* 3. Februar 1966.
Goodhart-Rendel, H. S., *Hatchlands, Surrey,* London 1983.
Goodison, Nicholas, *Ormolu: the Work of Matthew Boulton,* London 1974.
Gotch, Christopher, »The Missing Years of Robert Mylne«, *Architectural Review,* September 1951.
Gotch, J. Alfred, *The English House,* London 1918.
Graham, Henry Grey, *The Social Life of Scotland in the Eighteenth Century,* London 1950.
Gray, Thomas, *The Works* (Hsg. Edmund Gosse), 4 Bände, London 1884.
Gunnis, Rupert, *Dictionary of British Sculptors 1660–1851,* London 1968.
Gwilt, Joseph, *The Encyclopaedia of Architecture, Historical, Theoretical and Practical,* London 1859.
Gwynn, John, *London and Westminster Improved,* London 1766; Neudruck Farnborough, Hants 1969.
Halfpenny, William und John, *Chinese and Gothic Architecture Properly Ornamented being Twenty New Plans and Elevations on Twelve Copper-Plates: Containing a Great Variety of Magnificent Buildings accurately described . . . Published according to Act of Parliament April 24 1752;* Neudruck New York und London 1968.
Hardy, John, und Hayward, Helena, »Kedleston Hall, Derbyshire«, *Country Life,* 26. Januar und 2. Februar 1978.
Harris, Eileen, »Robert Adam and the Gobelins«, *Apollo,* April 1962.
Harris, Eileen, *The Furniture of Robert Adam,* London 1963.
Harris, Eileen, »Burke and Chambers on the Sublime and Beautiful«, *Essays in the History of Architecture Presented to Rudolf Wittkower,* London 1967.
Harris, John, »The Transparent Portico«, *Architectural Review,* Februar 1958.
Harris, John, »Robert Mylne and the Academy of S. Luke«, *Architectural Review,* November 1961.
Harris, John, »Shardeloes: A lasting tribute to a remarkable restoration«, *The Connoisseur,* Dezember 1962.
Harris, John, »Sir William Chambers' Parisian Album«, *Gazette des Beaux-Arts,* Januar 1966.
Harris, John, »Le Geay, Piranesi and International Neo-Classicism in Rome 1740–1750«, *Essays . . . Presented to Rudolf Wittkower,* London 1967.
Harris, John, *Sir William Chambers, Knight of the Polar Star,* London 1970.
Harris, John, *A Catalogue of British Drawings for Architecture, Decoration, Sculpture and Landscape Gardening 1550–1900 in American Collections,* Upper Saddle River, N.J. 1971.
Harris, John, *Headfort House and Robert Adam* (Ausstellungskatalog), London 1973.
Harris, R. W., *Absolutism and Enlightenment,* Poole, Dorset 1967.
Hartcup, Adeline, *Angelica,* London 1954.
Haskell, Francis, *Patrons and Painters,* London 1963.
Hautecoeur, L., *Histoire de l'Architecture Classique en France,* 7 Bände, Paris 1943–1957.
Hayward, Helena, *Thomas Johnson and English Rococo,* London 1964.
Hesselgrave, Ruth Avaline, *Lady Miller and the Batheaston Literary Circle,* New Haven und Oxford 1927.
Higginson, A. Henry, *Peter Beckford Esquire, Sportsman, Traveller, Man of Letters,* London 1937.
Hobhouse, Christopher, *Fox,* London 1947.
Hogarth, William, *The Analysis of Beauty: Written with a View to Fixing the Fluctuating Ideas of Taste,* London 1753 (hsg. und mit einem Vorwort versehen von Joseph Burke), Oxford 1955.
Honour, Hugh, *Neo-Classicism,* Harmondsworth 1968.
Huchon, R., *Mrs. Montagu and Her Friends 1720–1800, A Sketch,* London 1907.
Hughes, P. »Paul Sandby and Sir Watkin Williams-Wynn«, *Burlington Magazine,* CXIV, Juli 1972.
Hume, David, *The Letters* (Hsg. J. Y. T. Greig), Oxford 1932.
Hume, David, *New Letters* (Hsg. R. Klibansky und Ernest C. Mossner), Oxford 1954.
Hussey, Christopher, *The Picturesque: Studies in a Point of View,* London 1967.
Hutcheson, F., *An Inquiry into the Original Ideas of Virtue,* London 1725.
Hutchison, Sidney, *The History of the Royal Academy 1768–1968,* London 1968.
Ireland, John, *Hogarth Illustrated,* 3 Bände, London ²1793.
Ison, Walter, *The Georgian Buildings of Bath from 1700 to 1830,* London 1948.
Jackson-Stopes, G., »The Cliveden Album of Architectural Drawings«, *Architectural History,* 1972.
Jenkins, Frank, *Architect and Patron,* London 1961.
Jenkins, Simon, *Landlords in London: The Story of a Capital and its Growth,* London 1975.
Jourdain, Margaret, *The Work of William Kent* (Einführung von Christopher Hussey), London und New York 1948.
Justi, Carl, *Winckelmann und seine Zeitgenossen,* 3 Bände, Leipzig 1923.
Kelsall, Frank, »Liardet versus Adam«, *Architectural History, 27,* 1984, S. 118ff.
Kenworthy-Brown, John, *Chippendale and his Contemporaries,* London 1975.
Ketton-Cremer, R. W., *Horace Walpole,* London 1964.
Kimball, S. Fiske, »Lansdowne House Redivivus«, *Philadelphia Museum Bulletin,* November 1943.
Kimball, S. Fiske, *The Creation of the Rococo,* Philadelphia 1943; Neudruck 1964.
Körte, Werner, »Giovanni Battista Piranesi als praktischer Architekt«, *Zeitschrift für Kunstgeschichte,* N.F., Band II, Leipzig 1933.
Samuel H. Kress Collection, *Decorative Art Form at the Metropolitan Museum of Art,* London und New York 1964.
Lanciani, Rodolfo, *The Destruction of Ancient Rome, a Sketch of the History of the Monuments,* New York 1901 und 1967.
Langley, Batty, *Gothic Architecture, Improved by Rules and Proportions,* London 1742.
Lapauze, Henry, *Histoire de l'Académie de France à Rome,* Band I (1666–1801), Band II (1802–1910), Paris 1924.
Laugier, Marc-Antoine, *Essai sur l'Architecture,* Paris 1753.
Laurens, Henri (Hg.), *Urbanisme et Architecture, Etudes écrites et publiées en l'honneur de Pierre Lavedan,* Paris 1954.
Lavedan, Pierre, *Histoire de l'Urbanisme: Renaissance et Temps Modernes,* Paris ²1959.
Lees-Milne, James, *The Age of Adam,* London 1947.
Lejard, André, *French Tapestry,* London 1946.
Lewis, Lesley, *Connoisseurs and Secret Agents in Eighteenth-Century Rome,* London 1961.
Lewis, Lesley, »Elisabeth, Countess of Home and her House in Portman Square«, *Burlington Magazine,* August 1967.
Lindsay, Ian G., und Cosh, Mary, *Inveraray and the Dukes of Argyll,* Edinburgh 1973.
Lipking, Laurence, *The Ordering of the Arts in Eighteenth-Century England,* Princeton, N.J., 1970.

Little, Bryan, *The Life and Work of James Gibbs,* London 1955.
Lloyd, Nathaniel, *A History of the English House,* London 1931.
Macaulay, James, *The Gothic Revival 1745–1845,* Glasgow und London 1975.
Macaulay, Thomas Babington, Lord, *Critical and Historical Essays Contributed to the Edinburgh Review,* London 1883.
McCormick, Thomas Julian, *Charles-Louis Clérisseau and the Roman Revival,* Ann Arbor, Michigan 1971.
McCulloch, John Herries, *The Scot in England,* London 1935.
Mackintosh, John, *The History of Civilisation in Scotland,* Paisley und London 1896.
Mallett, Donald, *The Greatest Collector: Lord Hertford and the Founding of the Wallace Collection,* London 1979.
Mantoux, Paul, *The Industrial Revolution in the Eighteenth Century,* New York 1961.
Marillier, H. C., *English Tapestries of the Eighteenth Century: a Handbook to the post-Mortlake Productions of English Weavers,* London 1930.
Marriott, Keith, *The Castles of Robert and James Adam: An Interpretation* (unveröff. Dissertation), London 1982.
Marshall, Dorothy, *Eighteenth-Century England,* London 1962.
Martin, John Rupert, *The Farnese Gallery,* Princeton, N.J. 1965.
Meade, M. K., »Plans of the New Town of Edinburgh«, *Architectural History,* 1971.
Meissonnier, Juste-Aurèle, *Oeuvre* (Hsg. D. Nyberg), Bronx, N.Y. 1969.
Menzies, G. K. *et al., The Story of the Royal Society of Arts,* London o.J.
Michel, Olivier, »Recherches sur Jean-Baptiste Lallemand à Rome«, in G. Brunel (Hsg., siehe dort), 1978.
Middleton, R. D., »Jean-Francois Blondel and the Cours d'Architecture«, *Journal of the Society of Architectural Historians,* Vol. XVIII, Nr. 4, Dezember 1959.
Molesworth, H. D., *Sculpture in England: Medieval,* London 1951.
Molesworth, H. D., *Sculpture in England: Renaissance to Early Nineteenth Century,* London 1951.
Mondain-Monval, Jean, *Soufflot, sa vie – son oeuvre – son estétique (1713–1789),* Paris 1918.
Mondain-Monval, Jean, *Correspondence de Soufflot avec les Directeurs des Bâtiments concernant la Manufacture des Gobelins (1756–1780),* Paris 1918.
Mordaunt-Crook, J., *The Greek Revival,* London 1972.
Mordaunt-Crook, J., *William Burges and the High Victorian Dream,* London 1981.
Morini, Mario, *Atlante di Storia dell'Urbanistica,* Mailand 1963.
Morris, Robert, *Lectures on Architecture,* 2. Auflage, London 1759; Neudruck Farnborough, Hants. 1971.
Mossner, Ernest Campbell, *The Life of David Hume,* Oxford 1980.
Musgrave, Clifford, *Adam and Hepplewhite and other Neo-Classical Furniture,* London 1966.
Namier, Lewis, und Brooke, John, *The House of Commons 1754–90* (Teil II: Members), London 1964.
Nash, Walter Roy, *Buckingham Palace,* London 1980.
Neale, R. S. *Bath 1680–1850: A Social History; or A Valley of Pleasure Yet a Sink of Iniquity,* London 1981.
Nicolson, Marjorie, und Rousseau, G. S., »This Long Disease, My Life«, *Alexander Pope and the Sciences,* Princeton, N.J. 1968.
Olivato, Loredana, *Ottavio Bertotti Scamozzi, Studioso di Andrea Palladio,* Vicenza 1975.
Oman, Carola, *David Garrick,* London 1958.
Oppe, Paul, »Robert Adam's Picturesque Compositions«, *Burlington Magazine,* LXXX, März 1942.
Paine, James, Plans, 2 Bände, London 1767–1783; Neudruck Farnborough, Hants 1967.
Passavant, J. D., *Kunstreise durch England und Belgien,* Frankfurt 1833.
Percy, Thomas (Hsg.), *Reliques of Ancient English Poetry,* London 1767.
Pergolesi, M. A. *(Designs for various ornaments)* (London) 1777–1792.
Pevsner, Sir Nilolaus, *et al., The Buildings of England,* Harmondsworth, ab 1950. (In den Anmerkungen wird mit dem Namen des Autors und dem jeweiligen Datum auf die einzelnen Bände der Reihe Bezug genommen.)
Pevsner, Sir Nikolaus, *Pioneers of Modern Design,* Harmondsworth ³1960. Deutsch: *Wegbereiter moderner Formgebung.* Köln 1983.
Piranèse et les Français, siehe Brunel, Georges.
Piranesi, G. B., *Prima Parte de Architettura e Prospettive,* Rom 1743.
Piranesi, G. B., *Capricci,* o.J. (ca. 1745).
Piranesi, G. B., *Carceri,* Rom 1745.
Piranesi, G. B., *Antichità Romane de'Tempi della Repubblica (Archi Trionfali),* Rom 1748.
Piranesi, G. B., *Le Antichità Romane,* 4 Bände, Rom 1756.
Piranesi, G. B., *Lettere di Giustificazione Scritte a Milord Charlemont e a di lui Agenti di Roma dal Sig. Piranesi,* Rom 1757.
Piranesi, G. B., *Della Magnificenza ed Architettura dei Romani,* Rom 1760.
Piranesi, G. B., *Diverse Maniere d'Adornare i Cammini,* Rom 1769.
Piranesi, G. B., *The Polemical Works,* Rom 1757, 1761, 1765, 1769 (Hsg. und mit einem Vorwort versehen von John Wilton-Ely); Farnborough, Hants. 1972.
Piranesi (Ausstellungskatalog von John Wilton-Ely), Arts Council, London 1972.
Pope, Alexander, *The Works . . . with his Last Corrections, Additions, and Improvements . . . together with the Commentary and Notes of Mr. Warburton,* London 1760; Supplement 1807.
Potterton, Homer, »A Neo-Classical Decorative Scheme, G. B. Cipriani at Lansdowne House«, *Apollo,* Oktober 1972.
Pound, Ezra, *Make It New,* London 1934.
Previtali, G., *La Fortuna dei Primitivi,* Turin 1964.
Quennell, Peter, *Hogarth's Progress,* London 1955.
Reilly, David Robin, und Savage, George, *The Dictionary of Wedgwood,* London 1980.
Reitlinger, Gerald, *The Economics of Taste,* London 1961–1970.
Rendall, Jane, *The Origins of the Scottish Enlightenment 1707–1776,* London 1978.
Richardson, A. E., *Robert Mylne, Architect and Engineer,* London 1955.
Rieder, William, »Piranesi at Gorhambury«, *Burlington Magazine,* XYVII, Nr. 870, September 1975.
Robinson, John Martin, *The Wyatts: An Architectural Dynasty,* Oxford 1979.
Rolt, L. T. C., *Thomas Telford,* London 1958.
Ross, Ian Simpson, *Lord Kames and the Scotland of His Day,* Oxford 1972.
Rowan, Alistair, »Ugbrooke Park, Devon«, *Country Life,* 20. und 27. Juli, 3. August 1967.
Rowan, Alistair, »Wedderburn Castle, Berwickshire«, *Country Life,* 8. August 1974.

Rowan, Alistair, »Oxenfoord Castle, Midlothian«, *Country Life,* 15. August 1974.
Rowan, Alistair, »Robert Adam's Last Castles«, *Country Life,* 22. August 1974.
Rowan, Alistair, »After the Adelphi: Forgotten Years in the Adam Brothers' Practice«, *Journal of the Royal Society of Arts,* September 1974.
Rowan, Alistair, »The Royal Society of Arts«, *Country Life,* 14. November 1974.
Rowan, Alistair, »The Building of Hopetoun«, *Architectural History, 27,* 1984, S. 183 ff.
Rowe, Robert, *Adam Silver 1765–1795,* London 1965.
Royal Commission on the Ancient Monuments of Scotland, *An Inventory of the Ancient and Historical Monuments of the City of Edinburgh with the Thirteenth Report of the Commission,* Edinburgh 1951.
Royal Institute of British Architects, *Catalogue of the Drawings in the Collection of the RIBA,* Farnborough, Hants., ab 1966.
Rykwert, Joseph, *The First Moderns,* Cambridge, Mass. 1980.
Samuel, Arthur, *Piranesi,* London 1910.
Schiavo, Armando, *Il Palazzo Mancini,* Palermo 1969.
Schorske, Carl E., *Fin de Siecle Vienna,* New York 1981. Deutsch: *Wien, Geist und Gesellschaft im Fin de Siecle,* Frankfurt 1982.
Sekler, Eduard F., *Wren and His Place in European Architecture,* London 1956.
Shaftesbury, Anthony Ashley-Cooper, Earl of, *Characteristics of Men, Manners, Opinions, Times,* London 1723 (?).
Shakespeare, W., *The Works* (hsg. und mit einem Vorwort versehen von A. Pope), London 1725.
Simpson, J., »The Building of Duff House«, *Archaeological Journal,* CXXX, 1973.
Sitwell, Sacheverell, *British Architects and Craftsmen,* London 1946.
Smart, Alastair, *The Life and Art of Allan Ramsay,* London 1946.
Smiles, Samuel, *Lives of Boulton and Watt,* London 1865.
Smiles, Samuel, *Lives of the Engineers: History of Roads. Metcalfe, Telford,* London 1878.
Smith, Alexander (Hsg.), *The Complete Works of Robert Burns,* London und New York 1891.
Smith, John Moyr, *Ornamental Interiors, Ancient and Modern,* London 1887.
Smith, John Thomas, *Nollekens and his Times* (Hsg. W. Sichel), London 1929.
Soane, Sir John, *Lectures on Architecture* (Hsg. A. T. Bolton), London 1929.
Solkin, David H., *Richard Wilson: The Landscape of Reaction* (Ausstellungskatalog), Tate Gallery, London 1982.
Speltz, A., *Das farbige Ornament aller historischen Stile,* Leipzig 1914.
Steegman, J., und Adams, C. K., »The Iconography of Robert Adam«, *Architectural Review,* XCI, 1942.
Stendhal (Henri Beyle), *Oeuvres Complètes* (Hsg. V. de Litto und E. Abravanel), Genf ab 1968.
Stillman, Damie, »Robert Adam and Piranesi«, *Essays . . . Presented to Rudolf Wittkower,* London 1967.
Stillman, Damie, *The Decorative Work of Robert Adam,* London und New York 1966 und 1973.
Stone, Jonathan, *English Silver of the Eighteenth Century,* London 1965.
Stroud, Dorothy, *Capability Brown,* London 1950.
Stroud, Dorothy, *Henry Holland, His Life and Architecture,* London 1966.
Stroud, Dorothy, *George Dance, Architect,* London 1971.
Stutchbury, Howard E., *The Architecture of Colen Campbell,* Cambridge, Mass. 1967.
Summerson, Sir John, »The Society's House: An Architectural Study«, *Journal of the Royal Society of Arts,* CII, 1954.
Summerson, Sir John, *Architecture in Britain 1530–1830, Harmondsworth* [5]1969.
Summerson, Sir John, *Georgian London,* neue Ausgabe, London 1970.
Survey of London, London County Council (Hsg. Sir George Gater und Walter H. Godfrey), Band XVII: *The Strand,* London 1937.
Swarbrick, John, *Robert Adam and His Brothers,* London 1915.
Tait, A. A., »William Adam at Chatelherault«, *Burlington Magazine,* Juni 1962.
Tait, A. A., *Robert Adam and Scotland. The Picturesque Drawings* (Katalog), Edinburgh 1972.
Tait, A. A., »Reading the Ruins: Robert Adam and Piranesi in Rome«, *Architectural History,* 27, 1984, S. 524 ff.
Tayler, Henrietta (Hsg.), *Jacobite Epilogue. A Further Selection of Letters from Jacobites among the Stuart Papers at Windsor,* London 1941.
Taylor, Lisa, Dee, Elaine Evans, *et al., An American Museum of Decorative Art and Design. Designs from the Cooper-Hewitt Collection, New York,* London 1973.
Taylor, Lisa, *Robert Adam and His Style* (Katalog) Cooper-Hewitt-Museum, New York 1982.
Teyssot, Georges, *Città e Utopia nell'Illuminismo Inglese: George Dance il giovane,* Rom 1974.
Thieme, Ulrich, und Becker, Felix, *Allgemeines Lexikon der Bildenden Künstler von der Antike bis zur Gegenwart,* Leipzig 1910–1950.
Thomson, William George, *A History of Tapestry from the Earliest Times until the Present Day,* London 1930.
Thornton, Peter, und Tomlin, Maurice, *Osterley Park,* London 1976.
Tietze, Hans, »Das Fortleben der Gotik durch die Neuzeit«, *Mitteilungen der K.K. Zentral-Kommission für Denkmalpflege* (Hsg. F. V. Schubert-Soldern und Wladimir S. Zaloziecki), Band XIII, Nr. 9/10, Wien 1914.
Toesca, Ilaria, »Alessandro Galilei in Inghilterra«, *English Miscellany,* 1963, S. 189 ff.
Trevelyan, G. M., *English Social History,* London 1942. Deutsch: *Kultur- und Sozialgeschichte Englands,* Hamburg 1948.
Turner, James, *The Politics of Landscape,* Oxford 1979.
Vardy, J., *Some Designs of Inigo Jones and William Kent,* London 1744; Neudruck Farnborough, Hants. 1967.
Vermeule, Cornelius C. III, »The Dal Pozzo-Albani Drawings of Classical Antiquities in the Royal Library at Windsor Castle«, *Transactions of the American Philosophical Society,* Philadelphia 1966.
Vivian, Frances, *Il Console Smith, Mercante e Collezionista,* Vicenza 1971.
Vögt-Goknil, Ulya, *Giovanni Battista Piranesi, »Carceri«,* Zürich 1958.
Walpole, Horace, *Anecdotes of Painting in England* (Hsg. James Dallaway), London 1828.
Walpole, Horace, *Memoirs of the Reign of King George the Third* (first published by Sir Denis Le Marchant and now reedited by G. F. Russell Barker), 4 Bände, London und New York 1894.
Walpole, Horace, *The Yale Edition of the Correspondence* (Hsg. W. S. Lewis *et al.,* New Haven und London ab 1937.
Walters, John, *The Royal Griffin. Frederick Prince of Wales 1707–51,* London 1972.

Warburton, Eliot, *Memoirs of Horace Walpole and his Contemporaries,* London 1852.
Ward-Jackson, Peter, *English Furniture Designs of the Eighteenth Century,* Victoria and Albert Museum, London 1958.
Ward-Jackson, Peter, *Osterley Park,* London 1959.
Ware, Isaac, *A Complete Body of Architecture adorned with Plans and Elevations from Original Designs,* London 1768; Neudruck Farnborough, Hants. 1971.
Watkin, David, *Thomas Hope and the Neo-Classical Ideal,* London 1968.
Watkin, David, *Athenian Stuart, Pioneer of the Greek Revival,* London 1982.
Watson, J. Steven, *The Reign of George III 1760–1815,* Oxford 1960.
Wedgwood, J. and Sons, *Early Wedgwood Pottery* (Ausstellungskatalog), London 1951.
Whiffen, Marcus, *Stuart and Georgian Churches: the Architecture of the Church of England outside London 1603–1837,* London 1947/48.
Whinney, Margaret, *Home House,* Feltham 1969.
Whistler, Laurence, *Sir John Vanbrugh, Architect and Dramatist 1664–1726,* New York 1939.
Wiebenson, Dora, *Sources of Greek Revival Architecture,* London 1969.
Williams, J. D., *The Restoration of Audley End 1762–1797,* Chelmsford 1966.
Willis, Robert, *The Architectural History of Cambridge University* (Hsg. John Willis Clarke), Cambridge 1886.
Wilton-Ely, John, *The Mind and Art of Giovanni Battista Piranesi,* London 1978.
Wilton-Ely, John, *The Relationship between Giambattista Piranesi and Luigi Vanvitelli in Eighteenth-Century Architectural Theory and Practice* (unveröff.).
Winckelmann, Johann Joachim, *Reflections on the Painting and Sculpture of the Greeks,* London 1765 (Übers. Henry Fusseli); Neudruck Menston, Yorkshire 1972. (*Gedanken über die Nachahmung der griechischen Werke in der Malerei und Bildhauerkunst,* in »Kunsttheoretische Schriften«, Baden-Baden 1962.)
Winckelmann, Johann Joachim, *Lettere Italiane* (Hsg. Giorgio Zampa), Mailand 1961.
Wittkower, Rudolf, *Art and Architecture in Italy 1600–1750,* Harmondsworth 1958.
Wittkower, Rudolf, *Studies in the Italian Baroque,* London 1975.
Wittkower, Rudolf, *Palladio and English Palladianism,* London 1974.
Wood, Sir Henry Trueman, *The History of the Royal Society of Arts,* London 1913.
Wren, Stephen, *Parentalia, or Memoirs of the Family of the Wrens,* London 1750; Neudruck Farnborough, Hants. 1965.
Yarwood, Doreen, *Robert Adam,* London und New York 1970.
Youngson, A. J., *The Making of Classical Edinburgh, 1750–1840,* Edinburgh 1966.
Zamboni, Silla, »Il percorso di Giovan-Battista Piranesi«, *Arte Antica e Moderna,* 25, Januar/März 1964.
Zorzi, Alvise, *I Disegni delle Antichità di Andrea Palladio,* Venedig 1959.

Index

Fotonachweis

Autoren 59; British Library 37; Conway Library/Courtauld Institute of Art 21, 73, 74, 87, 171, 172, 173, 174, 176, 177, 178; Country Life 10, 12, 14, 17, 18, 28, 39, 53, 70, 75, 114, 115, 116, 133, 166, 167, 182, 184, 186, 190; Electa 32–36; Greater London Council Records Office 212; A. F. Kersting 50, 51, 56, 58, 63, 64, 67, 76, 79, 80, 82, 83, 94, 124, 128, 129, 130, 141, 142, 144, 145, 147, 155, 183, 185, 187, 191, 194, 210; National Monuments Record 45, 65, 92, 93, 95, 107, 109, 117, 139, 140, 149, 157, 158, 165, 203; National Portrait Gallery 3; Royal Institute of British Architects 26; Scottish National Monuments Record 24, 25, 29, 31, 189, 192, 199, 205; Scottish National Portrait Gallery 4; Sir John Soan Museum (Godfrey New Photographs) 23, 26, 27, 40, 41, 42, 43, 52, 54, 55, 57, 60, 61, 62, 77, 86, 96, 97, 100, 102, 103, 105, 153, 161, 174, 179, 180, 188, 193, 196, 197, 198, 200, 201, 202, 203, 204, 206, 207, 208, 209, 211, 216, 217; Victoria and Albert Museum 118, 119, 120, 121, 122, 123, 125, 126, 127, 134.